2022

WANDER GARCIA
ANA PAULA DOMPIERI
COORDENADORES

PAULA MORISHITA
ORGANIZADORA

Bateria de SIMULADOS PARA CONCURSOS DO INSS

DE ACORDO COM A REFORMA DA PREVIDÊNCIA

3 SIMULADOS

SIMULADOS COM AS QUESTÕES OFICIAIS DA PROVA + COMENTÁRIOS ÀS QUESTÕES E LEGISLAÇÃO SELECIONADA: CONSTITUIÇÃO FEDERAL, LEI 8212/91 E LEI 8213/91

APRENDIZADOS COM O LIVRO:
• **ADMINISTRAR** melhor o tempo • **AGILIDADE** para responder questões • **TÉCNICAS** para acertar mais questões • **DESCOBERTA** dos erros de conteúdo e o que precisa estudar mais • **DESCOBERTA** dos erros de interpretação e de escolha da alternativa correta • **MAIS** calma no dia da prova, com mente e emoções mais preparadas.

2022 © Editora Foco
Coordenadores: Wander Garcia e Ana Paula Garcia
Organizadora: Paula Morishita
Autores: André Nascimento, Bruna Vieira, Enildo Garcia, Fernanda Franco, Flavia Moraes Barros, Henrique Subi, Ricardo Quartin, Renan Flumian, Robinson Barreirinhas, Rodrigo Ferreira Lima e Teresa Melo
Diretor Acadêmico: Leonardo Pereira
Editor: Roberta Densa
Assistente Editorial: Paula Morishita
Revisora Sênior: Georgia Renata Dias
Capa Criação: Leonardo Hermano
Diagramação: Ladislau Lima
Impressão miolo e capa: FORMA CERTA

Dados Internacionais de Catalogação na Publicação (CIP) de acordo com ISBD

B329

Bateria de simulados: INSS: simulados com as questões oficiais da prova + comentários às questões e Legislação Selecionada: Constituição Federal, Lei 8212/91 e Lei 8213/91 / André Nascimento...[et al.] ; coordenado por Wander Garcia, Ana Paula Dompieri. - Indaiatuba, SP : Editora Foco, 2022.

168 p. ; 16cm x 23cm.

Inclui bibliografia e índice.

ISBN: 978-65-5515-591-4

1. Metodologia de estudo. 2. Concursos Públicos. 3. INSS. I. Nascimento, André. II. Vieira, Bruna. III. Garcia, Enildo. IV. Franco, Fernanda. V. Barros, Flavia Moraes. VI. Subi, Henrique. VII. Quartin, Ricardo. VIII. Flumian, Renan. IX. Barreirinhas, Robinson. X. Lima, Rodrigo Ferreira. XI. Melo, Teresa. XII.Garcia, Wander. XIII. Dompieri, Ana Paula. XIV. Título.

2022-2463   CDD 001.4   CDU 001.8

Elaborado por Odilio Hilario Moreira Junior - CRB-8/9949
Índices para Catálogo Sistemático:
1. Metodologia de estudo 001.4   2. Metodologia de estudo 001.8

DIREITOS AUTORAIS: É proibida a reprodução parcial ou total desta publicação, por qualquer forma ou meio, sem a prévia autorização da Editora FOCO, com exceção do teor das questões de concursos públicos que, por serem atos oficiais, não são protegidas como Direitos Autorais, na forma do Artigo 8º, IV, da Lei 9.610/1998. Referida vedação se estende às características gráficas da obra e sua editoração. A punição para a violação dos Direitos Autorais é crime previsto no Artigo 184 do Código Penal e as sanções civis às violações dos Direitos Autorais estão previstas nos Artigos 101 a 110 da Lei 9.610/1998. Os comentários das questões são de responsabilidade dos autores.

NOTAS DA EDITORA:

Atualizações e erratas: A presente obra é vendida como está, atualizada até a data do seu fechamento, informação que consta na página II do livro. Havendo a publicação de legislação de suma relevância, a editora, de forma discricionária, se empenhará em disponibilizar atualização futura.

Erratas: A Editora se compromete a disponibilizar no site www.editorafoco.com.br, na seção Atualizações, eventuais erratas por razões de erros técnicos ou de conteúdo. Solicitamos, outrossim, que o leitor faça a gentileza de colaborar com a perfeição da obra, comunicando eventual erro encontrado por meio de mensagem para contato@editorafoco.com.br. O acesso será disponibilizado durante a vigência da edição da obra.

Impresso no Brasil (08.2022) – Data de Fechamento (08.2022)

2022

Todos os direitos reservados à
Editora Foco Jurídico Ltda.
Avenida Itororó, 348 – Sala 05 – Cidade Nova
CEP 13334-050 – Indaiatuba – SP

E-mail: contato@editorafoco.com.br
www.editorafoco.com.br

Apresentação

Quer passar no INSS?

Então faça simulados antes da prova!

Você terá os seguintes ganhos ao fazer os simulados desse livro:

• aprenderá a administrar melhor o tempo;

• aprenderá como ser mais ágil para responder questões;

• aprenderá técnicas para acertar mais questões a cada prova;

• descobrirá onde estão os seus erros e o que precisa estudar mais;

• descobrirá onde estão os seus erros de interpretação e de escolha da alternativa correta;

• ficará mais calmo para o dia da prova, pois terá simulado diversas vezes esse momento e suas mente e emoções estarão mais preparadas.

Mas não basta fazer simulados. É preciso fazer com o material correto.

Existem técnicas para treinar via simulados e esse livro tem tudo o que você precisa para fazer isso da melhor maneira.

Confira os principais pontos para estudar por meio de simulados:

1º) Você precisa usar como simulado questões reais e completas de provas anteriores do INSS. E isso é o que fazemos neste livro.

2º) Você precisa resolver as questões como se você estivesse na prova. Neste livro as questões vêm dispostas como na prova, e depois você tem uma folha de respostas para fazer o mesmo que faria nesta. Sem contar que os comentários às questões e os gabaritos não ficam na mesma página do simulado, então você só tem a sua mente mesmo para resolver as questões, como se estivesse na hora da prova.

3º) Você precisa ter um feedback de cada questão, para saber onde e porque cometeu cada erro. Este livro também oferece isso, pois cada questão é respondida e comentada, alternativa por alternativa, para você entender o que precisa estudar mais e que erros você têm cometido ao interpretar questões e escolher a alternativa correta.

4º) Você precisa saber como está o controle do tempo e a evolução dos seus resultados. Neste ponto disponibilizamos ao final do livro uma sessão só para você preencher a sua pontuação em cada prova, o tempo gasto na prova, os itens que você precisa melhorar e outros pontos importantes para você evoluir seus resultados a cada novo simulado.

5º) Você precisa fazer um número mínimo de simulados. Quanto mais simulados, melhor. Eles devem ser feitos ao final de cada semana de estudos.

Se não for possível, tente fazer ao menos 1 simulado a cada 10 dias ou a cada 2 semanas.

Outro ponto importante é que o livro está atualizadíssimo e informa para você como fica a resposta de cada questão, se por ventura alguma questão sofrer alteração no gabarito por alguma novidade legislativa ou jurisprudencial.

Agora é com você: crie seu cronograma de simulados e cumpra-o com seriedade, simulando pra valer o momento da prova.

Bom trabalho e ótimos estudos!

Como Usar o Livro?

Em primeiro lugar você deve criar o seu cronograma de simulados e cumpri-lo com seriedade, simulando pra valer o momento da prova.

Para cada simulado você deve fazer o seguinte também:

- Reservar o tempo necessário, seguindo o limite de tempo estabelecido no edital;
- Escolher um lugar que você não seja interrompido;
- Colocar um cronômetro que não seja interrompido e ser fiel ao tempo de prova, ou seja, terminado o tempo, você deve pausar suas atividades, tendo ou não terminado o simulado;
- Em seguida você deve conferir as repostas em sua folha de resposta;
- Após, você deverá ler os comentários de cada questão que tiver errado e fazer todas as anotações na sessão do livro que trata dos relatórios sobre os seus resultados, anotando não só as matérias que precisa estudar mais, como dicas de como evitar erros de interpretação e de escolha de alternativas.

Pronto, agora é só ir atrás de estudar mais os pontos fracos e aguardar a data que você reservou para o próximo simulado.

Bons estudos e sucesso!

Sobre os coordenadores e autores

COORDENADORES

Wander Garcia – @wander_garcia

É Doutor, Mestre e Graduado em Direito pela PUC/SP. É professor universitário e de cursos preparatórios para Concursos e Exame de Ordem, tendo atuado nos cursos LFG e DAMASIO. Neste foi Diretor Geral de todos os cursos preparatórios e da Faculdade de Direito. Foi diretor da Escola Superior de Direito Público Municipal de São Paulo. É um dos fundadores da Editora Foco, especializada em livros jurídicos e para concursos e exames. É autor *best seller* com mais de 50 livros publicados na qualidade de autor, coautor ou organizador, nas áreas jurídica e de preparação para concursos e exame de ordem. Já vendeu mais de 1,5 milhão de livros, dentre os quais se destacam "Como Passar na OAB", "Como Passar em Concursos Jurídicos", "Exame de Ordem Mapamentalizado" e "Concursos: O Guia Definitivo". É também advogado desde o ano de 2000 e foi procurador do município de São Paulo por mais de 15 anos. É *Coach* Certificado, com sólida formação em Coaching pelo IBC e pela *International Association of Coaching*.

Ana Paula Dompieri

Procuradora do Estado de São Paulo, Pós-graduada em Direito, Professora do IEDI, Escrevente do Tribunal de Justiça por mais de 10 anos e Assistente Jurídico do Tribunal de Justiça. Autora de diversos livros para OAB e concursos.

AUTORES

André Nascimento – AN

Advogado e Especialista em Regulação na Agência Nacional do Petróleo, Gás Natural e Biocombustíveis. Coautor de diversas obras voltadas à preparação para Exames Oficiais e Concursos Públicos. Coautor de livros e artigos acadêmicos. Instrutor de cursos, tendo recebido menção elogiosa pela destacada participação e dedicação na ANP. Graduado em Direito pela Universidade Presbiteriana Mackenzie/SP. Graduando em Geografia pela Universidade de São Paulo. Frequentou diversos cursos de extensão nas áreas de Direito, Regulação, Petróleo e Gás Natural e Administração Pública.

Bruna Vieira – BV

Advogada. Mestre em Concretização de Direitos Sociais pelo UNISAL. Professora de Direito Constitucional em cursos de pós-graduação, concursos públicos e exame de ordem há 12 anos. Autora de diversas obras jurídicas pelas editoras FOCO e Saraiva. Atuou na coordenação acadêmica dos cursos de Pós-graduação da FGV (GVLAW) e foi aluna especial no Curso de Pós-graduação Stricto Sensu da USP (Faculdade de Direito - Universidade São Paulo), nas disciplinas: "Metodologia do Ensino Jurídico" com o Prof. José Eduardo Campos de Oliveira Faria e "Efetivação do Direito à Saúde em Estados Democráticos de Direito: Fundamentos, Evolução e Desafios do Direito Sanitário, com os professores Fernando Mussa Abujamra Aith e Sueli Dallari.

Enildo Garcia – ENG

Especialista em Matemática pura e aplicada (UFSJ). Professor tutor de Pós-graduação em Matemática (UFJS – UAB). Analista de sistemas (PUCRJ).

Fernanda Franco – FF

Graduada em Letras pela Universidade de São Paulo (FFLCH-USP) com habilitação em Português e Linguística. Graduanda em Filosofia também pela USP. Professora de Língua Portuguesa no Colégio São Luís em São Paulo.

Flavia Moraes Barros – FMB

Procuradora do Município de São Paulo. Doutora em Direito do Estado pela Universidade de São Paulo. Mestre em Direito Administrativo pela PUC-SP. Especialista em Direito Administrativo pela PUC-SP/COGEAE. Especialista em Direitos Difusos e Coletivos pela ESMPSP. Coach de Alta Performance pela FEBRACIS. Practioneer e Master em Programação Neurolinguística - PNL. Analista de Perfil Comportamental - DISC Assessment. Professora de Direito Administrativo

Henrique Subi – HS

Agente da Fiscalização Financeira do Tribunal de Contas do Estado de São Paulo. Mestrando em Direito Político e Econômico pela Universidade Presbiteriana Mackenzie. Especialista em Direito Empresarial pela Fundação Getúlio Vargas e em Direito Tributário pela UNISUL. Professor de cursos preparatórios para concursos desde 2006. Coautor de mais de 20 obras voltadas para concursos, todas pela Editora Foco.

Ricardo Quartin – RQ

Graduado em direito pela Universidade de São Paulo (USP). Procurador Federal em São Paulo/SP e autor de artigos jurídicos.

Renan Flumian – RF

Mestre em Filosofia do Direito pela Universidad de Alicante. Cursou a Session Annuelle D'enseignement do Institut International des Droits de L'Homme, a Escola de Governo da USP e a Escola de Formação da Sociedade Brasileira de Direito Público. Professor e Coordenador Acadêmico do IEDI. Autor e coordenador de diversas obras de preparação para Concursos Públicos e o Exame de Ordem. Advogado.

Robinson Barreirinhas – RB

Secretário Municipal dos Negócios Jurídicos da Prefeitura de São Paulo. Professor do IEDI. Procurador do Município de São Paulo. Autor e coautor de mais de 20 obras de preparação para concursos e OAB. Ex-Assessor de Ministro do STJ.

Rodrigo Ferreira Lima – RFL

Advogado e Professor de cursos preparatórios para Exame de Ordem e Concursos Públicos. Editor do blog www.comopassarnaoab.com.br.

Teresa Melo – TM

Procuradora Federal. Mestranda em Direito Público pela UERJ. Assessora de Ministro do Supremo Tribunal Federal. Ex-assessora de Ministro do STJ.

Sumário

APRESENTAÇÃO — III

COMO USAR O LIVRO — V

COORDENADORES E AUTORES — VII

SIMULADO 1 1

SIMULADO 2 29

SIMULADO 3 57

LEGISLAÇÃO — 79

CONSTITUIÇÃO DA REPÚBLICA FEDERATIVA DO BRASIL DE 1988* 81

LEI Nº 8.212, DE 24 DE JULHO DE 1991 95

LEI Nº 8.213, DE 24 DE JULHO DE 1991 121

MEUS RESULTADOS — 237

---

* Constituição Federal de acordo com o EDITAL Nº 5 – INSS, DE 29 DE FEVEREIRO DE 2016 - CARGO TÉCNICO DO SEGURO SOCIAL

SIMULADO 1

Com relação às imagens acima, julgue o item que se segue.

(1) A frase **A saúde do povo é objeto de inequívoca responsabilidade social** constitui título adequado para a mudança que, nessas imagens, se expressa.

Texto I
Envelhecimento, pobreza e proteção social na América Latina

  1 O processo de envelhecimento populacional, no seu
primeiro estágio, resulta em um aumento, pelo menos
relativo, da oferta da força de trabalho. Nas etapas
  4 posteriores, a proporção desse grupo no total da população
diminui e, eventualmente, diminuirá em termos absolutos,
como é a situação atual do Japão e de vários países europeus.
  7 Por outro lado, o segmento com idade avançada passa a ser
o que mais cresce. Esse crescimento acentuado do segmento
que demanda maiores recursos monetários e cuidados
10 humanos, afetivos e psicológicos, em face da redução do
contingente populacional em idade ativa, fez com que o
envelhecimento populacional entrasse na agenda das
13 políticas públicas pelo lado negativo, ou seja, ele é visto
como "um problema".

A. A. Camarano e M.T. Pasinato. **Texto para discussão**.
Brasília: IPEA, 2007.

Texto II
Os impactos sociais da velhice

1 **IdadeAtiva** — No caso da previdência, os idosos são o grande problema?
Ana Amélia Camarano — Eu acho que esse é outro
4 engano. Claro que você tem mais gente idosa e gente vivendo mais. Agora, o que acontece é que o nosso modelo de previdência é o mesmo da Europa Ocidental, dos EUA,
7 modelos desenhados no pós-guerra, quando havia emprego, as pessoas se aposentavam e ficavam pouco tempo aposentadas porque morriam logo. Então, esse modelo está
10 falido. Esse cenário mudou. Nós não estamos mais no mundo do trabalho estável, não temos mais o pleno emprego e as relações de trabalho hoje passam pela flexibilização. E a tão
13 falada flexibilização significa informalização. A nossa política social é toda ligada ao trabalho. A Constituição de 1988 mudou um pouco, mas até então só tinha direito ao
16 benefício da previdência quem trabalhava. Era uma cidadania ligada ao trabalho e, não ao benefício do trabalhador. E isso não é mais possível. Nós estamos
19 caminhando para um mundo sem trabalho.

Internet: <www.techway.com.br> (com adaptações).

Com relação aos textos I e II, julgue os itens que se seguem.

(2) Se o trecho "mudou um pouco" (texto II, l.15) for substituído por modificou-se pouco, preservam-se as relações textuais e o sentido original do texto.

(3) Como os textos tratam da mesma temática, a resposta de Ana Amélia Camarano, no texto II, poderia dar continuidade ao texto I, sem prejuízo da estrutura textual e respeitando-se a linguagem utilizada, desde que a oração "Eu acho que esse é outro engano" (l. 3-4) fosse substituída por **Essa percepção, entretanto, revela-se equivocada**.

(4) De acordo com o desenvolvimento e a organização das ideias do texto I, depreende-se que "segmento que demanda maiores recursos monetários e cuidados humanos, afetivos e psicológicos" (l. 8-10) e "segmento com idade avançada" (l. 7) referem-se ao mesmo conjunto de indivíduos.

(5) De acordo com o texto I, é correto afirmar que há países europeus em que a força de trabalho, em relação ao total da população, já se reduziu.

Com base no disposto no Manual de Redação da Presidência da República, julgue o próximo item.

(6) O trecho seguinte é adequado para compor a parte inicial de um memorando.

Brasília, 2 de fevereiro de 2016.

À Senhora
Ana Silva INSS
CEP 70070-946 – Brasília/DF
Assunto: Curso de aperfeiçoamento em atendimento ao público

1   Levantou-se da cama o pobre namorado sem ter
    conseguido dormir. Vinha nascendo o Sol.
    Quis ler os jornais e pediu-os.
4   Já os ia pondo de lado, por haver acabado de ler,
    quando repentinamente viu seu nome impresso no **Jornal do**
    Comércio.
7   Era um artigo *a pedido* com o título de **Uma**
    Obra-Prima.
    Dizia o artigo:
10 Temos o prazer de anunciar ao país o próximo
    aparecimento de uma excelente comédia, estreia de
    um jovem literato fluminense, de nome Antônio Carlos
13 de Oliveira.
    Este robusto talento, por muito tempo incógnito,
    vai enfim entrar nos mares da publicidade, e para isso
16 procurou logo ensaiar-se em uma obra de certo vulto.
    Consta-nos que o autor, solicitado por seus
    numerosos amigos, leu há dias a comédia em casa do Sr.
19 Dr. Estêvão Soares, diante de um luzido auditório, que
    aplaudiu muito e profetizou no Sr. Oliveira um futuro
    Shakespeare.
22 O Sr. Dr. Estêvão Soares levou a sua amabilidade
    ao ponto de pedir a comédia para ler segunda vez, e ontem
    ao encontrar-se na rua com o Sr. Oliveira, de tal
25 entusiasmo vinha possuído que o abraçou estreitamente,
    com grande pasmo dos numerosos transeuntes.
    Da parte de um juiz tão competente em matérias
28 literárias este ato é honroso para o Sr. Oliveira.
    Estamos ansiosos por ler a peça do Sr. Oliveira, e
    ficamos certos de que ela fará a fortuna de qualquer teatro.
31 O amigo das letras.

Machado de Assis. A mulher de preto. In: Contos
Fluminenses. São Paulo: Globo, 1997 (com adaptações).

Acerca de aspectos linguísticos do texto, julgue os itens a seguir.

(7) A correção gramatical e o sentido do texto seriam mantidos caso o termo "em casa" (L.18) fosse isolado por vírgulas.

(8) Na linha 23, o termo introduzido pela preposição "para" exerce a função de complemento do verbo "pedir".

(9) Seria alterado o sentido original do texto, embora sua correção gramatical fosse mantida, caso o trecho "Temos o prazer (...) Antônio Carlos de Oliveira" (L. 10 a L. 13) fosse reescrito da seguinte forma: É um prazer informar o país do lançamento da primeira comédia de qualidade do jovem Antônio Carlos de Oliveira, estreante na literatura fluminense.

(10) Na linha 17, o vocábulo "que" classifica-se como conjunção e introduz o sujeito da oração "Consta-nos".

Cada um dos próximos itens, que abordam procedimentos de informática e conceitos de Internet e intranet, apresenta uma situação hipotética, seguida de uma assertiva a ser julgada.

(11) Ao iniciar seu dia de trabalho, Daniel se deparou com inúmeros aplicativos abertos em seu computador de trabalho, o que deixava sua máquina lenta e sujeita a travamentos frequentes. Ele constatou, ainda, que somente um desses aplicativos era necessário para a execução de suas atividades. Nessa situação, para melhorar o desempenho do seu computador, Daniel deve utilizar um aplicativo de antivírus instalado localmente, para eliminar os aplicativos que estiverem consumindo recursos além do normal.

(12) A área administrativa do INSS informou a todos os servidores públicos lotados nesse órgão que o acesso a determinado sistema de consulta de dados cadastrais seria disponibilizado por meio da Internet, em substituição ao acesso realizado somente por meio da intranet do órgão. Nessa situação, não haverá similaridade entre os sistemas de consulta, porque sistemas voltados para intranet, diferentemente dos voltados para Internet, não são compatíveis com o ambiente web.

Acerca de aplicativos para edição de textos e planilhas e do Windows 10, julgue os próximos itens.

(13) No explorador de arquivos do Windows 10, é possível fixar as pastas favoritas na funcionalidade acesso rápido, que lista, além das pastas fixadas, as usadas com frequência e também os arquivos usados recentemente.

(14) Situação hipotética: Elisa recebeu a tarefa de redigir uma minuta de texto a ser enviada para sua chefia superior, com a condição de que todos os servidores do setor pudessem colaborar com a redação da minuta, ficando Elisa encarregada de consolidar o documento final. Após digitar a primeira versão do documento, Elisa compartilhou o respectivo arquivo, a partir de sua estação de trabalho. Todos realizaram a edição do texto no mesmo arquivo por meio do LibreOffice Writer com a função Gravar alterações ativada. Assertiva: Nessa situação, quando da revisão final do texto, Elisa terá acesso a diversas informações, tais como: tipo de alteração, data e hora da alteração e autor da alteração.

(15) Situação hipotética: Fábio, servidor do INSS, recebeu a listagem dos cinco últimos rendimentos de um pensionista e, para que fosse calculada a média desses rendimentos, ele inseriu os dados no LibreOffice Calc, conforme planilha mostrada abaixo.

	A
1	R$ 1.896,21
2	R$ 2.345,78
3	R$ 2.145,09
4	R$ 2.777,32
5	R$ 5.945,97
6	
7	

Assertiva: Nessa situação, por meio da fórmula =MED(A1:A5;5), inserida na célula A6, Fábio poderá determinar corretamente a média desejada.

Considerando que um servidor do INSS necessite preparar uma apresentação utilizando computador e projetor multimídia, julgue o item abaixo.

(16) O aplicativo PowerPoint 2003 pode ser utilizado para a preparação da referida apresentação, visto que esse *software* possui funcionalidades que auxiliam na preparação e na apresentação de palestras, além de ter funcionalidades que permitem a inclusão, na apresentação multimídia, de diversos efeitos visuais e sonoros.

Considerando a figura acima, que ilustra uma janela do Word 2003, com um documento em processo de edição, julgue os itens abaixo.

(17) O ato de aplicar um clique simples entre a letra "s" da palavra "anos" e a vírgula à direita dessa palavra e, a seguir, acionar a tecla *Backspace* inserirá erro de concordância no texto mostrado.

(18) Para se iniciar automaticamente o Internet Explorer e procurar, na Internet, informações sobre o filme **Uma Verdade Inconveniente**, referido acima, é suficiente selecionar esse título no texto e, a seguir, clicar ⌕.

Com relação ao Excel 2003, julgue o item a seguir.

(19) Considere que, em uma planilha do Excel 2003, as células C2, C3 e C4 contêm, respectivamente, os números 238, 285 e 251, referentes a pagamentos de contas de luz de um usuário em três meses sucessivos. Nessa situação, para se calcular a média aritmética dos três valores e apresentar o resultado na célula C5, é suficiente realizar a seguinte sequência de ações: clicar a célula C5, digitar = (C2 + C3 + C4)/3 e, em seguida, teclar Enter.

Considerando a situação hipotética em que João deseja enviar a José e a Mário uma mensagem de correio eletrônico por meio do Outlook Express, julgue o item abaixo.

(20) Caso João, antes de enviar a mensagem, inclua, no campo CC: do aplicativo usado para o envio da mensagem, o endereço de correio eletrônico de Mário, e, no campo Para:, o endereço eletrônico de José, então José e Mário receberão uma cópia da mensagem enviada por João, mas José não terá como saber que Mário recebeu uma cópia dessa mensagem.

Julgue os próximos itens, a respeito dos atos administrativos.

(21) A autoexecutoriedade é atributo restrito aos atos administrativos praticados no exercício do poder de polícia.

(22) Em decorrência do princípio da autotutela, não há limites para o poder da administração de revogar seus próprios atos segundo critérios de conveniência e oportunidade.

(23) O ato praticado por agente não competente para fazê-lo poderá ser convalidado discricionariamente pela autoridade competente para sua prática, caso em que ficará sanado o vício de incompetência.

Considerando que determinado servidor público federal tenha sido removido para outra sede, situada em outro município, para acompanhar sua esposa, que também é servidora pública federal e foi removida no interesse da administração, julgue os itens seguintes à luz do disposto na Lei n. 8.112/1990.

(24) Ainda que o servidor e sua esposa sejam integrantes de órgãos pertencentes a poderes distintos da União, a remoção do servidor poderia ser concedida.

(25) É correto inferir que houve interesse da administração na remoção do servidor, pois esse é um dos requisitos para sua concessão.

(26) A referida remoção pressupõe o deslocamento do cargo ocupado pelo servidor para outro órgão ou entidade do mesmo poder.

(27) O período de afastamento do servidor para o deslocamento e para a retomada do exercício do cargo no novo município, observados os limites legais, é considerado como de efetivo exercício.

Com base na Lei n.º 8.112/1990, julgue os itens a seguir.

(28) Considere que Esmeralda, servidora pública, que solicitou licença não-remunerada para cuidar de sua mãe enferma, permaneceu nessa condição por cerca de um ano. Posteriormente, ao retirar sua certidão de tempo de serviço, observou que o referido período de licença não havia sido contabilizado e entrou com um pedido de revisão. Nessa situação, o pedido de Esmeralda deverá ser negado, pois licença para tratamento de saúde de pessoa da família do servidor somente é contada para efeito de aposentadoria se for remunerada.

A respeito de atos administrativos, julgue os itens a seguir.

(29) A presunção de legitimidade do ato administrativo implica que cabe ao administrado o ônus da prova para desconstituir o referido ato.

(30) O ato discricionário pode ser motivado após a sua edição.

(31) O Poder Judiciário pode revogar ato administrativo violador do princípio da legalidade administrativa.

Em cada um dos itens a seguir, é apresentada uma situação hipotética envolvendo servidores públicos, seguida de uma assertiva a ser julgada com base na Lei 8.112/1990.

(32) Joaquim, após demanda judicial, obteve sentença favorável ao recebimento de indenização a qual, esperava ele, seria incorporada ao seu vencimento. Entretanto, no mês posterior à publicação da sentença, verificou, no contracheque, não ter havido alteração em seu vencimento. Nessa situação, o setor de pagamentos agiu corretamente, pois verbas de natureza indenizatória não podem ser incorporadas ao vencimento.

(33) Decorridos cinco anos de sua posse, Mônica, com o intuito de aperfeiçoar sua qualificação profissional, solicitou licença para terminar curso de pós-graduação que deixara incompleto. Ao receber resposta negativa, Mônica decidiu apresentar recurso, alegando que a licença capacitação é direito subjetivo do servidor e que, em situações como a sua, é dever da Administração concedê-la. Nesse caso, a legislação apoia todos os argumentos apresentados por Mônica.

(34) Renato, servidor de órgão público federal e estudante, constatou, no início do ano letivo, incompatibilidade entre seu horário escolar e o da repartição onde trabalha. Depois de explicar sua situação ao chefe, foi por este informado de que teria direito a horário especial, desde que compensasse o tempo não trabalhado. Renato contra-argumentou dizendo que era impossível compensar o tempo de afastamento do trabalho, pois, além de assistir às aulas, precisava estudar muito e fazer as tarefas escolares. Nessa situação, os argumentos de Renato não têm amparo legal.

(35) Antônio, após ter sido aposentado por invalidez, iniciou tratamento que implicou a cura da doença que o afastara do serviço público. Após avaliação da junta médica oficial, que aprovou seu retorno às atividades das quais se afastara, Antônio requereu a readaptação ao cargo ocupado e o cômputo do tempo de afastamento para fins de promoção na carreira. Nessa situação, os pedidos de Antônio devem ser atendidos, por estarem amparados na legislação do servidor público.

(36) Mara, jornalista, dirigiu-se a determinada repartição pública e solicitou, com o objetivo de preparar matéria para o jornal do bairro onde trabalha, informações sobre uma lista de itens, que incluía dados sobre o efetivo policial e nomes de policiais da área de inteligência que trabalham sem uniforme no bairro em questão. O servidor atendeu-a rápida e polidamente, mas negou-se a fornecer-lhe informações sobre os referidos itens, pois tratava-se de dados sigilosos. Nessa situação, a atitude do servidor está correta, pois é seu dever atender com presteza ao público em geral, prestando as informações requeridas, ressalvadas aquelas protegidas por sigilo.

Conforme o Decreto n. 7.556/2011, o INSS é uma autarquia federal vinculada ao MPS e tem por finalidade promover o reconhecimento de direito ao recebimento de benefícios administrados pela previdência social, assegurando agilidade e comodidade aos seus usuários e ampliação do controle social.

Considerando essa informação, julgue os itens seguintes, acerca da administração direta e indireta.

(37) Os institutos da desconcentração e da descentralização, essenciais à organização e repartição de competências da administração pública, podem ser exemplificados, respectivamente, pela relação entre o MPS e a União e pela vinculação entre o INSS e o MPS.

(38) O INSS integra a administração direta do governo federal, uma vez que esse instituto é uma autarquia federal vinculada ao MPS.

Com relação ao segurado especial e ao segurado facultativo, julgue os próximos itens à luz do Decreto n. 3.048/1999.

(39) Situação hipotética: Maria, com vinte e dois anos de idade, recebe bolsa de estudos para se dedicar em tempo integral a trabalho de pesquisa, não possuindo qualquer vinculação a regime de previdência. Assertiva: Nessa situação, Maria poderá filiar-se facultativamente ao RGPS.

(40) O recebimento de dinheiro decorrente de programa assistencial oficial do governo federal descaracteriza a condição de segurado especial.

A respeito da inscrição e da filiação dos segurados obrigatórios e facultativos na forma do Decreto n. 3.048/1999, julgue os itens a seguir.

(41) A filiação do segurado obrigatório ao RGPS decorre automaticamente do exercício da atividade remunerada.

(42) Desde que presentes os demais pressupostos da filiação, admite-se a inscrição *post mortem* do segurado especial.

(43) A filiação ao RGPS na qualidade de segurado facultativo pode retroagir, permitindo-se o

recolhimento das contribuições relativas a competências anteriores à data da inscrição.

(44) Os dados constantes dos cadastros informatizados da previdência social, como o Cadastro Nacional de Informações Sociais (CNIS), valem como prova da filiação à previdência social, do tempo de contribuição e dos salários de contribuição, desde que acompanhados de outras provas documentais.

Julgue os itens seguintes à luz do Decreto n. 3.048/1999 e da CF.

(45) O indivíduo que, não sendo detentor de cargo efetivo, for nomeado para um cargo em comissão no âmbito da União não será segurado obrigatório do RGPS.

(46) Situação hipotética: João exerce atividade econômica com finalidade lucrativa na sua própria residência. Recentemente, ele contratou Maria para fazer a limpeza de sua residência, de forma habitual e remunerada, e, inclusive, atender clientes. Assertiva: Nessa situação, João será considerado empregador doméstico com relação aos serviços prestados por Maria.

(47) Equiparar-se-á a empresa, para os fins do RGPS, a pessoa física que, para fazer uma reforma na própria casa, contratar um mestre de obras e um ajudante.

Julgue a assertiva que se segue a cada uma das situações hipotéticas referentes ao salário-família apresentadas em cada um dos itens subsequentes.

(48) Rubens e sua esposa Amélia têm, juntos, dois filhos, trabalham e são segurados do regime geral da previdência social, além de serem considerados trabalhadores de baixa renda. Nessa situação, o salário-família somente será pago a um dos cônjuges.

(49) Dalila, que é empregada doméstica e segurada do regime geral da previdência social, tem três filhos, mas não recebe salário-família. Nessa situação, apesar de ser considerada trabalhadora de baixa renda, Dalila não tem o direito de receber esse benefício.

Em cada um dos itens subsequentes, é apresentada uma situação hipotética que trata de cumulação de benefícios, seguida de uma assertiva a ser julgada.

(50) Tereza encontra-se afastada de suas atividades laborais e recebe o auxílio-doença. Nessa situação, caso engravide e tenha um filho, Tereza não poderá receber, ao mesmo tempo, o auxílio-doença e o salário-maternidade.

(51) Sofia, pensionista da previdência social em decorrência da morte de seu primeiro marido, João, resolveu casar-se com Eduardo, segurado empregado. Seis meses após o casamento, Eduardo faleceu em trágico acidente. Nessa situação, Sofia poderá acumular as duas pensões, caso o total recebido não ultrapasse o teto determinado pela previdência social.

(52) Pedro recebe auxílio-acidente decorrente da consolidação de lesões que o deixaram com sequelas definitivas. Nessa condição, Pedro não poderá cumular o benefício que atualmente recebe com o de aposentadoria por invalidez que eventualmente venha a receber.

(53) Fábio recebe auxílio-acidente decorrente da consolidação de lesões que o deixaram com sequelas definitivas. Nessa situação, Fábio poderá cumular o benefício que atualmente recebe com o auxílio-doença decorrente de outro evento.

Em relação ao Instituto Nacional do Seguro Social, a seu histórico e estrutura, julgue os itens a seguir.

(54) A fusão da Secretaria da Receita Federal com a Secretaria da Receita Previdenciária centralizou em apenas um órgão a arrecadação da maioria dos tributos federais. Contudo, a fiscalização e a arrecadação das contribuições sociais destinadas aos chamados terceiros – SESC, SENAC, SESI, SENAI e outros – permanecem a cargo do INSS.

(55) O Instituto Nacional do Seguro Social, autarquia federal atualmente vinculada ao Ministério da Previdência Social, surgiu, em 1990, como resultado da fusão do Instituto Nacional de Assistência Médica da Previdência Social (INAMPS) e o Instituto de Administração Financeira da Previdência e Assistência Social (IAPAS).

(56) As gerências executivas são órgãos descentralizados da estrutura administrativa do INSS; entretanto a escolha e a nomeação dos gerentes executivos são feitas diretamente pelo ministro da Previdência Social sem necessidade de observação a critérios especiais de seleção.

Mateus requereu ao órgão regional do INSS a conversão de auxílio-doença em aposentadoria por invalidez. O INSS indeferiu o pedido de Mateus por considerar que a doença que o acometera

era curável, e que, por isso, ele era suscetível de reabilitação.

Acerca dessa situação hipotética e dos recursos nos processos administrativos de competência do INSS, julgue os itens que se seguem.

(57) Caso seja interposto recurso contra a decisão que indeferiu o pedido de Mateus, o órgão regional do INSS que proferiu a decisão não poderá reformá-la, devendo encaminhar o recurso à instância competente.

(58) Contra a decisão do INSS pelo indeferimento, Mateus poderá interpor recurso administrativo, que será julgado, em primeira instância, pela Câmara de Julgamento da Previdência Social.

Com referência à avaliação para a concessão do BPC e da aposentadoria da pessoa com deficiência, julgue os próximos itens.

(59) A avaliação para a concessão do BPC às pessoas com deficiência deve orientar-se pelos princípios da Classificação Internacional de Doenças, da Organização Mundial de Saúde.

(60) A concessão de benefícios destinados às pessoas com deficiência está condicionada a avaliação prévia. No caso de aposentadorias, essa avaliação restringe-se à perícia médica e, no caso do BPC, à avaliação pelo assistente social.

Com referência à CF e às políticas de seguridade, julgue os itens subsecutivos.

(61) Os princípios que orientam as ações e os serviços públicos de saúde e serviços privados contratados ou conveniados que integram o SUS incluem a universalidade de acesso, a integralidade de assistência e a descentralização político-administrativa.

(62) A humanização como política pública transversal às diferentes ações e instâncias gestoras do SUS sugere trocas solidárias e comprometidas com a dupla tarefa de produção de saúde e produção de sujeitos.

(63) O artigo da CF que prevê os direitos sociais, em consonância com a Declaração Universal dos Direitos Humanos, de 1948, ainda que represente uma conquista, deixou de contemplar o direito básico à moradia ao cidadão brasileiro.

(64) Na organização da seguridade social, o objetivo da universalidade da cobertura e do atendimento diz respeito, mais diretamente, à política de previdência social, dada a superação de sua lógica securitária.

(65) O direito à pensão por morte é assegurado ao cônjuge ou companheiro(a) somente se, no momento do óbito, houver casamento ou união estável por, no mínimo, cinco anos.

Com relação ao RGPS, julgue os itens que se seguem.

(66) O RGPS constitui um gênero do qual são espécies a previdência dos servidores públicos, a dos trabalhadores empregados da iniciativa privada e a dos trabalhadores autônomos.

(67) O RGPS tem como princípio a universalidade de cobertura, o que significa que os segurados vinculados a esse regime e seus dependentes têm direito aos mesmos benefícios e serviços.

Aldo e Sandra são casados e pais de três crianças. Sandra é servidora pública efetiva de determinada fundação pública vinculada ao governo federal, e Aldo, que não é concursado, ocupa um cargo em comissão em um órgão público federal.

A partir dessa situação hipotética, julgue os itens a seguir, referentes à seguridade social do servidor público.

(68) Os filhos de Aldo e Sandra, como dependentes de servidor público, têm direito aos seguintes benefícios do plano de seguridade social: pensão, auxílio-funeral, auxílio-reclusão e assistência à saúde.

(69) Com base na universalidade da cobertura e do atendimento da seguridade social, Aldo terá direito aos mesmos benefícios de plano de seguridade social e de assistência à saúde garantidos a Sandra.

• Ana, servidora aposentada por RPPS, recebe R$ 6.500,00 de aposentadoria.

• Bruno, portador de doença incapacitante devidamente comprovada por perícia médica, é pensionista da União e percebe um benefício de R$ 10.000,00.

• Caio aposentou-se recentemente pelo RGPS e recebe o teto do salário de benefício.

Com relação a essas situações hipotéticas, e considerando que o teto do salário de benefício corresponda a R$ 5.189,82, julgue os itens que se seguem com base na CF.

(70) Empregado aposentado pelo RGPS, Caio deve, assim como os servidores públicos inativos, contribuir para o custeio da seguridade social.

(71) Bruno não precisa contribuir com a previdência, pois portadores de doença incapacitante

comprovada por perícia médica contribuem apenas sobre as parcelas de proventos de aposentadoria e de pensão que superem o dobro do limite máximo estabelecido para os benefícios do RGPS.

(72) De acordo com a CF, incide contribuição previdenciária de 11% sobre o valor total da aposentadoria de Ana, pois seus proventos superam o teto do salário de benefício.

Julgue o próximo item, relativo ao custeio da seguridade social.

(73) A contribuição do segurado empregado e a do trabalhador doméstico recaem sobre o valor dos seus salários de contribuição, até um teto máximo fixado por lei.

Roberto, empregado na empresa Silva & Silva Ltda. há mais de um ano e oito meses, da qual recebe salário mensal equivalente a um salário-mínimo, deverá afastar-se do trabalho por quatro meses em função de um problema cardíaco atestado em perícia do INSS.

Nessa situação hipotética

(74) caso, após seu afastamento do trabalho, Roberto não recupere a saúde, e se comprove a sua incapacidade absoluta para o trabalho, o INSS poderá conceder-lhe aposentadoria por invalidez.

(75) durante o período de quatro meses de afastamento, Roberto fará jus ao recebimento de auxílio-acidente.

Julgue o item abaixo à luz da Lei n. 8.742/1993 (LOAS) e do Decreto n. 6.214/2007, que regulamenta o BPC da assistência social devido à pessoa com deficiência e ao idoso.

(76) Caso uma pessoa com deficiência que receba BPC passe a exercer atividade remunerada na qualidade de microempreendedor individual, o órgão concedente desse benefício deverá suspendê-lo.

Cada um dos próximos itens apresenta uma situação hipotética, seguida de uma assertiva a ser julgada, com referência à manutenção da qualidade de segurado e à justificação administrativa.

(77) Raimunda, segurada da previdência social, conviveu em regime de união estável com Cláudio por doze anos, até falecer. Raimunda não inscreveu Cláudio como seu dependente previdenciário. Nessa situação, caso o INSS exija prova da união estável para a concessão de benefício, Cláudio poderá utilizar-se da justificação administrativa.

(78) Flávia contribuiu para o RGPS durante seis anos, após os quais deixou de contribuir e perdeu a qualidade de segurada. Nessa situação, caso volte a contribuir para o RGPS, Flávia não poderá computar esses seis anos para efeito de aposentadoria por tempo de contribuição.

No que se refere à contribuição de empresas e empregadores domésticos para o financiamento da seguridade social, julgue os itens subsequentes.

(79) A contribuição do empregador doméstico é de 20% e incide sobre o salário-mínimo.

(80) A contribuição empresarial de associação desportiva que mantenha equipe de futebol profissional distingue-se da contribuição exigida de outras empresas.

Com referência a arrecadação e recolhimento das contribuições destinadas à seguridade social, julgue os itens que se seguem.

(81) As empresas são obrigadas a arrecadar a contribuição do segurado contribuinte individual a seu serviço, descontando-a da respectiva remuneração.

(82) A isenção de contribuição previdenciária concedida às pessoas jurídicas de direito privado estende-se aos seus empregados e aos trabalhadores avulsos a seu serviço.

(83) Compete à Receita Federal do Brasil arrecadar e fiscalizar o recolhimento das contribuições sociais previstas na CF.

A respeito do recolhimento de contribuição previdenciária fora do prazo, julgue os itens subsequentes.

(84) As contribuições devidas à seguridade social já descontadas dos segurados empregados e não recolhidas até seu vencimento poderão ser objeto de acordo para pagamento parcelado.

(85) As contribuições sociais incluídas ou não em notificação fiscal de lançamento ou inscritas em dívida ativa que forem pagas com atraso estarão sujeitas a atualização monetária, juros de mora e multa, a qual varia entre 8% e 20% sobre o crédito devido.

Em fevereiro de 2016, Valdemar, que era empregado pelo regime celetista e recebia um salário mínimo de sua empregadora, foi demitido e,

30 dias depois, condenado à pena de prisão em regime fechado. Ele é casado com Idalina, com quem tem dois filhos menores. Considerando essa situação hipotética, julgue os itens que se seguem, com base nos regramentos previdenciários acerca do auxílio-reclusão.

(86) Como Valdemar é segurado de baixa renda da previdência social, ele e seus dependentes fazem jus ao recebimento do valor correspondente ao auxílio-reclusão, que é de um salário mínimo, a ser rateado entre eles.

(87) Assim que terminar de cumprir a pena, Valdemar deixará de ser segurado da previdência social.

Com relação a contribuições sociais dos segurados e(ou) a decadência e prescrição relativamente a benefícios previdenciários, cada um dos próximos itens apresenta uma situação hipotética, seguida de uma assertiva a ser julgada.

(88) Dagoberto obteve aposentadoria por tempo de contribuição concedida pelo INSS em junho de 2012. Entretanto, o INSS não efetuou o pagamento do abono anual proporcional do ano de 2012 nem o do ano de 2013. Nessa situação, atualmente, Dagoberto não mais tem direito a exigir o pagamento dos abonos anuais referentes aos anos de 2012 e 2013, visto que está prescrito o direito ao percebimento das referidas prestações.

(89) Ronaldo, segurado contribuinte individual da previdência social, optou pela contribuição de alíquota reduzida, de 11%, que exclui o direito ao benefício de aposentadoria por tempo de contribuição. Nessa situação, caso pretenda obter aposentadoria por tempo de contribuição, Ronaldo poderá fazer a complementação da diferença entre o percentual pago e o percentual devido, acrescida de juros moratórios.

Julgue os itens seguintes à luz do Decreto n. 6.214/2007, que regulamenta o BPC da assistência social devido à pessoa com deficiência e ao idoso.

(90) Um dos critérios para o idoso habilitar-se à concessão do BPC é não possuir outro benefício da seguridade social, excetuados o de assistência médica e a pensão especial de natureza indenizatória.

(91) O valor a ser pago ao beneficiário do BPC é de um salário mínimo mensal.

(92) É permitido ao beneficiário do BPC acumular o recebimento desse benefício com o do seguro-desemprego.

(93) O BPC do idoso que se encontre na condição de acolhimento de longa permanência em hospital será suspenso até a data da sua alta.

(94) A idade mínima para que um indivíduo passe a ter direito ao BPC do idoso é de sessenta anos.

(95) No caso de morte do beneficiário do BPC, seus familiares são obrigados a informar tal fato ao INSS, situação em que o pagamento do benefício cessará.

Julgue os próximos itens com base na Lei n. 8.742/1993, que dispõe sobre a organização da assistência social.

(96) O centro de referência de assistência social (CRAS) é uma unidade de base estadual e tem por finalidade atender a população de baixa renda e as pessoas que estejam submetidas ao cumprimento de pena de reclusão.

(97) O centro de referência especializado de assistência social (CREAS) constitui unidade que presta serviços a indivíduos e famílias que se encontrem em situação de risco pessoal ou social decorrente de violação de direitos.

(98) A política de assistência social tem como objetivos, entre outros, a promoção da integração do cidadão ao mercado de trabalho e o amparo às crianças e aos adolescentes carentes.

(99) A assistência social organiza-se por meio de um conjunto de serviços e programas que são estratificados em ações de proteção social básica, ações de proteção social secundária e ações de proteção social terciária, sendo essa última direcionada para pessoas em situação de violência.

Em relação às instâncias deliberativas do SUAS, julgue os itens a seguir à luz da Lei n. 8.742/1993.

(100) Situação hipotética: O CNAS, por decisão da maioria simples de seus membros, aprovou a proposição, ao Ministério do Planejamento, Orçamento e Gestão, de alteração dos limites de repasse mensal dos benefícios previstos em lei. Assertiva: Nessa situação, a aprovação da proposição ocorreu em conformidade com o que estabelece a Lei n. 8.742/1993.

(101) Os conselhos estaduais de assistência social e os conselhos municipais de assistência social, instâncias deliberativas do SUAS, têm caráter permanente e composição paritária entre governo e sociedade civil.

(102) O CNAS, instância responsável pela coordenação da PNAS, é presidido alternadamente pelo(a) ministro(a) da previdência social e por um representante eleito da sociedade civil, sendo de dois anos o mandato do seu presidente, permitida a recondução.

(103) O CNAS tem caráter paritário: metade dos seus membros são representantes governamentais e a outra metade é composta por representantes da sociedade civil.

(104) Compete ao CNAS aprovar a PNAS, assim como convocar, ordinariamente, a cada quatro anos, a conferência nacional de assistência social, que terá a atribuição de avaliar a situação da assistência social e propor diretrizes para o aperfeiçoamento do sistema.

Com base no disposto na Lei n. 8.213/1991, que trata dos planos de benefícios da previdência social e dá outras providências, julgue os itens seguintes.

(105) Não é considerada doença do trabalho a doença endêmica adquirida por segurado habitante de região em que ela se desenvolva, mesmo que essa doença seja resultante de contato direto determinado pela natureza do trabalho.

(106) Equipara-se ao acidente do trabalho o acidente sofrido pelo segurado, no local e no horário do trabalho, em consequência de desabamento, inundação, incêndio e outros casos fortuitos ou decorrentes de força maior.

(107) Em regra, o período de carência para a concessão do benefício de auxílio-doença é de doze contribuições mensais.

(108) Os princípios que regem a previdência social incluem a uniformidade e a equivalência dos benefícios e serviços prestados às populações urbanas e rurais.

(109) Compõem o Conselho Nacional de Previdência Social representantes do governo federal e da sociedade civil, a qual é representada por aposentados e pensionistas, trabalhadores em atividade e empregadores.

Art. 21. A alíquota de contribuição dos segurados contribuinte individual e facultativo será de vinte por cento sobre o respectivo salário de contribuição.

Considerando o art. 21 da Lei n. 8.212/1991, acima reproduzido, julgue o item seguinte.

(110) Se o valor da contribuição de um segurado contribuinte individual for superior a R$ 700,00, então o salário de contribuição desse indivíduo é superior a R$ 3.500,00.

Algumas sentenças são chamadas abertas porque são passíveis de interpretação para que possam ser julgadas como verdadeiras (V) ou falsas (F). Se a sentença aberta for uma expressão da forma $\forall x P(x)$ lida como "para todo $x, P(x)$", em que x é um elemento qualquer de um conjunto U, e $P(x)$ é uma propriedade a respeito dos elementos de U, então é preciso explicitar U e P para que seja possível fazer o julgamento como V ou como F.

A partir das definições acima, julgue os itens a seguir.

(111) Se U for o conjunto de todos os funcionários públicos e $P(x)$ for a propriedade "x é funcionário do INSS", então é falsa a sentença $\forall x P(x)$.

(112) Considere-se que U seja o conjunto dos funcionários do INSS, $P(x)$ seja a propriedade "x é funcionário do INSS" e $Q(x)$ seja a propriedade "x tem mais de 35 anos de idade". Desse modo, é correto afirmar que duas das formas apresentadas na lista abaixo simbolizam a proposição **Todos os funcionários do INSS têm mais de 35 anos de idade**.

(I) $\forall x$(se $Q(x)$ então $P(x)$)
(II) $\forall x(P(x)$ ou $Q(x))$
(III) $\forall x$(se $P(x)$ então $Q(x)$)

Considere a seguinte situação hipotética.

Natália e sua equipe de servidores do setor de comunicação de um ministério foram encarregadas de preparar folheto destinado a divulgar as atividades da Comissão de Ética Pública (CEP) e de explicar, em particular, as relações entre o presidente da República, os ministros de Estado e a referida Comissão.

A partir dessa situação, julgue os próximos itens, de acordo com o disposto nos decretos nos 6.029/2007 e 1.171/1994.

(113) Suponha-se ter havido um episódio, largamente noticiado pela imprensa, em que a votação de matéria polêmica houvesse terminado empatada e o presidente da CEP houvesse desempatado em favor de uma das partes. Nessa situação, seria correto a equipe de Natália explicar que o presidente da CEP tem voto de qualidade nas deliberações do colegiado.

(114) Considere-se que, durante os trabalhos, Natália tenha orientado sua equipe para traçar um perfil do público que iria receber o folheto e, depois, selecionar diagramas e fotografias ade-

quados para esse público. Considere-se, ainda, que um colega da equipe tenha argumentado, em conversa com Natália, que a equipe não deveria gastar tempo e recursos nessa tarefa, a seu ver desnecessária. Nesse caso, a decisão de Natália é a mais adequada, pois é dever do servidor público ter cuidado ao tratar os usuários do serviço, aperfeiçoando os processos de comunicação e contato com o público.

(115) Considere-se que a versão inicial do folheto preparado pela equipe de Natália contivesse diagrama no qual a CEP e sua Secretaria-Executiva estivessem diretamente ligadas ao ministro da Justiça, por ser esse ministério o mais antigo. Nesse caso, o folheto deveria ser corrigido, pois a CEP e sua Secretaria-Executiva são vinculadas diretamente ao presidente da República.

(116) Suponha-se que o folheto preparado pela equipe de Natália explicasse que as decisões tomadas pela CEP não precisariam ser, necessariamente, seguidas pelo presidente da República, visto que a Comissão se caracteriza apenas como um órgão de aconselhamento. Nesse caso, a informação do folheto estaria correta, pois, em matéria de ética pública, a CEP é, de fato, instância consultiva do presidente da República e dos ministros de Estado.

Julgue os itens a seguir, que se referem aos direitos e garantias fundamentais previstos na CF e à administração pública.

(117) Considerando-se a CF, é correto afirmar que, no cálculo do benefício previdenciário de um servidor do INSS que esteja licenciado do cargo para exercer mandato de deputado federal, os valores serão determinados como se ele estivesse no exercício do cargo na referida autarquia.

(118) Recentemente, o transporte foi incluído no rol de direitos sociais previstos na CF, que já contemplavam, entre outros, o direito à saúde, ao trabalho, à moradia e à previdência social, bem como a assistência aos desamparados.

No que concerne à disciplina constitucional relativa à seguridade social, julgue os próximos itens.

(119) Sobre a receita de loterias, apostas e sorteio de números incidirá contribuição social destinada a financiar a seguridade social.

(120) O serviço público deve-se orientar na estruturação da seguridade social pelos seguintes objetivos, entre outros: equidade na forma de participação no custeio e caráter democrático e descentralizado da administração.

Folha de Respostas

#				#				#		
1	C	E		41	C	E		81	C	E
2	C	E		42	C	E		82	C	E
3	C	E		43	C	E		83	C	E
4	C	E		44	C	E		84	C	E
5	C	E		45	C	E		85	C	E
6	C	E		46	C	E		86	C	E
7	C	E		47	C	E		87	C	E
8	C	E		48	C	E		88	C	E
9	C	E		49	C	E		89	C	E
10	C	E		50	C	E		90	C	E
11	C	E		51	C	E		91	C	E
12	C	E		52	C	E		92	C	E
13	C	E		53	C	E		93	C	E
14	C	E		54	C	E		94	C	E
15	C	E		55	C	E		95	C	E
16	C	E		56	C	E		96	C	E
17	C	E		57	C	E		97	C	E
18	C	E		58	C	E		98	C	E
19	C	E		59	C	E		99	C	E
20	C	E		60	C	E		100	C	E
21	C	E		61	C	E		101	C	E
22	C	E		62	C	E		102	C	E
23	C	E		63	C	E		103	C	E
24	C	E		64	C	E		104	C	E
25	C	E		65	C	E		105	C	E
26	C	E		66	C	E		106	C	E
27	C	E		67	C	E		107	C	E
28	C	E		68	C	E		108	C	E
29	C	E		69	C	E		109	C	E
30	C	E		70	C	E		110	C	E
31	C	E		71	C	E		111	C	E
32	C	E		72	C	E		112	C	E
33	C	E		73	C	E		113	C	E
34	C	E		74	C	E		114	C	E
35	C	E		75	C	E		115	C	E
36	C	E		76	C	E		116	C	E
37	C	E		77	C	E		117	C	E
38	C	E		78	C	E		118	C	E
39	C	E		79	C	E		119	C	E
40	C	E		80	C	E		120	C	E

Gabarito Comentado

1. Gabarito: Certo
Comentário: Certa. Tal frase refere-se ao respeito à universalização dos direitos sociais e da cidadania. FF/RFL

2. Gabarito: Errado
Comentário: Errado. Por "A Constituição de 1988 mudou um pouco (...)", deve-se compreender que ela passou por algumas alterações; já por "A Constituição de 1988 modificou-se pouco", deve-se considerar que ela passou por poucas alterações – menos do que poderia ter sofrido. FF/RFL

3. Gabarito: Errado
Comentário: Errado. O texto I apresenta uma visão negativa acerca do envelhecimento da população, ao passo que o texto II demonstra que o problema não é o envelhecimento da população, mas sim o sistema previdenciário que está ultrapassado – nas palavras da autora, "falido". Ao conectarmos os textos I e II usando a oração Essa percepção, entretanto, revela-se equivocada, seria estabelecida uma incoerência entre os eles. FF/RFL

4. Gabarito: Certo
Comentário: Certo. Ambas as construções se referem aos idosos. FF/RFL

5. Gabarito: Certo
Comentário: Certo. Tal afirmativa pode ser observada na passagem "nas etapas posteriores, a proporção desse grupo no total da população diminui e, eventualmente, diminuirá em termos absolutos, como é a situação atual do Japão e de vários países europeus." FF/RFL

6. Gabarito: Errado
Comentário: incorreta. A data deve estar alinhada à direita e no memorando não se lança o endereço do destinatário na abertura do documento (tal informação constará somente no ofício, conforme o item 3.1 do Manual de Redação da Presidência da República). HS

7. Gabarito: Errado
Comentário: incorreta. Haveria alteração de sentido, porque no texto está claro que se trata da casa de Estêvão Soares, mas com as vírgulas poderíamos entender que a cena se deu na casa do narrador. HS

8. Gabarito: Errado
Comentário: incorreta. A preposição anuncia a oração subordinada adverbial final (que expressa finalidade). HS

9. Gabarito: Certo
Comentário: correta. O sentido seria alterado. No trecho original, depreende-se que o texto ainda não foi lançado, ao passo que na proposta de redação temos já a disponibilidade da obra para o público. HS

10. Gabarito: Certo
Comentário: correta. A oração "o autor, solicitado (...)" é subordinada substantiva subjetiva – exerce função de sujeito da oração "Consta-nos". HS

11. Gabarito: Errado
Comentário: Errada, os softwares do tipo antivírus têm por função prevenir e eliminar arquivos que estejam infectados e apresentem algum risco ao computador. Para melhorar o desempenho de um computador pode-se remover programas que não estejam em uso ou adicionar mais recursos ao computador, como por exemplo aumentar a memória RAM, um processador com maior capacidade de processamento ou um disco com tecnologia que permita maior velocidade de leitura e escrita. HS

12. Gabarito: Errado
Comentário: Errada, a Internet e a Intranet são construídas sobre as mesmas tecnologias e podem possuir os mesmos recursos totalmente compatíveis, sendo o diferencial entre elas o fato da Internet ser uma rede de acesso público e a Intranet uma rede de acesso privado, em geral limitado a uma instituição ou organização. HS

13. Gabarito: Certo
Comentário: Correta, o item Acesso Rápido permite agrupar as pastas e arquivos mais usados pelo usuário para facilitar seu uso pelo usuário. HS

14. Gabarito: Certo
Comentário: Correta, a funcionalidade "Gravar alterações", presente também no MS Word com o nome de "Controlar alterações", permite registrar em um documento o que foi alterado, por quem e quando, facilitando, assim, a identificação de modificações em textos modificados de forma colaborativa. HS

15. Gabarito: Errado
Comentário: Errada, no LibreOffice a função para o cálculo da média aritmética de um conjunto de valores é a =MÉDIA(intervalo), onde, neste caso, o intervalo seria da

célula A1 até A5, representada na forma de A1:A5, logo, a fórmula deveria ser =MÉDIA(A1:A5). HS

16. Gabarito: Certo
Comentário: Correta, o *PowerPoint* permite a criação de apresentações de *slides*, muitas vezes utilizadas em palestras e seminários, como uma forma de demonstrar o conteúdo desejado de uma forma simples e elegante, dispondo também de diversos recursos multimídia. HS

17. Gabarito: Certo
Comentário: correta, com isso o Word detecta que não há concordância numérica e informa o usuário HS

18. Gabarito: Errado
Comentário: errada, o botão apenas exibe o texto na visualização de impressão. HS

19. Gabarito: Certo
Comentário: correta, o formato de fórmula apresentado realiza primeiro a somas dos valores das células e divide o resultado pelo número de elementos, resultando assim na média aritmética. HS

20. Gabarito: Errado
Comentário: errada, para que isso acontecesse deveria ser usado o campo CCO e não CC, o campo CC o destinatário é visível para todos os outros. HS

21. Gabarito: Errado
Comentário: incorreta. A autoexecutoriedade é atributo de todos os atos da Administração Pública, através do qual a Administração executa suas próprias decisões sem precisar da autorização do judiciário. FMB

22. Gabarito: Errado
Comentário: incorreta. O princípio da autotutela está limitada pelos limites legais e principiológicos, conforme descrito na sumula do STF 473 'a administração pode anular os seus próprios atos, quando eivados de vícios que os tornem ilegais, porque deles não se originam direitos, ou revogá-los, por motivo de conveniência ou oportunidade, respeitados os direitos adquiridos, e ressalvada, em todos os casos, a apreciação judicial'. FMB

23. Gabarito: Certo
Comentário: correta. O *ato* praticado por agente incompetente pode ser *convalidado* (sanado) por aquele que tem a *competência*. Nesse caso, a *convalidação* é chamada de ratificação e somente não é possível no caso de *competência* exclusiva, ou seja, indelegável. A ratificação é *ato* discricionário da *autoridade competente*. FMB

24. Gabarito: Certo
Comentário: correta. Lei 8.112/1990 – Art. 36. Remoção é o deslocamento do servidor, a pedido ou de ofício, no âmbito do mesmo quadro, com ou sem mudança de sede (...) *a)* para acompanhar cônjuge ou companheiro, também servidor público civil ou militar, de qualquer dos Poderes da União, dos Estados, do Distrito Federal e dos Municípios, que foi deslocado no interesse da Administração. FMB

25. Gabarito: Errado
Comentário: incorreta. A remoção pode ser feita: Lei 8.112/1990 – Art. 36, parágrafo único, III – a pedido, para outra localidade, independentemente do interesse da Administração. FMB

26. Gabarito: Errado
Comentário: incorreta. Lei 8.112/1990 – Art. 36. Remoção é o deslocamento do servidor, a pedido ou de ofício, no âmbito do mesmo quadro, com ou sem mudança de sede. FMB

27. Gabarito: Certo
Comentário: correta. Lei 8.112/1990 – Art. 102. Além das ausências ao serviço previstas no art. 97, são considerados como de efetivo exercício os afastamentos em virtude de: (...) IX – deslocamento para a nova sede de que trata o art. 18; Art. 18. O servidor que deva ter exercício em outro município em razão de ter sido removido, redistribuído, requisitado, cedido ou posto em exercício provisório terá, no mínimo, dez e, no máximo, trinta dias de prazo, contados da publicação do ato, para a retomada do efetivo desempenho das atribuições do cargo, incluído nesse prazo o tempo necessário para o deslocamento para a nova sede. FMB

28. Gabarito: certo
Comentário: Nos termos do art. 103, II, da Lei 8.112/1990, será contada para efeito de aposentadoria a licença para tratamento de saúde de pessoal da família do servidor, com remuneração, que exceder a 30 (trinta) dias em período de 12 (doze) meses. Assim, a licença não remunerada auferida por Esmeralda não pode ser contabilizada para efeito de aposentadoria. RB

29. Gabarito: Certo
Comentário: correta. A presunção de legalidade do ato administrativo é um de seus atributos. Ele se baseia no fato de que, uma vez que só cabe à Administração Pública fazer o que a lei permite, tem-se a presunção relativa de que seus atos foram realizados dentro dessa legalidade restrita, cabendo ao particular o ônus de provar que essa presunção deve ser afastada. FMB

30. Gabarito: Errado
Comentário: incorreta. A motivação deve ser prévia ou concomitante à edição do ato. FMB

31. Gabarito: Errado
Comentário: incorreta. Ao Poder Judiciário cabe apenas anular atos que apresentem vício de legalidade, não lhe sendo possível revogar, por conveniência ou oportunidade, um ato que não apresenta qualquer vício. FMB

32. Gabarito: Certo
Comentário: Entende-se como vencimento a retribuição pecuniária pelo exercício de cargo público, com valor fixado em lei (art. 40). Além do vencimento, poderão ser pagas ao servidor as seguintes vantagens: indenizações; gratificações e adicionais. Contudo, as indenizações não se incorporam ao vencimento ou provento para qualquer efeito (art. 49, I, II e III, e § 1º). FMB

33. Gabarito: Errado
Comentário: Se for do *interesse da Administração*, o servidor poderá, e desde que a participação não possa ocorrer simultaneamente com o exercício do cargo ou mediante compensação de horário, afastar-se do exercício do cargo efetivo, com a respectiva remuneração, para participar em programa de pós-graduação *stricto sensu* em instituição de ensino superior no País (art. 96-A). FMB

34. Gabarito: Certo
Comentário: O horário especial será concedido ao servidor estudante, quando comprovada a incompatibilidade entre o horário escolar e o da repartição, sem prejuízo do exercício do cargo. No entanto, será exigida a compensação de horário no órgão ou entidade que tiver exercício, respeitada a duração semanal do trabalho (art. 98, § 1º). FMB

35. Gabarito: Errado
Comentário: Antônio iniciou tratamento após ter sido aposentado por invalidez. O tempo em que o servidor esteve aposentado será contado apenas para nova aposentadoria e não para promoção na carreira (art. 103, § 1º). FMB

36. Gabarito: Certo
Comentário: Dentre os deveres do servidor, encontra-se o de atender com presteza ao público em geral, prestando as informações requeridas, ressalvadas as protegidas por sigilo (art. 116, V, "a"). FMB

37. Gabarito: Certo
Gabarito: correta. A descentralização ocorre quando o Estado cria outro órgão, com personalidade jurídica, para desempenhar as funções administrativas que lhe são afetas, só é possível na Administração Direta. Já a desconcentração administrativa ocorre quando há uma repartição de competências dentro da mesma pessoa jurídica, sendo possível na Administração Direta ou Indireta. Assim, quando a União reparte suas competências com o Ministério da Previdência Social, no âmbito da mesma pessoa jurídica, ocorre desconcentração administrativa. E quando o Ministério da Previdência Social o faz através da criação da autarquia, Instituto Nacional de Seguridade Social, sendo pessoas jurídicas distintas, ocorre descentralização, portanto, a assertiva está correta. FMB

38. Gabarito: Errado
Gabarito: incorreta. O Instituto Nacional de Seguridade Social integra a Administração Indireta na condição de autarquia vinculada ao Ministério da Previdência Social. FMB

39. Gabarito: Certo
Comentário: correta, nos termos do art. 11, § 1º, VIII, do RPS. RQ

40. Gabarito: Errado
Comentário: incorreta. Tal verba é exceção à regra de que o segurado especial não pode ter outra fonte de renda (art. 9º, § 18, IV, do RPS). RQ

41. Gabarito: Certo
Comentário: correta, nos termos do art. 20, § 1º, do RPS. A filiação é o vínculo jurídico que liga o cidadão, agora segurado, ao RGPS, e seu surgimento se dá com o mero exercício de atividade remunerada. Não confunda filiação com inscrição previdenciária. Esta última é o ato pelo qual o segurado é cadastrado no RGPS mediante a apresentação de determinados documentos. RQ

42. Gabarito: Certo
Comentário: correta, nos termos do art. 18, § 5º, do RPS. O Decreto nº 10.410/2020 incluiu um § 5º-B no art. 18 do RPS, vedando expressamente a inscrição *post mortem* de segurado contribuinte individual e de segurado facultativo. RQ

43. Gabarito: Errado
Comentário: incorreta O art. 18, § 5º, do RPS, admite a inscrição *post mortem* do segurado especial, desde que presentes os pressupostos da filiação. Tal norma excepcional deve ser interpretada restritivamente, e, tendo em vista que filiação e inscrição são institutos diferentes, não se pode admitir filiação de segurado especial já falecido. RQ

44. Gabarito: Errado
Comentário: incorreta. O art. 19 do RPS garante a força probatória do CNIS, independentemente da apresentação de outros documentos.

45. Gabarito: Errado
Comentário: incorreta. Como o servidor em questão ocupa exclusivamente cargo em comissão, será considerado segurado obrigatório do RGPS na qualidade de empregado (art. 9º, I, "i", do RPS e art. 40, § 13º, da CF).

46. Gabarito: Errado
Comentário: incorreta. Como João se vale dos serviços de Maria para o exercício de sua atividade remunerada (atender clientes), fica desnaturada a relação de emprego doméstico, pois uma das características do trabalho doméstico é que a atividade não tenha fins lucrativos (art. 9º, II, do RPS).

47. Gabarito: Certo
Comentário: correta, nos termos do art. 12, parágrafo único, IV, do RPS.

48. Gabarito: Errado
Comentário: incorreta. A avaliação dos requisitos para o direito á percepção do salário-família é feita individualmente, em relação a cada trabalhador (art. 82, § 3º, do RPS). Assim, ainda que a soma das remunerações ultrapasse o limite disposto para a concessão do benefício, cada trabalhador receberá, separadamente, o salário-família, exceto se forem separados ou divorciados. Nessa última situação, o pagamento será realizado somente àquele que detiver a guarda do filho (art. 87 do RPS).

49. Gabarito: Certo
Comentário: correta quando da aplicação do certame. A redação original do art. 65 do PBPS afirmava que "*O salário-família será devido, mensalmente, ao segurado empregado, exceto ao doméstico, e ao segurado trabalhador avulso (...)*". Os empregados domésticos somente passaram a fazer jus ao salário-família após a promulgação da EC nº 72/2013 e da Lei Complementar nº 150/2015, a qual expressamente incluiu as empregadas domésticas na nova redação do art. 65 do PBPS.

50. Gabarito: Certo
Comentário: correta, nos termos do art. 124, IV, do PBPS.

51. Gabarito: Errado
Comentário: incorreta. Não é permitido cumular duas pensões por morte deixada por cônjuge ou companheiro, devendo Sofia optar pela mais vantajosa (art. 124, VI, do PBPS).

52. Gabarito: Certo
Comentário: correta, nos termos do art. 86, § 2º, do PBPS e da Súmula nº 507 do STJ.

53. Gabarito: Certo
Comentário: correta. Nada obsta o recebimento do auxílio-acidente concomitantemente ao auxílio-doença decorrente de outro evento (art. 86, § 3º, do PBPS).

54. Gabarito: Errado
Comentário: incorreta. Após a criação da Secretaria da Receita Federal do Brasil, restaram ao INSS somente as competências elencadas no art. 5º da Lei 11.457/2007, quais sejam: emitir certidão relativa a tempo de contribuição; gerir o Fundo do Regime Geral da Previdência Social; e calcular o montante das contribuições previdenciárias e emitir o correspondente documento de arrecadação, com vistas ao atendimento conclusivo para concessão ou revisão de benefício requerido. Não lhe sobraram, como se vê, funções arrecadatórias.

55. Gabarito: Errado
Comentário: incorreta. Na verdade, nos termos do art. 17 da Lei 8.029/1990, o INSS resultou da fusão do Instituto de Administração da Previdência e Assistência Social – IAPAS – e do Instituto Nacional da Previdência Social – INPS.

56. Gabarito: Errado
Comentário: incorreta. Os gerentes executivos são nomeados pelo Ministro da Previdência Social com base em lista quíntupla elaborada pelo Presidente do INSS, ou seja, não é uma livre escolha do Ministro.

57. Gabarito: Errado
Comentário: incorreta. É possível a reforma pelo próprio órgão, nos termos do art. 305, § 3º, do RPS.

58. Gabarito: Errado
Comentário: incorreta. A competência para julgamento do recurso em primeira instância é da Junta de Recursos (art. 303, § 1º, I, do RPS). As Câmaras de Julgamento julgam os recursos contra as decisões das Juntas de Recursos.

59. Gabarito: Errado
Comentário: incorreta. Nos termos do art. 16 do Decreto nº 6.214/2007, a concessão do benefício à pessoa com deficiência ficará sujeita à avaliação da deficiência e do grau de impedimento, com base nos princípios da Classificação Internacional de Funcionalidades, Incapacidade e

Saúde - CIF, estabelecida pela Resolução da Organização Mundial da Saúde nº 54.21, aprovada pela 54ª Assembleia Mundial da Saúde, em 22 de maio de 2001.

60. Gabarito: Errado
Comentário: incorreta. A avaliação para a concessão de aposentadoria à pessoa portadora de deficiência será médica e funcional (art. 4º da Lei Complementar nº 142/2013). Segundo o art. 70-A, do PBS, trata-se de avaliação biopsicossocial realizada por equipe multiprofissional e interdisciplinar. Por sua vez, a avaliação para a concessão de BPC inclui tanto avaliação social como avaliação médica (art. 20, § 6º, da Lei nº 8.742/1993 e art. 16, §§ 1º a 5º, do Decreto nº 6.214/2007).

61. Gabarito: Certo
Comentário: correta. O princípio da universalidade de acesso foi positivado no art. 196, da Constituição Federal, e os princípios da integralidade de assistência e da descentralização se encontram nos incisos II e I, do art. 198, da Constituição Federal, respectivamente.

62. Gabarito: Certo
Comentário: correta. A humanização enquanto política do SUS decorre da Política Nacional de Humanização do Ministério da Saúde, lançada em 2003.

63. Gabarito: Errado
Comentário: incorreta. A partir da promulgação da Emenda Constitucional nº 26/2000, o art. 6º, da Constituição Federal, prevê expressamente o direito à moradia.

64. Gabarito: Errado
Comentário: A universalidade da cobertura e do atendimento se aplicam com a mesma intensidade à Assistência Social e à Saúde, âmbitos aos quais não subjaz qualquer lógica atuarial, ao contrário do que ocorre com a Previdência Social (arts. 196, 201, *caput*, e 203, *caput*, da Constituição Federal).

65. Gabarito: Errado
Comentário: O art. 16, I e § 3º, do PBPS, não exige tempo mínimo de casamento ou união estável para o reconhecimento da condição de dependente do cônjuge ou do companheiro. A Lei nº 8.971/1994 exigia o prazo de 05 anos de duração para a configuração de união estável, mas tal norma foi tacitamente revogada pelo Código Civil de 2002 (REsp nº 1.761.887, j. 06.08.2019). Vale notar que se o casamento ou a união estável tiverem durado menos de 02 anos antes do óbito do segurado, a cota individual de pensão por morte cessará em 04 meses (art. 77, §2º, V, 'b', do PBPS).

66. Gabarito: Errado
Comentário: incorreta. O RGPS é um regime de previdência que acoberta todos aqueles que exerçam atividade remunerada, desde que não sejam participantes de regime próprio previsto para os servidores públicos efetivos (arts. 40 e 201 da Constituição Federal).

67. Gabarito: Errado
Comentário: incorreta. Universalidade de cobertura significa que as políticas de previdência social devem buscar, dentro do possível e cada vez mais, proteger todas as contingências que possam acometer a capacidade laborativa do trabalhador. Seu conteúdo de modo algum implica na equiparação dos benefícios de segurados e dependentes.

68. Gabarito: Certo
Comentário: correta, nos termos do art. 185, II, da Lei 8.112/1990.

69. Gabarito: Errado
Comentário: incorreta. Aldo não é segurado de Regime Próprio de Previdência Social por força do art. 40, § 13º, da Constituição Federal. Ele é segurado do RGPS, que possui regras próprias de previdência social previstas na Lei nº 8.213/91. Os dois regimes são incomunicáveis em termos de acesso a benefícios e serviços.

70. Gabarito: Errado
Comentário: incorreta. Apenas os membros de regime próprio de previdência social, quando aposentados, devem continuar contribuindo para o custeio dos respectivos Regimes Próprios de Previdência (art. 40, § 18 e 195, II, ambos da Constituição Federal).

71. Gabarito: Certo
Comentário: correta quando da aplicação do certame, nos termos do que então dizia o art. 40, § 21, da Constituição Federal. A EC nº 103/2019 revogou o art. 40, § 21, da Constituição Federal.

72. Gabarito: Errado
Comentário: incorreta. A incidência da contribuição previdenciária se dá somente sobre a parcela que ultrapassar o teto do RGPS (art. 40, § 18, da CF). Ou seja, no caso proposto a base de cálculo da contribuição equivale a R$ 1.310,78.

73. Gabarito: Certo
Comentário: correta, nos termos do art. 20 do PCSS.

74. Gabarito: Certo
Comentário: correta, nos termos do art. 42 do PBPS.

75. Gabarito: Errado
Comentário: incorreta. O auxílio-acidente se destina a indenizar o trabalhador que teve sua capacidade de trabalho reduzida parcial e permanentemente. Em caso de incapacidade total e temporária para o trabalho, até que se conclua pela sua impossibilidade de recuperação, o segurado faz jus ao auxílio-doença (art. 59 e seguintes do PBPS). É juridicamente impossível acumular o recebimento de auxílio-doença e de auxílio-acidente se o fato gerador de ambos – o evento causador da incapacidade – é o mesmo (art. 78 do RPS e AgRg. no AREsp 384.935/SP, j. 18.04.2017) RQ

76. Gabarito: Certo
Comentário: correta, nos termos do art. 21-A da Lei n. 8.742/1993. RQ

77. Gabarito: Certo
Comentário: correta, nos termos do art. 108 do PBPS. RQ

78. Gabarito: Errado
Comentário: incorreta. O art. 3°, *caput*, da Lei n° 10.666/03, prevê que a perda da qualidade de segurado não será considerada para a concessão das aposentadorias por tempo de contribuição e especial. RQ

79. Gabarito: Errado
Comentário: incorreta. A contribuição é de 8,8% e incide sobre o salário de contribuição do empregado doméstico (art. 24 do PCSS). RQ

80. Gabarito: Certo
Comentário: correta. Trata-se de contribuição específica que substitui a contribuição sobre a folha de pagamento e incide sobre a receita bruta decorrente dos espetáculos desportivos de que a equipe participe em todo território nacional em qualquer modalidade desportiva, inclusive jogos internacionais, e de qualquer forma de patrocínio, licenciamento de uso de marcas e símbolos, publicidade, propaganda e de transmissão de espetáculos desportivos (art. 22, § 6°, do PCSS). RQ

81. Gabarito: Certo
Comentário: correta, nos termos do art. 30, I, "a", do PCSS. RQ

82. Gabarito: Errado
Comentário: incorreta. Trata-se de contribuintes distintos, de modo que a isenção para os empregados e trabalhadores avulsos depende de expressa previsão legal nesse sentido. O art. 111, II, do Código Tributário Nacional, determina a interpretação literal sobre regra que outorgue isenção tributária, motivo pelo qual se revela impossível interpretação ampliativa do texto da norma que concedeu isenção (veja, ainda, o art. 150, § 6°, da CF). RQ

83. Gabarito: Certo
Comentário: correta, nos termos do art. 33 do PCSS. RQ

84. Gabarito: Errado
Comentário: incorreta. O art. 244, § 1°, do RPS proibia a concessão de descontos ou parcelamento nesses casos. Ocorre que o art. 244 do RPS foi integralmente revogado pelo Decreto n° 10.410/2020. Além do mais, o fundamento legal para a previsão então contida no art. 244 do Decreto n° 3.048/1999 era o art. 38, § 1°, do Plano de Custeio da Seguridade Social - PCSS (Lei n° 8.212./91), o qual foi revogado pela Lei n° 11.941/2009. Inobstante, o parcelamento de débitos como os descritos na questão continua proibido por força do art. 14, III, da Lei n° 10.522/2002. RQ

85. Gabarito: Errado
Comentário: incorreta. Na sistemática anterior à Lei n° 11.941/2009, o valor da multa era diferente se a contribuição em atraso estivesse ou não incluída em notificação fiscal de lançamento de débito (NFLD) ou em dívida ativa: se não estivesse em NFLD, variava entre 8% e 20%; se estivesse em NFLD, variava entre 24% e 50%; se estivesse em Dívida Ativa, variava entre 60% e 100%. Após a Lei n° 11.941/2009, as multas de mora aplicáveis às contribuições sociais passaram a ser aquelas previstas no art. 61 da Lei n° 9.430/1995, por força do art. 35 do PCSS. O § 2°, do art. 61, da Lei n° 9.430/1995, limita o percentual da multa a 20%. RQ

86. Gabarito: Errado
Comentário: incorreta. O auxílio-reclusão é pago exclusivamente aos dependentes, não ao segurado, nos termos dos arts. 18, II, "b", e 80 do PBPS. Após o advento da Lei n° 13.846/2019, que incluiu um § 4°, no art. 80, do PBPS, a aferição da renda mensal bruta para enquadramento do segurado como de baixa renda ocorrerá pela média dos salários de contribuição apurados no período de 12 (doze) meses anteriores ao mês do recolhimento à prisão. RQ

87. Gabarito: Errado
Comentário: incorreta. Nos termos do art. 15, IV, do PBPS, o segurado preso mantém sua qualidade por 12 meses após o livramento. RQ

88. Gabarito: Errado
Comentário: incorreta. Prescrevem em 5 anos, contados da data em que deveriam ter sido pagas, as ações para cobrar prestações vencidas junto à Previdência Social (art. 103, parágrafo único, do PBPS). Consi-

derando que a prova em comento foi realizada em 2016, não se poderiam ainda considerar prescritas as pretensões. RQ

89. Gabarito: Certo
Comentário: correta, nos termos do art. 21, § 3º, do PCSS. RQ

90. Gabarito: Certo
Comentário: correta, nos termos do art. 5º do Decreto 6.214/2007. RQ

91. Gabarito: Certo
Comentário: correta, nos termos do art. 1º do Decreto 6.214/2007. RQ

92. Gabarito: Errado
Comentário: incorreta. É vedado o acúmulo do benefício com o seguro-desemprego, conforme o art. 5º do Decreto 6.214/2007. RQ

93. Gabarito: Errado
Comentário: incorreta. O acolhimento não prejudica o direito do idoso à percepção do BPC (art. 6º do Decreto 6.214/2007). RQ

94. Gabarito: Errado
Comentário: incorreta. O BPC é garantido somente aos idosos com 65 anos ou mais (art. 4º, I, do Decreto 6.214/2007). RQ

95. Gabarito: Certo
Comentário: correta, nos termos do art. 48, I e § 1º,, do Decreto 6.214/2007. RQ

96. Gabarito: Errado
Comentário: incorreta. O CRAS é uma unidade pública municipal destinada à articulação dos serviços socioassistenciais no seu território de abrangência e à prestação de serviços, programas e projetos socioassistenciais de proteção social básica às famílias (art. 6º-C, § 1º, da Lei 8.742/1993). RQ

97. Gabarito: Certo
Comentário: correta, nos termos do art. 6º-C, § 2º, da Lei 8.742/1993, segundo o qual o CREAS é a unidade pública de abrangência e gestão municipal, estadual ou regional, destinada à prestação de serviços a indivíduos e famílias que se encontram em situação de risco pessoal ou social, por violação de direitos ou contingência, que demandam intervenções especializadas da proteção social especial. RQ

98. Gabarito: Certo
Comentário: correta, nos termos do art. 2º, I, "c", da Lei 8.742/1993. RQ

99. Gabarito: Errado
Comentário: incorreta. Nos termos do art. 6º-A, da Lei 8.742/1993, a assistência social se divide em proteção social básica e proteção social especial. RQ

100. Gabarito: Errado
Comentário: incorreta. É necessária maioria absoluta dos membros do CNAS para aprovação desta proposição (art. 39 da Lei 8.742/1993), bem como observância ao orçamento da seguridade social e à disponibilidade do Fundo Nacional de Assistência Social (FNAS). RQ

101. Gabarito: Certo
Comentário: correta, nos termos do art. 16, II e IV, da Lei 8.742/1993. RQ

102. Gabarito: Errado
Comentário: incorreta. O CNAS é presidido por qualquer de seus integrantes, eleito dentre seus membros, para mandato de 1 ano, permitida uma recondução (art. 17, § 2º, da Lei 8.742/1993). RQ

103. Gabarito: Certo
Comentário: correta. São 18 membros, sendo 9 representantes governamentais e 9 representantes da sociedade civil (art. 17, *caput*, § 1º, I e II, da Lei 8.742/1993). RQ

104. Gabarito: Certo
Comentário: correta, nos termos do art. 18, I e VI, da Lei 8.742/1993. RQ

105. Gabarito: Errado
Comentário: incorreta. O art. 20, § 1º, "d", do PBPS, realmente exclui do conceito de doença do trabalho a doença endêmica adquirida por segurado habitante de região em que ela se desenvolva. Mas o mesmo dispositivo legal excepciona tal exclusão se restar comprovado que a doença é resultante de exposição ou contato direto determinado pela natureza do trabalho. RQ

106. Gabarito: Certo
Comentário: correta, nos termos do art. 21, II, "e", do PBPS. RQ

107. Gabarito: Certo
Comentário: correta, nos termos do art. 25, I, do PBPS. O auxílio-doença independe de carência nas hipóteses listadas no art. 26, II, do PBPS e no caso do segurado especial, nos termos do inciso III, do art. 26, do PBPS. RQ

108. Gabarito: Certo
correta, nos termos do art. 194, parágrafo único, II, da Constituição Federal. RQ

109. Gabarito: Certo
Comentário: correta, nos termos do art. 3º do PBPS. RQ

110. Gabarito: Certo
Resolução
Temos
Contribuição > 700 => 20% do salário de contribuição = 0,20 salário de contribuição
Logo,
Salário de contribuição > $\dfrac{700}{0,2} = \dfrac{7000}{2} = 3.500$ => salário de contribuição > 3.500 => Correto. ENG

111. Gabarito: Certo
Comentário: Apesar de a questão não deixar explícito se x é elemento de U, se assim considerarmos, então podemos ler a sentença "xP(x)" como "todos os funcionários públicos são funcionários do INSS", o que, claramente, é falsa. Observe que a conclusão seria a mesma sem assumir que x é elemento de U, pois podemos ler a sentença como "todos são funcionários do INSS" o que também é falso. ENG

112. Gabarito: Errado
Comentário: Observamos, inicialmente, que a definição do conjunto U mudou em relação ao exercício anterior. Portanto, não considerando que x é elemento de U, podemos traduzir cada uma das expressões dadas por: I. "Para qualquer pessoa, se ela tem mais que 35 anos então ela é funcionária do INSS", que não representa a proposição desejada. II. "Para qualquer pessoa, ou ela é funcionária do INSS ou tem mais que 35 anos", que também não representa a proposição. III. "Para qualquer pessoa, se ela é funcionária do INSS então ela tem mais que 35 anos", o que representa a proposição desejada. Portanto, apenas 1 das 3 formas representa o pedido. As mesmas consequências podem ser obtidas se considerarmos que x é elemento de U. ENG

113. Gabarito: Certo
Comentário: correta, conforme o art. 3º, § 2º do Decreto 6.029/07. FF/RFL

114. Gabarito: Certo
Comentário: correta, pois trata-se de dever fundamental do servidor público – item XIV, e, do Código de Ética Profissional do Servidor Público Civil do Poder Executivo Federal – Código de Ética – anexo do Decreto 1.171/1994. FF/RFL

115. Gabarito: Errado
Comentário: incorreta - art. 7º, I, do Decreto 6.029/07. FF/RFL

116. Gabarito: Certo
Comentário: correta, conforme o art. 4º, I do Decreto 6.029/07. FF/RFL

117. Gabarito: Certo
Comentário: correta. O art. 38, I, CF determina o afastamento do servidor federal autárquico de suas funções. Entretanto, o art. 38, V, CF, garante que o cálculo do benefício será realizado como se na ativa estivesse. A EC 103/2019 deu nova redação ao art. 38, V, para prever que, na hipótese de ser segurado de regime próprio de previdência social, permanecerá filiado a esse regime, no ente federativo de origem. AN

118. Gabarito: Certo
Comentário: correta. Art. 6º, *caput*, CF, alterado pela EC 90/2015. AN

119. Gabarito: Certo
Comentário: correta. Ver art. 195, III, CF e art. 212, § 1º, do Decreto 3.048/1999 (Regulamento da Previdência Social). O art. 212, § 1º, do Decreto 3.048/1999, prevê que "Constitui receita da seguridade social a renda líquida dos concursos de prognósticos, excetuando-se os valores destinados ao Programa de Crédito Educativo. § 1º Consideram-se concurso de prognósticos todo e qualquer concurso de sorteio de números ou quaisquer outros símbolos, loterias e apostas de qualquer natureza no âmbito federal, estadual, do Distrito Federal ou municipal, promovidos por órgãos do Poder Público ou por sociedades comerciais ou civis". TM

120. Gabarito: Certo
Comentário: correta. A questão cobrou conhecimento da redação do art. 194 da CF: "Art. 194. A seguridade social compreende um conjunto integrado de ações de iniciativa dos Poderes Públicos e da sociedade, destinadas a assegurar os direitos relativos à saúde, à previdência e à assistência social. Parágrafo único. Compete ao Poder Público, nos termos da lei, organizar a seguridade social, com base nos seguintes objetivos: I – universalidade da cobertura e do atendimento; II – uniformidade e equivalência dos benefícios e serviços às populações urbanas e rurais; III – seletividade e distributividade na prestação dos benefícios e serviços; IV – irredutibilidade do valor dos benefícios; V – equidade na forma de participação no custeio; VI – diversidade da base de financiamento; VII – caráter democrático e descentralizado da administração, mediante gestão quadripartite, com participação dos trabalhadores, dos empregadores, dos aposentados e do Governo nos órgãos colegiados". TM

SIMULADO 2

COMO NASCE UMA HISTÓRIA (FRAGMENTO)

1   Quando cheguei ao edifício, tomei o elevador que serve do primeiro ao décimo quarto andar. Era pelo menos o que dizia a tabuleta no alto da porta.
— Sétimo — pedi.
4   A porta se fechou e começamos a subir. Minha atenção se fixou num aviso que dizia:
É expressamente proibido os funcionários, no ato da subida, utilizarem os elevadores para descerem.
7   Desde o meu tempo de ginásio sei que se trata de problema complicado, este do infinito pessoal. Prevaleciam então duas regras mestras que deveriam ser rigorosamente obedecidas. Uma afirmava que o sujeito, sendo o mesmo, impedia que o verbo se flexionasse. Da outra infelizmente já
10 não me lembrava.
Mas não foi o emprego pouco castiço do infinito pessoal que me intrigou no tal aviso: foi estar ele concebido de maneira chocante aos delicados ouvidos de um escritor que se preza.
13 Qualquer um, não sendo irremediavelmente burro, entenderia o que se pretende dizer neste aviso. Pois um tijolo de burrice me baixou na compreensão, fazendo com que eu ficasse revirando a frase na cabeça: descerem, no ato da subida? Que quer dizer isto? E buscava uma forma simples e
16 correta de formular a proibição:
É proibido subir para depois descer.
É proibido subir no elevador com intenção de descer.
19 *É proibido ficar no elevador com intenção de descer, quando ele estiver subindo.*
Se quiser descer, não tome o elevador que esteja subindo.
Mais simples ainda:
22 *Se quiser descer, só tome o elevador que estiver descendo.*
De tanta simplicidade, atingi a síntese perfeita do que Nelson Rodrigues chamava de óbvio ululante, ou seja, a enunciação de algo que não quer dizer absolutamente nada:
25 *Se quiser descer, não suba.*

Fernando Sabino. **A volta por cima**. Rio de Janeiro: Record, 1995, p. 137-140 (com adaptações).

Acerca do gênero textual e das estruturas linguísticas do texto acima, julgue os itens a seguir.
(1) O trecho das linhas 5 e 6 pode ser reescrito, com correção gramatical, da seguinte maneira: É expressamente proibido a utilização dos elevadores que estiverem subindo pelos funcionários que desejarem descer.
(2) A regra gramatical enunciada pelo autor em "Uma afirmava que o sujeito, sendo o mesmo, impedia que o verbo se flexionasse" (l. 8-9) aplica-se aos verbos subir e descer no seguinte exemplo: Se os funcionários querem subir, não devem descer.
(3) O gênero textual apresentado permite o emprego da linguagem coloquial, como ocorre, por exemplo, em "Qualquer um, não sendo irremediavelmente burro" (l. 13) e "um tijolo de burrice" (l. 14).
(4) O sentido do período seria mantido, mas a correção gramatical seria prejudicada, caso se substituísse "atingi a síntese perfeita" (l. 23) por **cheguei à síntese perfeita**.

Texto I

1   Naquele novo apartamento da rua Visconde de Pirajá
    pela primeira vez teria um escritório para trabalhar. Não era um
    cômodo muito grande, mas dava para armar ali a minha tenda
4   de reflexões e leitura: uma escrivaninha, um sofá e os livros.
    Na parede da esquerda ficaria a grande e sonhada estante
    onde caberiam todos os meus livros. Tratei de encomendá-la a
7   seu Joaquim, um marceneiro que tinha oficina na rua Garcia
    D'Ávila com Barão da Torre.
    O apartamento não ficava tão perto da oficina. Era
10 quase em frente ao prédio onde morava Mário Pedrosa, entre
    a Farme de Amoedo e a antiga Montenegro, hoje Vinicius de
    Moraes. Estava ali havia uma semana e nem decorara ainda o
13 número do prédio. Tanto que, quando seu Joaquim, ao
    preencher a nota de encomenda, perguntou-me onde seria
    entregue a estante, tive um momento de hesitação. Mas foi só
16 um momento. Pensei rápido: "Se o prédio do Mário é 228,
    o meu, que fica quase em frente, deve ser 227". Mas
    lembrei-me de que, ao ir ali pela primeira vez, observara que,
19 apesar de ficar em frente ao do Mário, havia uma diferença na
    numeração.
    – Visconde de Pirajá, 127 – respondi, e seu
22 Joaquim desenhou o endereço na nota.
    – Tudo bem, seu Ferreira. Dentro de um mês estará
    lá sua estante
25 – Um mês, seu Joaquim! Tudo isso? Veja se reduz
    esse prazo.
    – A estante é grande, dá muito trabalho... Digamos,
28 três semanas.

Ferreira Gullar. A estante. In: A estranha vida banal. Rio de Janeiro: José Olympio, 1989 (com adaptações).

No que se refere aos sentidos do texto I, julgue os próximos itens.

(5) O trecho "dá muito trabalho" (L.27) constitui uma referência de seu Joaquim à confecção da estante, tarefa que, segundo ele, seria trabalhosa.
(6) De acordo com as informações do texto, é correto inferir que seu Joaquim era analfabeto, uma vez que ele "desenhou o endereço na nota" (L.22).
(7) A expressão "armar ali a minha tenda" (L.3) foi empregada no texto em sentido figurado.
(8) De acordo com as informações do texto, Vinicius de Moraes passou a morar no apartamento onde antes residia Mário Pedrosa.
(9) O "momento de hesitação" (L.15) vivido pelo narrador deveu-se ao medo de informar o endereço a um desconhecido.
(10) O verbo dever foi empregado na linha 17 no sentido de ser provável.

Julgue os seguintes itens, a respeito de aspectos linguísticos do texto I.

(11) A correção gramatical e o sentido do texto seriam preservados, caso se substituísse o trecho "lembrei-me de que" (L.18) por lembrei que.

(12) A forma verbal "teria" (L.2) está flexionada na terceira pessoa do singular, para concordar com "apartamento" (L.1), núcleo do sujeito da oração em que ocorre.

(13) Seria mantida a correção do texto caso o trecho "onde caberiam" (L.6) fosse substituído por que caberia

(14) No período "Tanto que, quando (...) momento de hesitação" (L. 13 a R. 15), o emprego de todas as vírgulas deve-se à mesma regra de pontuação.

```
1    Bibliotecas sempre deram muito o que falar. Grandes
     monarquias jamais deixaram de possuir as suas, e cuidavam
     delas estrategicamente. Afinal, dotes de princesas foram
4    negociados tendo livros como objetos de barganha; tratados
     diplomáticos versaram sobre essas coleções. Os monarcas
     portugueses, após o terremoto que dizimou Lisboa, se
7    orgulhavam de, a despeito dos destroços, terem erguido uma
     grande biblioteca: a Real Livraria. D. José chamava-a de joia
     maior do tesouro real. D. João VI, mesmo na correria da
10   partida para o Brasil, não se esqueceu dos livros. Em três
     diferentes levas, a Real Biblioteca aportou nos trópicos, e foi
     até mesmo tema de disputa.
```

Internet: <http://observatoriodaimprensa.com.br>
(com adaptações).

Acerca de aspectos linguísticos e dos sentidos do texto acima, julgue os itens que se seguem.

(15) Princesas e diplomatas eram valorados conforme a qualidade das bibliotecas que seus países possuíam e a parcela dos livros que estavam dispostos a ceder em negociações diversas.

(16) A Real Livraria foi erguida com os destroços resultantes do terremoto que atingiu Lisboa, como símbolo da força de Portugal na superação da tragédia que acabava de assolar o país.

(17) A expressão "essas coleções" (L.5) retoma, por coesão, o termo "Bibliotecas" (L.1).

(18) O sinal de dois-pontos empregado imediatamente após "biblioteca" (L.8) introduz um termo de natureza explicativa.

Texto para os próximos 05 itens

```
1    Levantou-se da cama o pobre  namorado sem ter
     conseguido dormir. Vinha nascendo o Sol.
     Quis ler os jornais e pediu-os.
4    Já os ia pondo de lado, por haver acabado de ler,
     quando repentinamente viu seu nome impresso no Jornal do
     Comércio.
7    Era um artigo a pedido com o título de Uma
     Obra-Prima.
     Dizia o artigo:
10   Temos o prazer de anunciar ao país o próximo
     aparecimento de uma excelente comédia, estreia de
     um jovem literato fluminense, de nome Antônio Carlos
13   de Oliveira.
     Este robusto talento, por muito tempo incógnito,
     vai enfim entrar nos mares da publicidade, e para isso
16   procurou logo ensaiar-se em uma obra de certo vulto.
```

Consta-nos que o autor, solicitado por seus
numerosos amigos, leu há dias a comédia em casa do Sr.
19 Dr. Estêvão Soares, diante de um luzido auditório, que
aplaudiu muito e profetizou no Sr. Oliveira um futuro
Shakespeare.
22 O Sr. Dr. Estêvão Soares levou a sua amabilidade
ao ponto de pedir a comédia para ler segunda vez, e ontem
ao encontrar-se na rua com o Sr. Oliveira, de tal
25 entusiasmo vinha possuído que o abraçou estreitamente,
com grande pasmo dos numerosos transeuntes.
Da parte de um juiz tão competente em matérias
28 literárias este ato é honroso para o Sr. Oliveira.
Estamos ansiosos por ler a peça do Sr. Oliveira, e
ficamos certos de que ela fará a fortuna de qualquer teatro.
31 O amigo das letras.

Machado de Assis. A mulher de preto. In: Contos
Fluminenses. São Paulo: Globo, 1997 (com adaptações).

No que se refere aos sentidos e às características tipológicas do texto, julgue os itens que se seguem.

(19) No texto, a palavra "fortuna" (L.30) pode ser interpretada tanto como sucesso quanto como riqueza.

(20) Do texto não é possível concluir se "o pobre namorado" (L.1) é Antônio Carlos de Oliveira ou o Sr. Dr. Estêvão Soares.

(21) Dada a assinatura "O amigo das letras" (L.31), é correto concluir que o trecho publicado no Jornal do Comércio é uma carta.

(22) Depreende-se do texto que Antônio Carlos de Oliveira vai iniciar uma atividade profissional ligada à propaganda, para a qual tem muito talento.

(23) Na linha 29, a oração introduzida pela preposição "por" remete a uma ação anterior ao estado descrito na oração "Estamos ansiosos".

1   Designado para fazer a crítica dos espetáculos líricos
de setembro de 1846 a outubro do ano seguinte no **Jornal do**
Comércio, Martins Pena se revelou um profundo conhecedor
4   da arte cênica, tanto no que se refere à prática teatral (cenário,
representação, maquinarias) quanto a sua história, sendo
não raro seus incisivos argumentos a causa de grandes
7   polêmicas no teatro representado na corte brasileira.
Pena ganhou evidência como comediógrafo a partir de
1838, ano em que foi encenada sua peça **O Juiz de Paz na**
10 **Roça**. Embora tenha produzido alguns dramas (que lhe
renderam duras críticas), destacou-se de fato pelas suas
comédias e farsas, nas quais retratou a cultura e os costumes da
13 sociedade do seu tempo.
Nas suas obras, Pena buscou uma tomada de
consciência de um momento da história de nosso país, que
16 recém adquiria uma limitada independência, e tentou pensar
criticamente nossa cultura, com as restrições que o contexto
impunha ao trabalho intelectual, desvencilhando-se da tradição

19 clássica, das comédias francesas, do teatro lírico e do
melodrama, para criar uma nova comédia com traços muito
pessoais, o que lhe garantiu sucesso imediato em seu tempo e
22 um significado ímpar na história do teatro brasileiro.

Internet: <www.questaodecritica.com.br> (com adaptações).

Julgue os itens subsequentes, que versam sobre os sentidos e os aspectos linguísticos do texto acima.

(24) Verifica-se uma contradição na argumentação do autor, uma vez que o sentido do trecho "criar uma nova comédia com traços muito pessoais" (L. 20 e R. 21) é incompatível com o sentido do trecho "retratou a cultura e os costumes da sociedade do seu tempo" (L. 12 e R. 13).

(25) Depreende-se do texto que Martins Pena começou a fazer sucesso imediatamente após começar a escrever para o Jornal do Comércio.

(26) A substituição de "destacou-se" (L.11) por **foi destacado** prejudicaria o sentido original do período.

Com base no disposto no Manual de Redação da Presidência da República, julgue os itens seguintes.

(27) O trecho a seguir apresenta as seguintes características: concisão, clareza, objetividade e formalidade, sendo adequado para constituir parte de um memorando a ser enviado a autoridade com hierarquia igual ou inferior à do signatário.

Em resposta ao Mem. 001, informamos que a última reunião de alinhamento do Plano de Ação ocorreu no auditório da sede da DATAPREV, no dia 10 de março de 2016, com a presença do diretor de Gestão de Pessoas, do diretor de Saúde do Trabalhador e do auditor-geral.

Atenciosamente,

(28) Os trechos a seguir apresentados estão adequados para compor um ofício a ser enviado pelo INSS a um particular.

Brasília, 2 de fevereiro de 2016.

Ao Digníssimo Senhor
Pedro Albuquerque
SQS 1016, bloco Z, ap. 001
70.000-900 – Brasília – DF
Assunto: Concessão de aposentadoria
(...)
Respeitosamente,

Maria da Silva

Com relação a informática, julgue os itens que se seguem.

(29) A infecção de um computador por vírus enviado via correio eletrônico pode se dar quando se abre arquivo infectado que porventura esteja anexado à mensagem eletrônica recebida.

(30) Na Internet, os endereços IP (Internet Protocol) constituem recursos que podem ser utilizados para identificação de microcomputadores que acessam a rede.

(31) Em um texto ou imagem contido em eslaide que esteja em edição no programa Libre Office Impress, é possível, por meio da opção Hyperlink, criar um link que permita o acesso a uma página web.

(32) Para se editar o cabeçalho de um documento no Writer, deve-se clicar o topo da página para abrir o espaço para edição. Por limitações técnicas desse editor de textos, não é possível colar textos ou imagens nesse espaço.

(33) A ferramenta OneDrive do Windows 10 é destinada à navegação em páginas web por meio de um browser interativo.

Com relação ao Word 2003 e a outros aplicativos utilizados em computadores pessoais, julgue os itens a seguir.

(34) Diversos programas de computador disponibilizam o *menu* denominado Ajuda, por meio do qual um usuário pode ter acesso a recursos que lhe permitem obter esclarecimentos sobre comandos e funcionalidades dos programas. Atualmente, há programas em que é necessário que o computador esteja conectado à Internet para que funcionalidades do *menu* Ajuda possam ser usadas de forma efetiva.

(35) No Word 2003, ao se clicar o *menu* Editar, é exibida uma lista de comandos, entre os quais se inclui o comando Dicionário de Sinônimos, que possui funcionalidades que permitem ao usuário procurar por palavras sinônimas a uma palavra selecionada. O uso desse comando contribui, em muitos casos, para a melhoria da qualidade de um texto editado.

Considere-se que, em uma planilha do Excel 2003 na qual todas as células estejam formatadas como números, a célula B2 contenha o saldo de uma conta de poupança em determinado mês do ano. Considere-se, também, que, sobre esse saldo incidam juros compostos de 2% ao mês, e que o titular não realize, nessa conta, operações de depósito ou retirada. Nessa situação, julgue o item seguinte.

(36) O valor do saldo da referida conta de poupança, após duas incidências sucessivas de juros sobre o saldo mostrado na célula B2, pode ser calculado e apresentado na célula B4 por meio da seguinte sequência de ações: clicar a célula B4; digitar =B2*1,02^2 e, em seguida, teclar `Enter`.

Com relação a mensagens de correio eletrônico e a conceitos relacionados a *Internet* e *intranet*, julgue os itens seguintes.

(37) Para se enviar uma mensagem confidencial de correio eletrônico, cujo conteúdo não deva ser decifrado caso essa mensagem seja interceptada antes de chegar ao destinatário, é suficiente que o computador a partir do qual a mensagem seja enviada tenha, instalados, um programa antivírus e um *firewall* e que esse computador não esteja conectado a uma *intranet*.

(38) É comum, mediante o uso de programas de computador que utilizam o Windows XP como sistema operacional, o recebimento de mensagens de texto por meio de correio eletrônico. Entretanto, é possível a realização dessa mesma tarefa por meio de programas de computador adequados que utilizam o sistema operacional Linux.

Julgue os itens que se seguem, acerca da administração pública.

(39) A garantia constitucional de acesso dos usuários a registros administrativos e a informações sobre atos de governo está relacionada ao princípio da eficiência.

(40) Na análise da moralidade administrativa, pressuposto de validade de todo ato da administração pública, é imprescindível avaliar a intenção do agente.

(41) No cômputo do limite remuneratório (chamado de teto constitucional), devem ser consideradas todas as parcelas percebidas pelo agente público, incluídas as de caráter indenizatório.

(42) Em decorrência do princípio da impessoalidade, as realizações administrativo-governamentais são imputadas ao ente público e não ao agente político.

Julgue os itens subsecutivos conforme o disposto na Lei n. 8.112/1990.

(43) Como medida que contribui para a melhoria da qualidade de vida do servidor público, é-lhe facultado optar pela acumulação de períodos de licença-capacitação, caso não seja possível usufruí-los após cada período aquisitivo.

(44) Em conformidade com a Lei n. 8.112/1990, o servidor público poderá ser afastado do Brasil para missão oficial por tempo indeterminado.

Julgue os seguintes itens, acerca da concessão de serviço público.

(45) A encampação, que consiste em rescisão unilateral da concessão pela administração antes do prazo acordado, dá ao concessionário o direito a ressarcimento de eventual prejuízo por ele comprovado.

(46) A lei prevê que a concessão de serviço público se dê por licitação na modalidade de concorrência, prevendo, ainda, hipóteses legais de inexigibilidade de licitação para a concessão.

No que se refere à seguridade social no Brasil, julgue os itens seguintes.

(47) A seguridade social é organizada mediante gestão quadripartite, com participação dos trabalhadores, dos empregadores, dos aposentados e do governo nos órgãos colegiados.

(48) A Lei Eloy Chaves, que criou em cada uma das empresas de estradas de ferro existentes no país uma caixa de aposentadoria e pensões para os respectivos empregados, foi o primeiro ato normativo a tratar de seguridade social no Brasil.

(49) Na década de 30 do século passado, as caixas de aposentadoria e pensões foram reunidas nos institutos de aposentadoria e pensão, organizados pelo Estado como autarquias federais. Em 1966, esses institutos foram transformados no INPS.

(50) A CF define seguridade social como um conjunto integrado de ações de iniciativa dos poderes públicos e da sociedade destinadas a assegurar direitos relativos à saúde, à previdência e à assistência social.

(51) De acordo com o princípio da universalidade da seguridade social, os estrangeiros no Brasil poderão receber atendimento da seguridade social.

Com relação ao conteúdo e à autonomia da legislação previdenciária, julgue o item abaixo.

(52) Lei complementar editada pela União poderá autorizar os estados e o DF a legislar sobre questões específicas relacionadas à seguridade social.

Com base no disposto no Decreto n. 3.048/1999, que aprovou o regulamento da previdência social, julgue os itens subsecutivos.

(53) A dona de casa e o estudante podem filiar-se facultativamente ao RGPS mediante contribuição, desde que não estejam exercendo atividade remunerada que os enquadre como segurados obrigatórios da previdência social.

(54) A universalidade da cobertura e do atendimento inclui-se entre os princípios que regem as ações dos poderes públicos e da sociedade destinadas a assegurar o direito relativo à saúde, à previdência e à assistência social.

(55) Aquele que presta serviço de natureza contínua, mediante remuneração, a pessoa ou família, no âmbito residencial desta, em atividade sem fins lucrativos, é considerado contribuinte individual, segurado obrigatório da previdência social.

Com base no disposto na Lei n. 8.213/1991, julgue os itens a seguir, acerca dos segurados do RGPS.

(56) Situação hipotética: Pedro trabalha como professor remunerado de uma escola particular e, concomitantemente, explora atividade econômica agropecuária em regime de economia familiar em uma chácara de dois módulos fiscais. Assertiva: Nessa situação, Pedro é segurado obrigatório do RGPS em relação a cada uma das atividades realizadas.

(57) Brasileiro contratado pela Organização das Nações Unidas, da qual o Brasil faz parte como membro efetivo, é considerado segurado obrigatório do RGPS, mesmo que domiciliado e contratado no exterior, salvo se estiver coberto por regime próprio de previdência social.

(58) Pastor evangélico que atue exclusivamente em sua atividade religiosa é considerado segurado facultativo do RGPS.

(59) É considerado segurado obrigatório do RGPS na qualidade de contribuinte individual o associado eleito para cargo de direção em cooperativa, associação ou entidade de qualquer natureza, mesmo que não receba remuneração.

(60) Síndica do condomínio predial em que resida e que receba como pró-labore a quantia equivalente a um salário mínimo será considerada segurada obrigatória do RGPS na qualidade de empregada.

(61) O pescador que exerça essa atividade como principal meio de vida é considerado segurado especial mesmo que tenha empregados permanentes.

Com relação ao financiamento da seguridade social, julgue os seguintes itens.

(62) Em caso de eventuais insuficiências financeiras decorrentes do pagamento de benefícios de prestação continuada, a previdência social poderá elevar alíquotas das contribuições sociais de empregados e empregadores até o limite do débito apurado.

(63) Além da contribuição proveniente de empregados e empregadores, são fontes de custeio da seguridade social, de forma direta e indireta, os recursos oriundos dos orçamentos da União, dos estados, do DF e dos municípios.

A respeito do custeio da seguridade social, julgue os itens que se seguem.

(64) Constitui fonte de receita da seguridade social um percentual incidente sobre os valores arrecadados com os resultados dos leilões de bens apreendidos pela Receita Federal do Brasil.

(65) Parte dos valores arrecadados com concurso de prognósticos promovidos por órgãos do poder público ou por sociedades comerciais ou civis dentro do território nacional é destinada ao custeio da seguridade social.

Julgue os próximos itens, relativos às contribuições dos segurados empregados, dos empregados domésticos e dos segurados facultativos.

(66) A alíquota de contribuição, para custeio da seguridade social, dos segurados facultativos e dos segurados empregados é a mesma e varia segundo o salário de contribuição.

(67) A alíquota de contribuição do empregado doméstico para o custeio da seguridade social é inferior à alíquota aplicável aos demais empregados.

Em cada um dos próximos itens, é apresentada uma situação hipotética acerca de salário de contribuição, seguida de uma assertiva a ser julgada.

(68) Bruna, empregada da empresa Vargas & Vargas Cia. Ltda., entrou em gozo de licença-maternidade. Nessa situação, haverá incidência da contribuição previdenciária sobre o valor recebido por Bruna a título de salário-maternidade.

(69) Gustavo inscreveu-se na previdência social na condição de segurado facultativo. Nessa situação, o salário de contribuição de Gustavo deverá variar entre um salário mínimo e o teto máximo fixado em portaria interministerial.

(70) Zilda mantém vínculo empregatício com a empresa Y e com a empresa Z, das quais recebe remuneração mensal equivalente a dois e três salários mínimos, respectivamente. Nessa situação, a contribuição previdenciária de Zilda deverá incidir sobre os valores recebidos de ambos os empregos.

(71) O contrato de trabalho de Carlos, empregado da empresa L & M Ltda., foi rescindido antes que ele pudesse usufruir de férias vencidas. Nessa situação, haverá a incidência de contribuição previdenciária sobre a importância paga a título de indenização das férias vencidas e sobre o respectivo adicional constitucional.

Maria, proprietária de uma sorveteria situada em uma cidade litorânea, adquiriu, de forma financiada, dois novos freezers para seu estabelecimento comercial. Em razão do período de baixa temporada, ocorreu considerável queda nas vendas da sorveteria, e o seu faturamento tornou-se insuficiente para arcar com todas as despesas. Diante dessa situação e visando honrar com o pagamento das prestações dos freezers, Maria deixou de repassar à previdência social as contribuições previdenciárias recolhidas dos cinco funcionários do estabelecimento, no prazo e na forma legal, tendo incorrido em crime contra seguridade social.

Tendo como referência essa situação hipotética e com base nas disposições legais a respeito dos crimes contra a seguridade social, julgue os próximos itens.

(72) Iniciada ação fiscal em desfavor de Maria, o juiz responsável pelo processo não poderá deixar de aplicar pena, ainda que Maria efetue os pagamentos devidos, seja ré primária e goze de bons antecedentes.

(73) A conduta de Maria configura crime de apropriação indébita previdenciária, para o qual a pena prevista é reclusão e multa.

Cada um dos itens que se seguem apresenta uma situação hipotética, seguida de uma assertiva a ser julgada, acerca da legislação previdenciária brasileira.

(74) Sérgio, segurado aposentado do regime geral, voltou à atividade depois de conseguir um emprego de vendedor, tendo passado a recolher novamente para a previdência. Nessa situação, caso sofra acidente de qualquer natureza e fique afastado do trabalho, Sérgio deverá receber auxílio-doença.

(75) Antônio, segurado aposentado do regime geral, retornou ao trabalho, visto que pretendia aumentar seus rendimentos mensais. Trabalhando como vendedor, passou a recolher novamente para a previdência. Nessa situação, caso seja demitido injustamente do novo emprego, Antônio fará jus ao recebimento do seguro-desemprego cumulativamente à sua aposentadoria.

Julgue os itens a seguir, relativos a raciocínio lógico e operações com conjuntos.

(76) A sentença "Bruna, acesse a Internet e verifique a data da aposentadoria do Sr. Carlos!" é uma proposição composta que pode ser escrita na forma $p \wedge q$.

(77) Para quaisquer proposições p e q, com valores lógicos quaisquer, a condicional $p \rightarrow (q \rightarrow p)$ será, sempre, uma tautologia.

(78) Caso a proposição simples "Aposentados são idosos" tenha valor lógico falso, então o valor lógico da proposição "Aposentados são idosos, logo eles devem repousar" será falso.

(79) Dadas as proposições simples p: "Sou aposentado" e q: "Nunca faltei ao trabalho", a proposição composta "Se sou aposentado e nunca faltei ao trabalho, então não sou aposentado" deverá ser escrita na forma $(p \wedge q) \rightarrow \sim p$, usando-se os conectivos lógicos.

(80) Se A, B e C forem conjuntos quaisquer tais que $A, B \subset C$, então $(C \setminus A) \cap (A \cup B) = C \cap B$.

Uma população de 1.000 pessoas acima de 60 anos de idade foi dividida nos seguintes dois grupos:

A: aqueles que já sofreram infarto (totalizando 400 pessoas); e B: aqueles que nunca sofreram infarto (totalizando 600 pessoas).

Cada uma das 400 pessoas do grupo A é ou diabética ou fumante ou ambos (diabética e fumante).

A população do grupo B é constituída por três conjuntos de indivíduos: fumantes, ex-fumantes e pessoas que nunca fumaram (não fumantes).

Com base nessas informações, julgue os itens subsecutivos.

(81) Se, no grupo B, a quantidade de fumantes for igual a 20% do total de pessoas do grupo e a quantidade de ex-fumantes for igual a 30% da quantidade de pessoas fumantes desse grupo, então, escolhendo-se aleatoriamente um indivíduo desse grupo, a probabilidade de ele não pertencer ao conjunto de fumantes nem ao de ex-fumantes será inferior a 70%.

(82) Se, das pessoas do grupo A, 280 são fumantes e 195 são diabéticas, então 120 pessoas desse grupo são diabéticas e não são fumantes.

Com relação a lógica proposicional, julgue os itens subsequentes.

(83) Considerando-se as proposições simples "Cláudio pratica esportes" e "Cláudio tem uma alimentação balanceada", é correto afirmar que a proposição "Cláudio pratica esportes ou ele não pratica esportes e não tem uma alimentação balanceada" é uma tautologia.

(84) Na lógica proposicional, a oração "Antônio fuma 10 cigarros por dia, logo a probabilidade de ele sofrer um infarto é três vezes maior que a de Pedro, que é não fumante" representa uma proposição composta.

(85) Supondo-se que p seja a proposição simples "João é fumante", que q seja a proposição simples "João não é saudável" e que $p \circledR q$, então o valor lógico da proposição "João não é fumante, logo ele é saudável" será verdadeiro.

Proposições são sentenças que podem ser julgadas como verdadeiras ou falsas, mas não admitem ambos os julgamentos. A esse respeito, considere que **A** represente a proposição simples "É dever do servidor apresentar-se ao trabalho com vestimentas adequadas ao exercício da função" e que **B** represente a proposição simples "É permitido ao servidor que presta atendimento ao público solicitar dos que o procuram ajuda financeira para realizar o cumprimento de sua missão".

Considerando as proposições A e B acima, julgue os itens subsequentes, com respeito ao Código de Ética Profissional do Servidor Público Civil do Poder Executivo Federal e às regras inerentes ao raciocínio lógico.

(86) A proposição composta "Se **A** então **B**" é necessariamente verdadeira.

(87) Represente-se por ¬**A** a proposição composta que é a negação da proposição **A**, isto é, ¬**A** é falso quando **A** é verdadeiro e ¬**A** é verdadeiro quando **A** é falso. Desse modo, as proposições "Se ¬**A** então ¬**B**" e "Se **A** então **B**" têm valores lógicos iguais.

(88) Sabe-se que uma proposição na forma "Ou **A** ou **B**" tem valor lógico falso quando **A** e **B** são ambos falsos; nos demais casos, a proposição é verdadeira. Portanto, a proposição composta "Ou **A** ou **B**", em que **A** e **B** são as proposições referidas acima, é verdadeira.

Bruno, servidor contratado temporariamente para prestar serviços a determinado órgão público federal, praticou conduta vedada aos servidores públicos pelo Código de Ética Profissional do Servidor Público Civil do Poder Executivo Federal.

A partir dessa situação hipotética, julgue os itens a seguir à luz do disposto nos Decretos n. 1.171/1994 e n. 6.029/2007.

(89) Se, para a infração praticada por Bruno, estiverem previstas as penalidades de advertência ou suspensão, a comissão de ética será competente para, após o regular procedimento, aplicar diretamente a penalidade.

(90) Mesmo prestando serviço de natureza temporária, Bruno está sujeito às disposições contidas no Decreto n. 1.171/1994.

(91) Durante o procedimento de apuração da conduta de Bruno, a comissão de ética deverá garantir-lhe proteção à sua honra e à sua imagem.

Acerca do disposto nos Decretos n. 1.171/1994 e n. 6.029/2007, julgue os itens subsequentes.

(92) Embora deva respeitar a hierarquia, o servidor público está obrigado a representar contra ações manifestamente ilegais de seus superiores hierárquicos.

(93) O rol de legitimados a provocar a atuação da Comissão de Ética Pública, prevista no Decreto n. 6.029/2007, é restrito a agentes públicos, sendo, entretanto, permitido a qualquer cidadão provocar a atuação das comissões de ética de que trata o Decreto n. 1.171/1994.

(94) Em razão da relevância do serviço público prestado, é vitalício o mandato de membro integrante da Comissão de Ética Pública, o que evita interferências externas na atuação da comissão.

Com base no disposto no Decreto n. 6.029/2007 e na Lei n. 8.112/1990, julgue os itens subsequentes, que versam sobre direitos e deveres de servidores públicos.

(95) É proibido ao servidor público atuar como intermediário junto a repartições públicas, salvo quando se tratar de benefícios previdenciários ou assistenciais de parentes até o segundo grau e de cônjuge ou companheiro.

(96) Caso um procedimento instaurado por comissão de ética receba a chancela de reservado, o investigado só terá direito de saber o que lhe está sendo imputado, de conhecer o teor da acusação e de ter vista dos autos após a regular notificação para prestar esclarecimentos.

Acerca do Código de Ética Profissional do Servidor Público Civil do Poder Executivo Federal, julgue os próximos itens.

(97) O código de ética se caracteriza como decreto autônomo no que concerne à lealdade à instituição a que o indivíduo serve.

(98) Órgãos que exercem atribuições delegadas do poder público devem criar comissões de ética.

(99) Age de modo equivocado o servidor público que, ao reunir documentos para fundamentar seu pedido de promoção, solicita a seu chefe uma declaração que ateste a lisura de sua conduta profissional. O equívoco refere-se ao fato de que, nessa situação, o pedido deveria ser feito não ao chefe, mas à comissão de ética, que tem a incumbência de fornecer registros acerca da conduta ética de servidor para instruir sua promoção.

(100) Na estrutura da administração, os integrantes de comissão de ética pública têm cargo equivalente ao de ministro de Estado no que se refere a hierarquia e remuneração.

(101) Caso um servidor público tenha cometido pequenos deslizes de conduta comprovados por comissão de sindicância que recomende a pena de censura, o relatório da comissão de sindicância deve ser encaminhado para a comissão de ética, pois é esta que tem competência para aplicar tal pena ao servidor.

A respeito dos direitos fundamentais, julgue os itens a seguir.

(102) Basta que a pessoa nasça no território brasileiro para que seja considerada brasileiro nato, independentemente da nacionalidade dos seus pais, a não ser que algum deles, ou ambos, esteja(m) no Brasil a serviço de seu país.

(103) O direito à vida desdobra-se na obrigação do Estado de garantir à pessoa o direito de continuar viva e de proporcionar-lhe condições de vida digna.

(104) Em decorrência do princípio da igualdade, é vedado ao legislador elaborar norma que dê tratamento distinto a pessoas diversas.

Em relação a direitos políticos, cada um dos itens subsequentes apresenta uma situação hipotética seguida de uma assertiva a ser julgada.

(105) Jean Carlos nasceu na França, filho de pai brasileiro e mãe francesa, e, durante muitos anos, teve dupla cidadania. Em determinado momento, resolveu adotar unicamente a cidadania francesa e, para tanto, abriu mão da nacionalidade brasileira. Entretanto, atualmente, tendo resolvido voltar a viver no Brasil, Jean Carlos pretende candidatar-se a cargo eletivo. Nessa situação, ele não poderá fazê-lo, pois a perda da nacionalidade brasileira em razão da opção manifestada pelo indivíduo para aquisição da nacionalidade francesa traz como consequência a extinção dos direitos políticos no Brasil.

(106) Antônio, servidor público, foi condenado por improbidade administrativa em decorrência de ato ilícito praticado no órgão em que estava lotado. Logo após a sentença transitada em julgado, Antônio candidatou-se a deputado estadual. Nessa situação, a candidatura de Antônio pode ser impugnada, pois a condenação por improbidade administrativa implica suspensão temporária dos direitos políticos.

(107) Um grupo que reúne lideranças comunitárias, empresários, estudantes e sindicalistas decidiu fundar partido político com atuação nacional. Concluída a elaboração dos documentos iniciais, representantes desse grupo dirigiram-se ao Tribunal Superior Eleitoral (TSE) com o objetivo de registrar os estatutos da nova agremiação para a organização dos diretórios regionais. Nessa situação, o registro no TSE ainda não pode ser efetivado, pois, de acordo com a Constituição Federal, o partido deve, primeiro, adquirir personalidade jurídica, no caso, de direito público.

Folha de Respostas

#	C	E
1	C	E
2	C	E
3	C	E
4	C	E
5	C	E
6	C	E
7	C	E
8	C	E
9	C	E
10	C	E
11	C	E
12	C	E
13	C	E
14	C	E
15	C	E
16	C	E
17	C	E
18	C	E
19	C	E
20	C	E
21	C	E
22	C	E
23	C	E
24	C	E
25	C	E
26	C	E
27	C	E
28	C	E
29	C	E
30	C	E
31	C	E
32	C	E
33	C	E
34	C	E
35	C	E
36	C	E
37	C	E
38	C	E
39	C	E
40	C	E
41	C	E
42	C	E
43	C	E
44	C	E
45	C	E
46	C	E
47	C	E
48	C	E
49	C	E
50	C	E
51	C	E
52	C	E
53	C	E
54	C	E
55	C	E
56	C	E
57	C	E
58	C	E
59	C	E
60	C	E
61	C	E
62	C	E
63	C	E
64	C	E
65	C	E
66	C	E
67	C	E
68	C	E
69	C	E
70	C	E
71	C	E
72	C	E
73	C	E
74	C	E
75	C	E
76	C	E
77	C	E
78	C	E
79	C	E
80	C	E
81	C	E
82	C	E
83	C	E
84	C	E
85	C	E
86	C	E
87	C	E
88	C	E
89	C	E
90	C	E
91	C	E
92	C	E
93	C	E
94	C	E
95	C	E
96	C	E
97	C	E
98	C	E
99	C	E
100	C	E
101	C	E
102	C	E
103	C	E
104	C	E
105	C	E
106	C	E
107	C	E

Gabarito Comentado

1. Gabarito: Errado
Comentário: Errado. A expressão "é proibido", quando estiver relacionada a um substantivo acompanhado de determinante, deve flexionar segundo o substantivo ao qual se refere, no caso, "utilização". A reescrita estaria correta se fosse respeitada tal regra: "É expressamente proibida a utilização dos elevadores que estiverem subindo pelos funcionários que desejarem descer". FF/RFL

2. Gabarito: Certo
Comentário: Certo. Na oração "se os funcionários querem subir, não devem descer", os verbos "querer e "dever" foram flexionados na terceira pessoa do plural, pois o sujeito "os funcionários" está no plural; por sua vez, os verbos "subir" e "descer", por servirem de verbos principais nas locuções que formaram com anteriores, não variaram. FF/RFL

3. Gabarito: Certo
Comentário: Certo. É comum na crônica – gênero do texto de Fernando Sabino – o uso da linguagem coloquial, ou seja, daquela que se aproxima da fala informal. FF/RFL

4. Gabarito: Errado
Comentário: Errado. Tanto a correção quanto o sentido seriam mantidos sem prejuízo para a oração. FF/RFL

5. Gabarito: Certo
Comentário: correta. A expressão idiomática "dar trabalho" significa que algo é trabalhoso, demorado para fazer. HS

6. Gabarito: Errado
Comentário: incorreta. Não se pode inferir isso do texto. O trecho destacado indica que o personagem escrevia com dificuldade, mas não que era analfabeto. HS

7. Gabarito: Certo
Comentário: correta. É metáfora, figura de linguagem na qual se usa uma palavra ou expressão em outro sentido, como em uma comparação subentendida. No caso, "armar a tenda" significa preparar o local. HS

8. Gabarito: Errado
Comentário: incorreta. "Vinicius de Moraes" é o nome da rua, informação que foi suprimida pela figura de linguagem chamada "elipse". HS

9. Gabarito: Errado
Comentário: incorreta. A hesitação se deveu ao fato do narrador não ter memorizado ainda o número do prédio e temer informar o número errado. HS

10. Gabarito: Certo
Comentário: correta. Podemos substituir uma expressão pela outra sem qualquer alteração de sentido. HS

11. Gabarito: Certo
Comentário: correta. Em sua forma pronominal, o verbo "lembrar-se" rege a preposição "de", mas desacompanhado do pronome é verbo transitivo direto: "eu lembrei que preciso pagar a conta", mas "lembrei-me de que preciso pagar a conta". HS

12. Gabarito: Errado
Comentário: incorreta. O verbo está conjugado na primeira pessoa do singular para concordar com o sujeito oculto "eu". HS

13. Gabarito: Errado
Comentário: incorreta. Haveria erro de concordância e prejuízo à clareza. Uma substituição possível seria "na qual caberia". HS

14. Gabarito: Certo
Comentário: correta. Todas elas isolam os elementos sintáticos deslocados da ordem direta do período. Note que, se o reescrevermos na ordem direta, as vírgulas desaparecem: "Tanto que tive um momento de hesitação quando Seu Joaquim perguntou-me onde seria entregue a estante ao preencher a nota de encomenda". HS

15. Gabarito: Errado
Comentário: incorreta. Não é isso que o texto diz. Ele afirma que as famílias reais sempre tiveram apreço por grandes e valiosas bibliotecas. O fato de terem sido usadas para negociações e dotes são circunstâncias que servem de exemplo ao valor econômico que as coleções poderiam alcançar. HS

16. Gabarito: Errado
Comentário: incorreta. A alternativa exagera o fato narrado no texto. Não consta em nenhuma passagem o sentimento de superação proposto na alternativa. HS

17. Gabarito: Certo
Comentário: correta. O sinônimo foi utilizado como elemento de coesão para evitar a repetição do termo. HS

18. Gabarito: Certo
Comentário: correta. Os dois-pontos anunciam o aposto, elemento sintático de cunho explicativo. HS

19. Gabarito: Certo
Comentário: correta. Ambos os sentidos traduzem bem a mensagem ao final do texto. HS

20. Gabarito: Certo
Comentário: correta. O texto realmente tem esse desvio na clareza: como apenas se informa no início de que o "namorado" ao acordar "viu seu nome no jornal", não é possível ter absoluta certeza de quem se trata. HS

21. Gabarito: Errado
Comentário: incorreta. A uma, porque do fecho não se pode concluir nada, exceto que se trata de uma mensagem anônima; a duas, porque o texto é eminentemente informativo, assemelhando-se a uma notícia de jornal. HS

22. Gabarito: Errado
Comentário: incorreta. O texto deixa bastante claro que Antonio Carlos de Oliveira deve se dedicar à literatura e enredos teatrais. HS

23. Gabarito: Errado
Comentário: incorreta. A preposição denota a ansiedade por algo futuro, ou seja, novos textos de Antonio Carlos de Oliveira, que ele ainda irá escrever. HS

24. Gabarito: Errado
Comentário: incorreta. Não há qualquer contraditoriedade nos trechos indicados. É totalmente possível retratar a sociedade de seu tempo a partir de traços pessoais. HS

25. Gabarito: Errado
Comentário: incorreta. Seu reconhecimento é anterior ao Jornal do Comércio, vez que nele publicou em 1846, mas, segundo o texto, Martins Pena já era famoso desde 1838. HS

26. Gabarito: Certo
Comentário: correta. Haveria grandes prejuízos à clareza. Melhor seria substituir por "ficou destacado" ou "ganhou destaque". HS

27. Gabarito: Certo
Comentário: correta. Realmente o texto é conciso (diz apenas o necessário), claro (compreende-se facilmente a mensagem), objetivo (centra-se nos fatos) e formal (respeito à norma culta da linguagem e ao tratamento protocolar dispensado ao interlocutor). HS

28. Gabarito: Errado
Comentário: incorreta. Não se usa o termo "digníssimo" na redação oficial e, no fecho, por se tratar de documento enviado a particular, deveria constar "atenciosamente". "Respeitosamente" é reservado aos casos nos quais o remetente é servidor público de hierarquia inferior à do destinatário. HS

29. Gabarito: Certo
Comentário: Correta, ao receber um arquivo infectado anexo a uma mensagem eletrônica ela só infectará o computador caso seja executada pelo usuário, por isso é recomendado que a seja desativada a função de auto execução de anexos em seu software gestor de mensagens eletrônicas. HS

30. Gabarito: Certo
Comentário: Correta, o endereço IP é usado para identificar um computador ou outro dispositivo em uma rede, seja ela interna, na Internet. HS

31. Gabarito: Certo
Comentário: Correta, tanto nos softwares de edição de slides quanto nos programados editores de texto ou planilha eletrônica do pacote LibreOffice ou Microsoft Office é possível a inserção de links que apontem para páginas ou recursos web. HS

32. Gabarito: Errado
Comentário: Errada, na edição de cabeçalhos é possível a utilização de imagens e textos, tanto no Writer como no MS Word. HS

33. Gabarito: Errado
Comentário: Errada, a ferramenta OneDrive é um serviço de armazenamento em nuvem da Microsoft, podendo ser usada para salvar os dados do usuário e sincronizá-los entre diferentes dispositivos além de permitir o acesso através do navegador web. HS

34. Gabarito: Certo
Comentário: Correta, o menu Ajuda está presente em quase todos os programas atualmente, ele possui informações relacionadas ao uso do programa e suas funcionalidades e atualmente uma boa parte desses menus acessa conteúdo *on-line*, o que permite um grau muito maior de atualização das informações;

35. Gabarito: Errado
Comentário: Errada, o menu Editar possui opções relacionadas a edição do texto, como Copiar, Colar, Recortar, Localizar, entre outros. A opção do Dicionário de Sinônimos se encontra no menu Ferramentas.

36. Gabarito: Certo
Comentário: correta, a fórmula =B2*1.02^2 fará o cálculo do valor do saldo da conta multiplicado pelos juros do período mencionado, que como foi digitada na célula B4, exibirá seu valor lá.

37. Gabarito: Errado
Comentário: errada, o *firewall* é apenas uma barreira de proteção para o computador em que está instalado e o antivírus tem por função a remoção de ameaças do computador, nenhuma das ferramentas tem relação com a segurança no envio de *e-mails*, o correto seria enviar as mensagens de forma criptografada

38. Gabarito: Certo
Comentário: correta, a ação de envio e recebimento de mensagens eletrônicas não tem qualquer restrição com relação ao tipo do sistema operacional.

39. Gabarito: Anulada
Comentário: anulada. Há maior abrangência com relação aos princípios a que se relaciona. Assim, neste sentido, a Lei que regulamenta o dispositivo constitucional assevera: Lei 12.527/2011 – Art. 3º Os procedimentos previstos nesta Lei destinam-se a assegurar o direito fundamental de acesso à informação e devem ser executados em conformidade com os princípios básicos da administração pública e com as seguintes diretrizes. FMB

40. Gabarito: Errado
Comentário: incorreta. E neste sentido ensina DI PIETRO, Maria Sylvia Zanella. *Discricionariedade administrativa na Constituição de 1988*. São Paulo: Atlas, 1991, p. 111. "Não é preciso penetrar na intenção do agente, porque do próprio objeto resulta a imoralidade. Isto ocorre quando o conteúdo de determinado ato contrariar o senso comum de honestidade, retidão, equilíbrio, justiça, respeito à dignidade do ser humano, à boa fé, ao trabalho, à ética das instituições. A moralidade exige proporcionalidade entre os meios e os fins a atingir; entre os sacrifícios impostos à coletividade e os benefícios por ela auferidos; entre as vantagens usufruídas pelas autoridades públicas e os encargos impostos à maioria dos cidadãos". FMB

41. Gabarito: Errado
Comentário: incorreta. É pacificado o entendimento pelo Supremo Tribunal Federal de que as parcelas indenizatórias não se submetem ao limite constitucional, vide decisão acerca do assunto: Recurso extraordinário com agravo 896.630 Espírito Santo – "Constitucional. Administrativo. Apelação cível. Ação ordinária. Servidor público (delegado de polícia civil do estado do Espírito Santo). Pagamento de horas extras. Teto constitucional. 1. A jurisprudência do Excelso Supremo Tribunal Federal reconhece a natureza indenizatória das horas extraordinárias, de maneira que, por assim ser, não se submete ao limite remuneratório constitucional. 2. Não se pode admitir que o Estado se utilize da limitação remuneratória constitucional para exigir dos servidores públicos que excedam a jornada ordinária de trabalho sem que lhes seja garantido o direito à percepção da respectiva remuneração das horas extras laboradas, pois tal prática implicaria em flagrante violação do princípio da moralidade e do direito fundamental à percepção da justa e necessária contraprestação pelo trabalho realizado, insculpido no art. 7º da Carta Magna, além de representar inadmissível enriquecimento ilícito". Vale ainda citar – CF – art. 37, § 11, da CF, "Não serão computadas, para efeito dos limites remuneratórios de que trata o inciso XI do *caput* deste artigo, as parcelas de caráter indenizatório previstas em lei". FMB

42. Gabarito: Certo
Comentário: correta. Trata-se da manifestação da Teoria do Órgão, Maria Sylvia Di Pietro explica que essa teoria é utilizada para justificar a validade dos atos praticados por *funcionário do fato,* pois considera que o ato por ele praticado é ato do órgão, imputável, portanto, à Administração. FMB

43. Gabarito: Errado
Comentário: incorreta. Lei 8.112/1990 – Art. 87. Após cada quinquênio de efetivo exercício, o servidor poderá, no interesse da Administração, afastar-se do exercício do cargo efetivo, com a respectiva remuneração, por até três meses, para participar de curso de capacitação profissional. Parágrafo único. Os períodos de licença de que trata o *caput* não são acumuláveis. FMB

44. Gabarito: Errado
Comentário: incorreta. Lei 8.112/1990 – Art. 95 O servidor não poderá ausentar-se do País para estudo ou missão oficial, sem autorização do Presidente da República, Presidente dos Órgãos do Poder Legislativo e Presidente do Supremo Tribunal Federal. § 1º A ausência não excederá a 4 (quatro) anos, e finda a missão ou estudo, somente decorrido igual período, será permitida nova ausência. FMB

45. Gabarito: Certo
Comentário: Correta. Lei 8.987/1995 – Art. 35. Extingue-se a concessão por: (...) II – encampação; (...) § 4º Nos casos previstos nos incisos I e II deste artigo, o poder concedente, antecipando-se à extinção da concessão, procederá aos levantamentos e avaliações necessários à determinação dos montantes da indenização que será devida à concessionária, na forma dos arts. 36 e 37 desta Lei.

46. Gabarito: Anulada
Comentário: Anulada. Lei 8.987/1995 – Art. 2º Para os fins do disposto nesta Lei, considera-se: (...) II – concessão de serviço público: a delegação de sua prestação, feita pelo poder concedente, mediante licitação, na modalidade de concorrência, à pessoa jurídica ou consórcio de empresas que demonstre capacidade para seu desempenho, por sua conta e risco e por prazo determinado; III – concessão de serviço público precedida da execução de obra pública: a construção, total ou parcial, conservação, reforma, ampliação ou melhoramento de quaisquer obras de interesse público, delegada pelo poder concedente, mediante licitação, na modalidade de concorrência, à pessoa jurídica ou consórcio de empresas que demonstre capacidade para a sua realização, por sua conta e risco, de forma que o investimento da concessionária seja remunerado e amortizado mediante a exploração do serviço ou da obra por prazo determinado.
Atenção! De acordo com a nova lei de licitações e contratos administrativos (Lei 14.133/2021), as concessões de serviço público, inclusive as da modalidade de Parceria Público-Privada, estão condicionadas à prévia licitação, na modalidade concorrência ou diálogo competitivo.

47. Gabarito: Certo
Comentário: correta, nos termos do art. 194, parágrafo único, VII, da Constituição Federal.

48. Gabarito: Errado
Comentário: incorreta. A Lei Eloy Chaves é considerada o marco inicial da previdência social no Brasil, porém, não foi o primeiro ato normativo a tratar do assunto. Antes dela, os montepios, criados no tempo do Império, já cuidavam, ainda que de forma restrita, da seguridade social.

49. Gabarito: Anulada

50. Gabarito: Certo
Comentário: correta, nos termos do art. 194, *caput*, da Constituição Federal.

51. Gabarito: Certo
Comentário: correta. A ideia de universalidade é justamente priorizar o maior alcance possível dos benefícios e serviços da seguridade social. Com fundamento não só na universalidade, mas também nos princípios da solidariedade e da dignidade humana, o Supremo Tribunal Federal decidiu, em sede de Repercussão Geral (RExt nº 587.970/SP), que os estrangeiros têm direito ao benefício assistencial previsto no art. 203, V, da Constituição Federal.

52. Gabarito: Certo
Comentário: correta. O art. 22, XXIII, da Constituição Federal, diz que a União Federal tem competência privativa para legislar sobre Seguridade Social. Entretanto, o parágrafo único deste art. 22 prevê a possibilidade de Lei complementar autorizar os Estados a legislar sobre questões específicas das matérias relacionadas neste artigo. Pertinente ressaltar que enquanto a Seguridade Social se inclui dentre as competências legislativas privativas da União, o art. 24, XII, da Constituição Federal entrega competência concorrente à União, Estados e DF para legislar sobre previdência social, proteção e defesa da saúde. Não há contradição entre os arts. 22, XXIII e 24, XII, da CF. A Seguridade compreende a saúde, a previdência e a assistência social (art. 194 da CF). A competência legislativa privativa da União quanto à previdência social diz respeito ao Regime Geral de Previdência Social, ao passo que a competência concorrente se refere à previdência social dos servidores públicos do respectivo Estado (RExt 356.328 Agr/RS, DJe 25.02.2011). No que pertine à proteção e defesa da saúde, temos que (ADi 6.343 MC-REF, DJe 17.11.2020): "*Em relação à saúde e assistência pública, a Constituição Federal consagra a existência de competência administrativa comum entre União, Estados, Distrito Federal e Municípios (art. 23, II e IX, da CF), bem como prevê competência concorrente entre União e Estados/Distrito Federal para legislar sobre proteção e defesa da saúde (art. 24, XII, da CF); permitindo aos Municípios suplementar a legislação federal e a estadual no que couber, desde que haja interesse local (art. 30, II, da CF); e prescrevendo ainda a descentralização político-administrativa do Sistema de Saúde (art. 198, CF, e art. 7º da Lei 8.080/1990), com a consequente descentralização da execução de serviços, inclusive no que diz respeito às atividades de vigilância sanitária e epidemiológica (art. 6º, I, da Lei 8.080/1990)*".

53. Gabarito: Certo
Comentário: correta, nos termos do art. 11, § 1º, I e III, do Regulamento da Previdência Social - RPS. O Decreto nº 10.410/2020 alterou a redação do inciso I, do §1º, do art. 11, do RPS, retirando a expressão 'dona de casa" e inserindo a seguinte definição: *"aquele que se dedique*

exclusivamente ao trabalho doméstico no âmbito de sua residência". RQ

54. Gabarito: Certo
Comentário: correta, nos termos do art. 1º, parágrafo único, I, do RPS. RQ

55. Gabarito: Errado
Comentário: incorreta. Este é o conceito de empregado doméstico (art. 9º, II, do RPS), categoria de segurado distinta do contribuinte individual. RQ

56. Gabarito: Errado
Comentário: incorreta. Como Pedro exerce outra atividade remunerada (professor), ele não é considerado segurado especial (art. 11, § 10, I, "b", do PBPS). Descaracterizada sua filiação como segurado especial, resta apenas a filiação como empregado (art. 11, I, 'a', do PBPS). RQ

57. Gabarito: Certo
Comentário: correta, nos termos do art. 11, I, "e", do PBPS. RQ

58. Gabarito: Errado
Comentário: incorreta. É contribuinte individual, espécie de segurado obrigatório do RGPS (art. 11, V, "c", do PBPS). RQ

59. Gabarito: Errado
Comentário: incorreta. Somente será contribuinte individual se receber remuneração (art. 11, V, "f", do PBPS). Não havendo esta, ele será considerado segurado facultativo. RQ

60. Gabarito: Errado
Comentário: incorreta. O síndico remunerado é classificado como contribuinte individual (art. 11, V, "f", do PBPS). RQ

61. Gabarito: Errado
Comentário: incorreta. É condição para a caracterização do segurado especial que ele não atue com empregados permanentes (art. 11, § 1º, do PBPS). RQ

62. Gabarito: Errado
Comentário: incorreta. As contribuições sociais são tributos e, como tais, somente podem ter suas alíquotas elevadas por meio de lei (art. 150, I, da Constituição Federal). Ademais, a contribuição extraordinária prevista no art. 149, § 1º-B, da Constituição Federal, se aplica apenas aos servidores ativos e inativos da União. RQ

63. Gabarito: Certo
Comentário: correta, nos termos do art. 195 da Constituição Federal. RQ

64. Gabarito: Certo
Comentário: correta, nos termos do art. 27, VII, do PCSS. RQ

65. Gabarito: Certo
Comentário: correta, nos termos do art. 26 do PCSS. A redação dada ao art. 26 do PCSS pela Lei nº 8.436/1992 afirmava que a receita da seguridade social correspondia à renda líquida dos concursos de prognósticos, excetuando-se os valores destinados ao Programa de Crédito Educativo. Contudo, a partir da vigência da Lei nº 13.756/2018, a Seguridade Social passou a dividir o produto da arrecadação dos concursos de prognósticos com diversos outros órgãos públicos e entidades RQ

66. Gabarito: Errado
Comentário: incorreta. A alíquota dos segurados facultativos e dos contribuintes individuais é, em regra, de 20%. Caso o contribuinte individual ou o segurado facultativo optem pela exclusão do direito ao benefício de aposentadoria por tempo de contribuição e trabalhem por conta própria, sem relação de trabalho com empresa ou equiparado, a alíquota será de 11%. Por fim, o segurado facultativo sem renda própria que se dedique exclusivamente ao trabalho doméstico no âmbito de sua residência, desde que pertencente à família de baixa renda, e o microempreendedor individual, de que trata o art. 18-A da Lei Complementar nº 123, de 14 de dezembro de 2006, têm direito à alíquota de 5% (art. 21, *caput*, §§ 2º e 3º, do PCSS). Note que nas hipóteses anteriores a alíquota não varia conforme o salário de contribuição. Já o empregado paga 8%, 9% ou 11%, agora sim conforme seu salário de contribuição (art. 20 do PCSS). RQ

67. Gabarito: Errado
Comentário: incorreta. A alíquota do empregado doméstico é a mesma do empregado e do trabalhador avulso (art. 20 do PCSS e art. 34 da Lei Complementar nº 150/2015). RQ

68. Gabarito: Certo
Comentário: assertiva correta à época da aplicação da prova. Na esteira do disposto no art. 28, § 2º, do PCSS, o salário-maternidade era exceção à regra de que os benefícios previdenciários não são considerados como salário de contribuição. Assim, sobre ele incidia normalmente a contribuição previdenciária devida pela segurada. Entretanto, ao julgar o RE nº 576.967, DJe 21/10/2020, o

STF declarou a inconstitucionalidade da incidência de contribuição previdenciária sobre o salário maternidade.

69. Gabarito: Certo
Comentário: correta, nos termos do art. 28, IV, do PCSS.

70. Gabarito: Certo
Comentário: correta, nos termos do art. 28, I, do PCSS.

71. Gabarito: Errado
Comentário: incorreta. As férias indenizadas não integram o salário de contribuição (art. 28, § 9º, "d", do PCSS).

72. Gabarito: Errado
Comentário: incorreta. O art. 168-A, § 3º, I, do Código Penal faculta ao juiz deixar de aplicar a pena nessas hipóteses.

73. Gabarito: Certo
Comentário: correta, nos termos do art. 168-A, *caput*, do Código Penal.

74. Gabarito: Errado
Comentário: incorreta. Não são cumuláveis os benefícios de aposentadoria e auxílio-doença (art. 124, I, do PBPS).

75. Gabarito: Errado
Comentário: incorreta. Não são cumuláveis a aposentadoria e o seguro-desemprego (art. 124, parágrafo único, do PBPS).

76. Gabarito: Errado
Comentário: Solução
A sentença do enunciado da questão não é uma proposição da Lógica Matemática porque não pode ser valorada como verdadeira ou falsa. => Errado

77. Gabarito: Certo
Comentário: Solução
Para ser uma tautologia, a última coluna de sua tabela-verdade deve ter somente a letra V(verdade):

q	p	q → p	p → (q → p)
V	V	V	V
V	F	F	V
F	V	V	V
F	F	V	V

Assim, $p \to (q \to p)$ será, sempre, uma tautologia.
=> Correto

78. Gabarito: Errado
Comentário: Solução
Sejam as proposições
p: Aposentados são idosos
q: eles devem repousar
e a condicional p →q com a tabela-verdade

p	q	p →q
V	V	V
V	F	F
F	V	V
F	F	V

Observa-se que, para p Falso, a condicional p → q, isto é, "Aposentados são idosos, logo eles devem repousar" será verdadeira. => Errado.

79. Gabarito: Certo
Comentário: Solução
Seja a tabela-verdade

p	~p	q	p∧q	(p ∧ q) → ~p
V	F	V	V	F
V	F	F	F	V
F	V	V	F	V
F	V	F	F	V

Observa-se que o antecedente (p ∧ q) leva ao consequente ~p. => Correto

80. Gabarito: Errado
Comentário: **1ª** solução (pictoricamente)
Consideremos dois casos:
1) Os conjuntos A e B são disjuntos, ou seja,

$A \cap B = \emptyset$.

Desenhemos o esboço dos conjuntos:
1) Os conjuntos A e B não são disjuntos, ou seja,

$A \cap B \neq \emptyset$.

Esboço dos conjuntos:

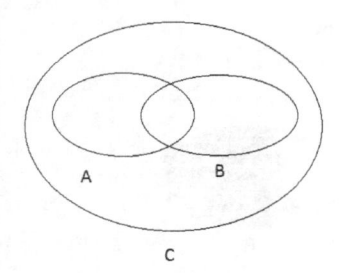

I) C\A:

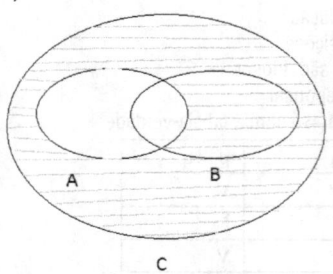

II) A $\cup$ B

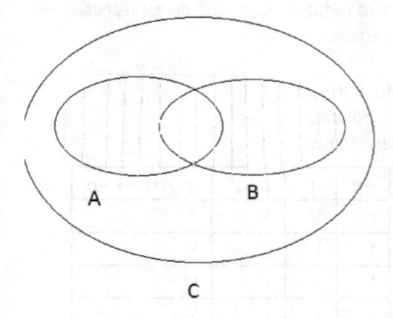

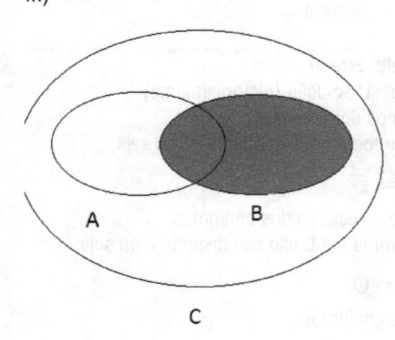

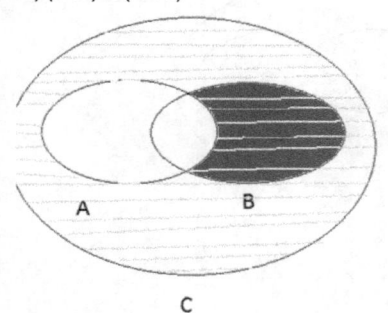

III) C $\cap$ B

IV) (C \ A) $\cap$ (A $\cup$ B)

Assim, nota-se que que os subconjuntos encontrados são diferentes, isto é
(C \ A) $\cap$ (A $\cup$ B) $\neq$ C $\cap$ B
E a resposta está errada. => Errado

2ª solução (por elementos dos conjuntos)

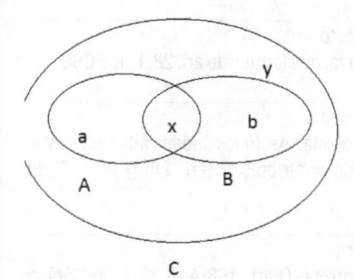

Temos, sendo a, b, x, y elementos quaisquer dos conjuntos da figura:

C\A = {b, y}

A $\cup$ B = {a, x, b }
(C \ A) $\cap$ (A $\cup$ B) = {b, y}

A $\cap$ B = { x }

C $\cap$ B = { b, x }

Logo,
(C \ A) $\cap$ (A $\cup$ B) = {B}
Ou seja,
(C \ A) $\cap$ (A $\cup$ B) $\neq$ C $\cap$ B
E a resposta da questão está errada.

3ª solução (pela propriedade da interseção em relação à reunião de conjuntos)
Sabe-se que
(C \ A) $\cap$ (A $\cup$ B) = (C \ A) $\cap$ (A) $\cup$ (C \ A) $\cap$ (B), pela propriedade da interseção em relação
à reunião de conjuntos,
Daí,

$\emptyset$ U (C \ A) $\cap$ (B)

$\emptyset$ U (B) = B
Por outro lado,
C $\cap$ B = B se, e somente se, os conjuntos não A e B são disjuntos.
Portanto,
C \ A) $\cap$ (A $\cup$ B) = C $\cap$ B.
E a resposta da questão está correta

Conclusão
A questão afirma que o resultado deve valer para A, B e C conjuntos quaisquer e

na 1ª solução vimos que não é verdade para conjuntos não disjuntos e também está errado, pela 2ª solução. Assim, a resposta da questão está errada. => Errado ENG

81. Gabarito: Errado
Comentário: Resolução
I) grupo B: 600 nunca sofreram infarto nunca sofreram infarto:
Temos
fumantes 20% do grupo B =20% de 600 = 120
ex-fumantes: 30% da quantidade de pessoas fumantes desse grupo = 30% de 120 = 36
Logo, não fumantes = 600 – (120 + 36) = 600 – 156 = 444
Pergunta 1
a probabilidade de um indivíduo do grupo B não pertencer ao conjunto de fumantes nem ao de ex-fumantes, ou seja, ele é não fumante, é de, por uma regra de três
600 – 444
100 – x

$x = \dfrac{444 \times 100}{600} = 74\%$. => A resposta está errada.

Ou

Probabilidade = $\dfrac{\text{casos possíveis}}{\text{total de casos}} = \dfrac{444}{600} = 0{,}74 = 74\%$. => A resposta está errada. ENG

82. Gabarito: Certo
Comentário: No diagrama de Venn, temos
No diagrama de Venn, temos
II) grupo A: 400 já sofreram infarto

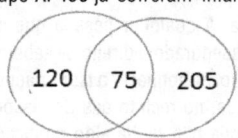

(120 | 75 | 205)

diabéticos   fumantes

O número de diabéticos e fumantes é calculado por
Sendo # a cardinalidade de um conjunto, isto é, o número de seus elementos, temos
#(D ∪ F) = #D + #F – #(D∩F)
400 = 195 + 280 – #(D∩F)
Daí,
#(D∩F) = 475 – 400
#(D∩F) = 75, como está na figura.

Então,
120 pessoas desse grupo são diabéticas e não são fumantes. => Correto ENG

83. Gabarito: Errado
Comentário: Resolução
Temos as proposições:
p: Cláudio pratica esportes
q: Cláudio tem uma alimentação balanceada
Para a proposição Cláudio pratica esportes ou ele não pratica esportes **e** não tem uma alimentação balanceada, ou seja, ~p ∧ ~q, temos a tabela-verdade

p	~p	Q	~q	~p ∧ ~q
V	F	V	F	F
V	F	F	V	F
F	V	V	F	F
F	V	F	V	V

Para ser uma tautologia, a última coluna de sua tabela-verdade deve ter somente a letra V(verdade), o que não é o caso.
Assim, (~p ∧ ~q) **não** é uma tautologia. => Errado ENG

84. Gabarito: Certo
Comentário: Temos as proposições:
p: Antônio fuma 10 cigarros por dia
q: Pedro é não fumante
r: Antônio pode sofrer um infarto
e as condicionais p → r e q → r.
Logo, a probabilidade de p → r é três vezes maior que a de q → r representa uma proposição composta. => Correto ENG

85. Gabarito: Errado
Comentário:
1ª solução
Temos as proposições:
p: João é fumante
q: João não é saudável
e a condicional p → q.
Pede-se o valor lógico da proposição "João não é fumante, logo ele é saudável", isto é,
~p → ~q.
Sabe-se que a condicional p → q e sua recíproca ~p → ~q não são equivalentes, ou seja, não tem as mesmas tabelas-verdade.
Assim, a recíproca não é necessariamente verdadeira. => Errado
Supondo-se que p seja a proposição simples "João é fumante", que q seja a proposição simples "João não é saudável" e que p→q, então o valor lógico da proposição "João não é fumante, logo ele é saudável" será verdadeiro.

2ª solução
Somente o fato de João não ser fumante, não implica que ele seja saudável, uma vez que pode ter diversas doenças. => Errado. ENG

86. Gabarito: Errado
Comentário: Errado, pois Se A é verdadeiro, então B é falso, de modo que A>B= falso.

87. Gabarito: Errado
Comentário:
Errado. Observe a tabela de proposições abaixo:

A	B	_A	_B	_A>_B	A>B
V	F	F	V	V	F

88. Gabarito: Certo
Comentário: Certo. Observe a tabela de proposições abaixo:

A	B	AvB
V	F	F

ENG

89. Gabarito: Errado
Comentário: incorreta. A pena aplicável ao servidor público pela Comissão de Ética é a de censura e sua fundamentação constará do respectivo parecer, assinado por todos os seus integrantes, com ciência do faltoso (item XXII do Código de Ética Profissional do Servidor Público Civil do Poder Executivo Federal – Código de Ética – anexo do Decreto 1.171/1994). Em casos mais graves, a Comissão de Ética deverá encaminhar sugestão de exoneração à autoridade superior ou, conforme o caso, para a Controladoria-Geral da União ou unidade específica de correição, ou ainda recomendar a abertura de procedimento administrativo próprio, tudo conforme o art. 12, § 5º, do Decreto 6.029/2007. RF

90. Gabarito: Certo
Comentário: correta. Para fins de apuração do comprometimento ético, entende-se por servidor público todo aquele que, por força de lei, contrato ou de qualquer ato jurídico, preste serviços de natureza permanente, temporária ou excepcional, ainda que sem retribuição financeira, desde que ligado direta ou indiretamente a qualquer órgão do poder estatal, como as autarquias, as fundações públicas, as entidades paraestatais, as empresas públicas e as sociedades de economia mista, ou em qualquer setor onde prevaleça o interesse do Estado (item XXIV do Código de Ética). RF

91. Gabarito: Certo
Comentário: correta – art. 10, I, do Decreto 6.029/2007. RF

92. Gabarito: Errado
Comentário: incorreta – item. XIV, h, do Código de Ética – anexo do Decreto 1.171/1994). RF

93. Gabarito: Errado
Comentário: incorreta, pois qualquer cidadão, agente público, pessoa jurídica de direito privado, associação ou entidade de classe poderá provocar a atuação da CEP ou de Comissão de Ética, visando à apuração de infração ética imputada a agente público, órgão ou setor específico de ente estatal (art. 11 do Decreto 6.029/2007). RF

94. Comentário: Errado
Comentário: incorreta, pois CEP será integrada por sete brasileiros que preencham os requisitos de idoneidade moral, reputação ilibada e notória experiência em administração pública, designados pelo Presidente da República, para mandatos de três anos, não coincidentes, permitida uma única recondução (art. 3º do Decreto 6.029/2007. RF

95. Gabarito: Certo
Comentário: correta – art. 117, XI, da Lei 8.112/1990. RF

96. Gabarito: Errado
Comentário: incorreta. A qualquer pessoa que esteja sendo investigada é assegurado o direito de saber o que lhe está sendo imputado, de conhecer o teor da acusação e de ter vista dos autos, no recinto das Comissões de Ética, mesmo que ainda não tenha sido notificada da existência do procedimento investigatório (art. 14 do Decreto 6.029/2007). RF

97. Gabarito: Errado
Comentário: incorreta, pois a lealdade à instituição decorre dos princípios constitucionais que regem a administração pública (art. 37, *caput*, da CF) e especificamente de disposição legal – art. 116, II, da Lei 8.112/1990, sendo incorreto referir-se a decreto autônomo em relação ao tema (não se trata de tema regulado exclusivamente ou autonomamente pelo decreto). RF

98. Gabarito: Certo
Comentário: correta – item XVI do Código de Ética Profissional do Servidor Público Civil do Poder Executivo Federal – Código de Ética – anexo do Decreto 1.171/1994). RF

99. Gabarito: Certo
Comentário: correta – item XVIII do Código de Ética).

100. Gabarito: Errado
Comentário: incorreta, pois não possuem cargo equivalente ao de Ministro de Estado – os membros das comissões são servidores públicos efetivos designados para mandatos nessas comissões – art. 5º do Decreto 6.029/2007.

101. Gabarito: Certo
Comentário: correta – item XXII do Código de Ética).

102. Gabarito: anulada
Comentário: A questão foi anulada. O art. 12, I, "a", CF, garante a nacionalidade brasileira nata àqueles nascidos em território nacional, ainda que de pais estrangeiros, desde que estes não estejam a serviço de seu país. A regra constitucional, então, refere-se ao caso de pai e mãe serem estrangeiros e estarem (os dois) a serviço de seu país, hipótese em que não se falará em nacionalidade brasileira nata. Entretanto, caso apenas um dos pais esteja a serviço de seu país e a criança nasça no Brasil, a criança será brasileira nata pela regra do art. 12, I, "a", CF.

103. Gabarito: Certo
Comentário: correta. O direito à vida não diz respeito apenas à condição de manter-se vivo, devendo o Estado garantir a segurança para que a pessoa não tenha o seu direito à vida retirado indevidamente. Cabe ao Estado, também, garantir ao indivíduo o chamado "mínimo existencial" para que tenha as condições mínimas de existência e dignidade.

104. Gabarito: Errado
Comentário: errada. O princípio da igualdade determina o tratamento igual aos iguais e desigual aos desiguais, na medida em que se diferenciam. Ou seja, o princípio da igualdade não tem caráter apenas formal, mas também substancial, justificando a existência de política de cotas para ingresso em universidades públicas, por exemplo. Hoje em dia se fala, ainda, que a igualdade deve ser vista também como *reconhecimento*, ou seja, como garantidora do direito à diferença daquelas pessoas que participam de minorias e não se enquadram no *mainstream* (índios, homossexuais etc.).

105. Gabarito: Certo
Comentário: correto, pois, na situação proposta, como Jean Carlos optou manifestadamente pela aquisição da nacionalidade francesa, conclui-se que houve naturalização. A Constituição brasileira determina que seja cancelada a nacionalidade do brasileiro que adquirir outra nacionalidade, salvo nos casos de reconhecimento de nacionalidade originária pela lei estrangeira ou de imposição de naturalização, pela norma estrangeira, ao brasileiro residente em estado estrangeiro, como condição para permanência em seu território ou para o exercício de direitos civis (art. 12, § 4º, inciso II, alíneas "a" e "b"). Desta forma, como a hipótese sugerida não se amolda a nenhuma das suas ressalvas, Jean Carlos teve seus direitos políticos extintos e, consequentemente, não poderá se candidatar.

106. Gabarito: Certo
Comentário: correto, pois a condenação judicial transitada em julgado por improbidade administrativa encontra-se entre as causas de suspensão dos direitos políticos (art. 15, inciso V, da CF).

107. Gabarito: Errado
Comentário: incorreto, pois os partidos políticos, a despeito do tratamento constitucional, são pessoas jurídicas de direito privado e adquirem personalidade jurídica na forma da lei civil (art. 17, § 2º, da CF).

SIMULADO 3

Atenção: As questões abaixo baseiam-se no texto seguinte.

Em vida, Gustav Mahler (1860-1911), tanto por sua personalidade artística como por sua obra, foi alvo de intensas polêmicas – e de desprezo por boa parte da crítica. A incompreensão estética e o preconceito antissemita também o acompanhariam postumamente e foram raros os maestros que, nas décadas que se seguiram à sua morte, se empenharam na apresentação de suas obras. Durante os anos 60, porém, uma virada totalmente inesperada levou a obra de Mahler ao início de uma era de sucessos sem precedentes, que perdura até hoje. Intérpretes conhecidos e pesquisadores descobriram o compositor, enquanto gravações discográficas divulgavam uma obra até então desconhecida do grande público.

Há uma série de fatores envolvidos na transformação de Mahler em figura central da história da música do século XX. A visão de mundo de uma geração mais jovem certamente teve influência central aqui: o dilaceramento interior de Mahler, seu interesse pelos problemas fundamentais da existência humana, seu pacifismo, seu engajamento contra a opressão social e seu posicionamento em favor do respeito à integridade da natureza – tudo isso se tornou, subitamente, muito atual para a geração que nasceu no pós-guerra.

O amor incondicional de Mahler pela natureza sempre esteve presente em sua obra. O compositor dedicava inteiramente à criação musical os meses de verão, recolhendo-se em pequenas cabanas na paz dos Alpes austríacos. Em Steinbach, Mahler empreendia longas caminhadas que lhe proporcionaram inspiração para sinfonias.

Comparar a simplicidade espartana dessas casinhas com a enorme complexidade das obras ali criadas diz muito sobre a genialidade do compositor – e, sobretudo, sobre a real origem de sua musicalidade. Totalmente abandonadas e esquecidas na Áustria no pós-guerra, essas casinhas de Mahler hoje se transformaram em memoriais, graças à ação da Sociedade Internacional Gustav Mahler. O mundo onírico dos Alpes do início do século XX certamente voltará à memória de quem, tendo uma imagem desses despojados retiros musicais de Mahler, voltar a ouvir sua música grandiosa.

(Adaptado: Klaus Billand. Gustav Mahler: a criação de um ícone. **Revista 18**. Ano IV, n. 15, março/abril/ maio de 2006, p. 52-53. Disponível em: <http.//www.cebrap.org.br/v1/upload/biblioteca_virtual/GIANNOTTI_Tolerancia%20maxima.pdf>
Acesso em: 22 dez. 2011.)

1. Segundo o autor, o reconhecimento da grandeza artística de Mahler ao longo dos anos 60 deve-se, em larga medida,

(A) à beleza única de suas obras, para a qual contribuíram largamente o amor incondicional do compositor pelos sons e pela musicalidade da natureza.

(B) à harmonia do conjunto de sua obra, que, por sua simplicidade intrínseca, pôde ser amplamente compreendida pelas gerações seguintes.

(C) ao advento de uma geração cujos valores, apesar da distância temporal, correspondiam aos defendidos pelo compositor.

(D) ao reconhecimento, ainda que tardio, de sua originalidade por maestros e grandes intérpretes da música clássica com quem o compositor convivera.

(E) à ação de organizações culturais que se dispuseram a divulgar a obra do compositor, mesmo correndo o risco de sofrer represálias por parte do público.

2. Considerando-se o contexto, o elemento grifado foi substituído de maneira INADEQUADA em:

(A) ... o acompanhariam *postumamente*... = após a morte
(B) ... uma era de sucessos *sem precedentes*... = inéditos
(C) O amor *incondicional* de Mahler... = irrestrito
(D) ... *despojados* retiros musicais... = singelos
(E) O mundo *onírico* dos Alpes... = nebuloso

3. Na frase O compositor dedicava inteiramente à criação musical os *meses de verão*, o termo sublinhado exerce a mesma função sintática que o termo em destaque na frase:

(A) A visão de mundo de uma geração mais jovem teve influência central aqui.
(B) Intérpretes conhecidos e pesquisadores descobriram o compositor.
(C) Em vida, Mahler foi alvo de intensas polêmicas.
(D) Mahler empreendia longas caminhadas que lhe proporcionaram inspiração para grandiosas sinfonias.
(E) Essas casinhas das alturas alpinas hoje se transformaram em memoriais.

4. Consta que, durante o verão, em meio ...... beleza das montanhas dos Alpes, Mahler buscava ...... inspiração necessária para compor sinfonias que, felizmente, foram legadas ...... gerações futuras.

Preenchem corretamente as lacunas da frase acima, na ordem dada:

(A) à - à - as
(B) a - a - às
(C) à - a - às
(D) a - à - às
(E) à - a - as

5. Está adequado o emprego do elemento sublinhado em:

(A) Mahler, compositor a quem as gerações seguintes fizeram justiça, foi muito incompreendido em vida.
(B) A obra de Mahler, na qual tantos manifestaram incompreensão, acabou marcando o século XX.
(C) Visitando Steinbach, aonde Mahler tanto se inspirou musicalmente, o turista reconhecerá a paz de que se beneficiou o compositor.
(D) Mahler amava a paz da natureza, em cuja se valeu para concentrar-se e compor.
(E) O século XX, ao qual sobressaíram grandes compositores, como Mahler, foi marcado por criações bastante polêmicas.

6. As normas de concordância estão plenamente atendidas em:

(A) Sempre houveram pessoas sensíveis o suficiente para perceberem a enorme riqueza e a profundidade que poderiam atingir a música de Mahler.
(B) Entre os que reconheceram o talento de Mahler em vida está o escultor francês Auguste Rodin, que esculpiu, em 1909, vários bustos do compositor.
(C) Prematuramente falecido, Mahler não chegou a usufruir do prestígio que lhe dedicaram, anos depois de sua morte, a geração seguinte.
(D) Mahler foi regente titular da Ópera Imperial de Viena, da qual se tornou diretor artístico em 1897, sendo que, depois de anos no cargo, certas perseguições os fizera abandonar a função.
(E) Não couberam aos contemporâneos de Mahler prestar-lhe as justas homenagens que cabem a um gênio artístico de sua envergadura.

7. Todos os recursos presentes na Internet são localizados por meio de um endereço único conhecido como

(A) DNS.
(B) FTP.
(C) HTML.
(D) HTTP.
(E) URL.

8. Num aplicativo de navegação da Internet, como o Microsoft Internet Explorer ou o Mozilla Firefox, a listagem que registra todos os acessos realizados a páginas em um determinado intervalo de tempo é chamada de

(A) Cache.
(B) Extensões.
(C) Favoritos.
(D) Histórico.
(E) Navegação.

9. Google é uma empresa multinacional de serviços online e software dos Estados Unidos, que hospeda e desenvolve uma série de serviços e produtos baseados na Internet. Muito conhecido pela sua ferramenta de pesquisa na Web, o Google possui um navegador de Internet denominado

(A) Android.
(B) Browser.
(C) Chrome.
(D) Google+.
(E) Safari.

10. Analise as seguintes afirmações sobre os campos de destinatários de mensagens de um aplicativo de correio eletrônico:

I. Para: é um campo obrigatório com um único endereço de e-mail do destinatário principal da mensagem.
II. Cc: é um campo opcional com uma lista de endereços de e-mail de destinatários para quem a mensagem será enviada como uma cópia.
III. Cco: é um campo opcional com uma lista de endereços de e-mail de destinatários que ficarão ocultos para os demais destinatários.

Quantas dessas afirmações estão corretas?

(A) Nenhuma delas está correta.
(B) Somente as duas primeiras estão corretas.
(C) Somente a primeira e a terceira estão corretas.
(D) Somente as duas últimas estão corretas.
(E) Todas estão corretas.

11. Numa planilha eletrônica como o Microsoft Excel ou o LibreOffice Calc, suponha que a célula C3 armazene a fórmula

=A1+B2. Ao selecionar a célula C3, recortar ou cortar (operação equivalente ao atalho Ctrl+X) e colar na célula D4 (operação equivalente ao atalho Ctrl+V), qual será a fórmula armazenada na célula D4?

(A) =A1+B2
(B) =A2+B3
(C) =A3+B4
(D) =B1+C2
(E) =B2+C3

12. No painel de controle do Windows 7, é possível ajustar várias configurações do sistema, organizadas por categoria. Qual alternativa não é uma configuração da categoria Aparência e Personalização?

(A) Cor da janela;
(B) Economia de energia;
(C) Efeitos de som;
(D) Plano de fundo da área de trabalho;
(E) Proteção de tela.

13. O gráfico a seguir foi extraído da pesquisa TIC empresas 2009 (Pesquisa Sobre Uso das Tecnologias da Informação e da Comunicação no Brasil), realizado pelo CETIC (Centro de Estudos Sobre as Tecnologias da Informação e da Comunicação).

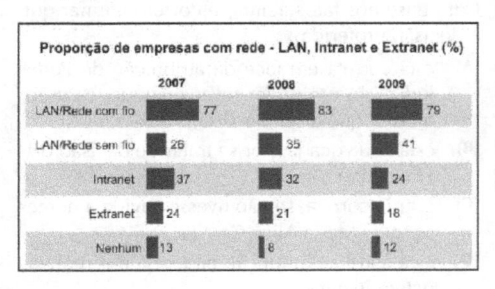

Proporção de empresas com rede - LAN, Intranet e Extranet (%)

	2007	2008	2009
LAN/Rede com fio	77	83	79
LAN/Rede sem fio	26	35	41
Intranet	37	32	24
Extranet	24	21	18
Nenhum	13	8	12

(Fonte: <http://www.cetic.br/empresas/2009/tic-empresas-2009.pdf>)

Considerando redes de computadores e com base no gráfico, analise:

I. O acesso sem fio à Internet e Intranets está crescendo à medida que surgem mais instrumentos de informação capazes de operar em rede. Telefones inteligentes, *pagers*, PDAs e outros dispositivos portáteis de comunicação tornam-se clientes nas redes sem fios.
II. O uso de redes sem fio tem crescido rapidamente à medida que novas tecnologias de alta velocidade são implementadas, como a *WiFi*, que pode ser mais barata que o padrão *Ethernet* e diversas outras tecnologias LAN com fios.
III. Com as Intranets, a comunicação interna nas empresas ganha mais agilidade, dinamismo, integra e aproxima seus colaboradores, independente da localização de cada um. Agiliza a disseminação de informações, visando à integração inter e intradepartamental.
IV. A tendência é que cada vez mais as redes sem fio sejam substituídas pelas redes com fio, pois as tecnologias sem fio estão sujeitas a inúmeros tipos de interferência e interceptação que comprometem seu desempenho e segurança.

Está correto o que se afirma em:

(A) I, II, III e IV.
(B) I e III, apenas.
(C) I e II, apenas.
(D) I, II e III, apenas.
(E) III e IV, apenas.

14. Pedro trabalha em uma pequena imobiliária cujo escritório possui cinco computadores ligados em uma rede com topologia estrela. Os computadores nessa rede são ligados por cabos de par trançado a um switch (concentrador) que filtra e encaminha pacotes entre os computadores da rede, como mostra a figura abaixo.

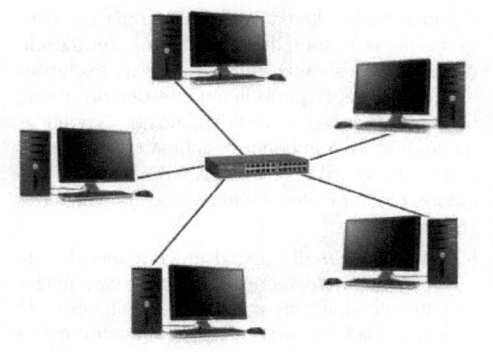

Certo dia, Pedro percebeu que não conseguia mais se comunicar com nenhum outro computador da rede. Vários são os motivos que podem ter causado esse problema, EXCETO:

(A) O cabo de rede de um dos demais computadores da rede pode ter se rompido.
(B) A placa de rede do computador de Pedro pode estar danificada.
(C) A porta do *switch* onde o cabo de rede do computador de Pedro está conectado pode estar danificada.
(D) O cabo de rede que liga o computador de Pedro ao *switch* pode ter se rompido.

(E) Modificações nas configurações do computador de Pedro podem ter tornado as configurações de rede incorretas.

15. Paulo trabalha na área administrativa da Empresa XPT. Realiza boa parte do seu trabalho por meio do seu *e-mail* corporativo. Com o crescimento da empresa, a demanda de trabalho de Paulo aumentou, mas sua caixa de *e-mail* continuou com a mesma capacidade, 100 MB. Frequentemente a caixa de *e-mail* de Paulo enche e ele tem que parar suas atividades profissionais para excluir os *e-mails* maiores e menos importantes, liberando assim espaço para novas mensagens.

Certo dia, em um procedimento para liberar espaço na sua caixa de e-mail corporativo, Paulo apagou, por engano, diversos e-mails importantes, necessários para fechar a folha de pagamento de funcionários do mês. Como não tinha uma cópia desses e-mails, teve que solicitar aos emissores que enviassem os e-mails novamente.

Para tentar resolver o problema de espaço em sua caixa de e-mail, Paulo abriu uma Ordem de Serviço para a área de TI, pedindo o aumento de sua caixa de e-mail para 200 MB. A TI negou o pedido, argumentando limitações de espaço em seus servidores.

Como solução alternativa, para a cópia de segurança de seus e-mails corporativos, reduzindo dessa forma os riscos relacionados às exclusões que deverá fazer periodicamente devido a essa limitação de espaço e considerando que as políticas da empresa não impõem nenhuma restrição para o acesso e guarda dos e-mails em outros computadores ou ambientes, Paulo pensou em realizar as seguintes ações:

I. Criar um *e-mail* pessoal em um servidor de *e-mail* da *Internet*, com *capacidade* de armazenamento suficiente para manter uma cópia de seus *e-mails* corporativos por um tempo maior que os limitados pelo tamanho de sua caixa de *e-mail* corporativo e estabelecer regras na sua caixa de *e-mails* corporativo para enviar uma cópia automática de todos os *e-mails* recebidos para este novo endereço.
II. Instalar o *Microsoft Office Outlook* no computador que utiliza na empresa (caso não esteja instalado), criar seu perfil (caso não exista), fazer as configurações necessárias no *Outlook* para baixar os *e-mails* de sua caixa de *e-mail* corporativo para o computador e, por fim, baixar os *e-mails*.
III. Criar pastas na sua caixa de entrada do *e-mail* corporativo e separar os *e-mails* recebidos entre essas pastas.

IV. Criar regras na sua caixa de *e-mail* corporativo para excluir automaticamente todas as mensagens que chegarem trazendo arquivos anexados.

As possíveis ações que podem resolver o problema de Paulo, evitando que ele perca e-mails importantes, estão presentes em

(A) I, II, III e IV.
(B) II e III, apenas.
(C) I e II, apenas.
(D) I, apenas.
(E) II, apenas.

16. João Pedro, servidor público federal, ocupa o cargo de confiança de Chefe de Divisão no Departamento da Vias Urbanas, autarquia vinculada à Secretaria Municipal de Transportes. Seu superior hierárquico determina a sua exoneração, fundamentando-a na falta de diplomação de nível superior, conforme consta em publicação no Diário Oficial de Município, nomeando Maria Alice Couves para o cargo, sob a argumentação de que a mesma é formada em Economia. João Pedro busca anular a decisão que o exonerou, comprovando ser formado em Direito e alegando estar Maria Alice Couves matriculada no curso de Economia. Em face destes fatos, o Poder Judiciário vem a determinar a anulação da referida exoneração. Com base nos fatos acima, é correto afirmar que a decisão proferida

(A) está correta em face da atribuição do Poder Judiciário em poder rever qualquer decisão, mesmo que discricionária.
(B) está equivocada, por se tratar de decisão discricionária.
(C) estaria correta, se não tivesse havido a nomeação de Maria Alice Couves.
(D) está correta em função da teoria dos motivos determinantes.
(E) está equivocada, uma vez que a fundamentação equivocada não macula os atos em comento.

17. A União Federal firmou, em 2010, pelo prazo de 2 anos, convênio com o Instituto de Assistência ao Menor Carente, pessoa jurídica de direito privado, sem fins lucrativos, reconhecido como de utilidade pública, visando à implementação de programa de educação ao menor, nas capitais brasileiras. No referido termo de convênio, a União Federal é designada como contratante e o Instituto de Assistência ao Menor Carente como contratado, constando, igualmente, como objeto a "prestação de serviços visando à implementação do ensino profissionalizante nas Capitais de Estado listadas no anexo." Em face do teor do convênio, estipula este que o seu extrato não será publicado no Diário Oficial da União. Não consta do termo de convênio contrapartida por parte do Instituto de Assistência ao Menor Carente e o preço pactuado é de R$ 3.000.000,00 (três milhões de reais), cujo desembolso se fará mensalmente, a partir do recebimento, pela União Federal, de cada etapa do convênio. Terminada a vigência e efetuado o pagamento do valor em sua totalidade e de forma pontual, o Instituto de Assistência ao Menor Carente não apresentou, até o presente momento, sua prestação de contas.

No tocante à cláusula referente à publicação no Diário Oficial, é correto afirmar que a ausência de publicação

(A) não é um vício, por se tratar de convênio.
(B) é um vício, uma vez que a publicação é obrigatória.
(C) não é um vício, por se encontrar na esfera de discricionaridade da União Federal.
(D) não é um vício, por envolver ensino profissionalizante de menor carente.
(E) é um vício, em face do valor pactuado, consoante determinado em Lei.

18. Considerando o término de um convênio, a ausência de prestação de contas, por parte de quem tem a obrigação para tanto, pode caracterizar

(A) improbidade administrativa que causa lesão ao erário por qualquer ação ou omissão, dolosa ou culposa, que enseje perda patrimonial, desvio, apropriação, malbaratamento ou dilapidação dos bens.
(B) improbidade administrativa, importando enriquecimento ilícito por auferir qualquer tipo de vantagem patrimonial indevida em razão do exercício de cargo, mandato, função, emprego.
(C) um ato que não tem relevância no Direito Administrativo.
(D) improbidade administrativa que atenta contra os princípios da administração pública por qualquer ação ou omissão que viole os deveres de honestidade, imparcialidade, legalidade, e lealdade às instituições.
(E) um ato que não tem enquadramento Legal e que, portanto, constitui uma falta de caráter meramente discricionário, incapaz de gerar efeitos ou obrigações, devendo, entretanto, ser anotado nos registros da Administração, para futuros convênios a serem firmados.

19. No tocante aos efeitos do recurso administrativo, nos termos da Lei n. 9784/99, está correta a seguinte afirmação:

(A) Salvo disposição legal em contrário, o recurso tem efeito suspensivo. Havendo justo receio de prejuízo de difícil ou incerta reparação decorrente da execução, mediante caução, a autoridade recorrida ou a imediatamente superior poderá, de ofício ou a pedido, dar efeito suspensivo ao recurso.
(B) A Lei n. 9784/99 não dispõe sobre os efeitos do recurso administrativo, cabendo a legislação específica sobre a matéria, podendo esta estabelecer o efeito suspensivo como regra geral, desde que respeitados os princípios constitucionais referentes á prestação de caução.
(C) Salvo disposição em contrário, o recurso tem efeito suspensivo. Havendo justo receio de dano irreparável e mediante requerimento fundamento, com a devida prestação de caução, poderá o Ministério Público Federal determinar à Administração Federal a concessão do duplo efeito (devolutivo e suspensivo), cabendo cópia à Autoridade Judiciária competente.
(D) Salvo disposição em contrário, o recurso tem efeito suspensivo. Havendo justo receio de dano irreparável e mediante requerimento fundamento, com a devida prestação de caução, poderá o Tribunal de Contas da União determinar à Administração Federal a concessão do duplo efeito (devolutivo e suspensivo), cabendo cópia à Autoridade Judiciária competente.
(E) Salvo disposição legal em contrário, o recurso não tem efeito suspensivo. Havendo justo receio de prejuízo de difícil ou incerta reparação decorrente da execução, a autoridade recorrida ou a imediatamente superior poderá, de ofício ou a pedido, dar efeito suspensivo ao recurso.

20. Nos termos da Lei n. 9784/99, qual o prazo para a decisão de recurso administrativo?

(A) Quando a lei não fixar prazo diferente, o recurso administrativo deverá ser decidido no prazo máximo de sessenta dias, a partir do recebimento dos autos pelo órgão competente.
(B) Quando a lei não fixar prazo diferente, o recurso administrativo deverá ser decidido no prazo máximo de trinta dias, a partir do recebimento dos autos pelo órgão competente.

(C) Quando a lei não fixar prazo diferente, o recurso administrativo deverá ser decidido no prazo máximo de vinte dias, a partir do recebimento dos autos pelo órgão competente.
(D) Quando a lei não fixar prazo diferente, o recurso administrativo deverá ser decidido no prazo máximo de vinte dias úteis, a partir do recebimento dos autos pelo órgão competente.
(E) Quando a lei não fixar prazo diferente, o recurso administrativo deverá ser decidido no prazo máximo de trinta dias úteis, a partir do recebimento dos autos pelo órgão competente.

21. Com relação à convalidação, no âmbito do direito administrativo, e na forma como determinada pela Lei n. 9784/99, está correta a seguinte afirmação:
(A) A convalidação não é admitida pelo Direito Administrativo Brasileiro em face da prevalência do princípio da legalidade, estabelecido pelo artigo 37 da Constituição Federal.
(B) Em decisão na qual se evidencie o possível nível de lesão ao interesse público e prejuízo a terceiros, os atos que apresentarem defeitos sanáveis poderão ser convalidados pela própria Administração.
(C) Em decisão na qual se evidencie não acarretarem lesão ao interesse público nem prejuízo a terceiros, os atos que apresentarem defeitos sanáveis poderão ser convalidados pela própria Administração.
(D) A revalidação é matéria inserta no campo da discricionariedade da Administração, de forma a atender o princípio da eficiência estabelecido pela Constituição Federal.
(E) A legislação é omissa quanto a esta matéria.

22. No tocante à desapropriação indireta, está correta a seguinte afirmação:
(A) A desapropriação indireta é um fato administrativo pelo qual o estado se apropria de bem particular, sem observância dos requisitos da declaração e da indenização prévia.
(B) A desapropriação indireta é um ato administrativo pelo qual o estado se apropria de bem particular, sem observância dos requisitos da declaração e da indenização prévia.
(C) A desapropriação indireta é um fato administrativo pelo qual o estado se apropria de bem particular, com observância dos requisitos da declaração e da indenização prévia.
(D) A desapropriação indireta é um ato administrativo pelo qual o estado se apropria de bem particular, com observância dos requisitos da declaração e da indenização prévia.
(E) A desapropriação indireta é um ato administrativo pelo qual o estado se apropria de bem particular, com observância do requisito da declaração, porém não da indenização prévia.

23. Cargos públicos, segundo a Constituição Federal,
(A) são preenchidos apenas por candidatos aprovados em concurso público de provas e títulos.
(B) podem ser acumulados, inclusive de forma remunerada, na hipótese de serem dois cargos de professor com outro, técnico ou científico, desde que haja compatibilidade de horários.
(C) impedem que o servidor público civil exerça o direito à livre associação sindical.
(D) em nenhuma hipótese são acessíveis a estrangeiros.
(E) proporcionam estabilidade ao servidor nomeado em caráter efetivo, após três anos de efetivo exercício e mediante avaliação especial de desempenho por comissão instituída para essa finalidade.

24. Sérgio, servidor público federal, teve ciência de irregularidades ocorridas no âmbito da Administração Pública Federal, em razão do cargo que ocupa. Por medo de retaliação, não relatou os fatos de que teve conhecimento. Nos termos da Lei 8.112/1990, Sérgio
(A) não descumpriu dever legal.
(B) deveria ter levado os fatos ao conhecimento da autoridade superior.
(C) agiu corretamente, pois omitiu-se para a salvaguarda de seus direitos.
(D) deveria obrigatoriamente ter levado os fatos ao conhecimento do Poder Judiciário.
(E) agiu expressamente nos termos da lei.

25. Expedida certidão falsa por uma repartição pública federal, não foi possível esclarecer qual servidor cometeu o ato ilícito, mas graves prejuízos sofreram algumas pessoas, em razão dele. Neste caso, a União
(A) responde objetivamente pelos prejuízos causados, desde que demonstrado o nexo causal entre esse ato e os danos sofridos.

(B) responde objetivamente pelos prejuízos causados, independentemente da demonstração de nexo causal entre esse fato e os danos sofridos.
(C) responde subjetivamente pelos prejuízos causados, desde que demonstrado o nexo causal entre esse fato e os danos sofridos e a conduta culposa do servidor.
(D) não responde pelos prejuízos causados, porque a hipótese configura conduta dolosa de servidor público.
(E) não responde pelos prejuízos causados, até que seja apurada a autoria do ato ilícito, ainda que comprovado ter sido a certidão expedida pela repartição pública.

26. Em relação à extinção do contrato de concessão é correto afirmar que
(A) caducidade é a resilição unilateral antes de findo o prazo de concessão, que se consubstancia na retomada do serviço pelo poder concedente por razões de interesse público.
(B) reversão é a resilição unilateral da concessão que se consubstancia na retomada do serviço pelo poder concedente por razões de interesse público.
(C) encampação é a extinção unilateral da concessão por motivo de inadimplemento contratual, não cabendo, portanto, indenização ao concessionário pelos prejuízos que sofrer.
(D) reversão é a rescisão unilateral da concessão por motivo de inadimplemento contratual do concessionário, cabendo indenização pela interrupção do contrato antes de findo seu prazo.
(E) encampação é a retomada do serviço pelo poder concedente por razões de interesse público, durante o prazo de concessão, mediante lei autorizativa específica.

27. Qual foi a primeira norma legal a instituir a previdência social no Brasil?
(A) A Constituição de 1824.
(B) A Constituição de 1946.
(C) A Lei Áurea.
(D) A Lei Orgânica da Previdência Social de 1960.
(E) O Decreto Legislativo nº 4.682, de 24 de janeiro de 1923, conhecido como Lei Eloy Chaves.

28. A concessão das prestações pecuniárias do Regime Geral de Previdência Social depende de que períodos de carência?

(A) Aposentadoria por idade, aposentadoria por tempo de serviço, aposentadoria especial e abono de permanência em serviço: 180 (cento e oitenta) contribuições mensais;
(B) Aposentadoria por idade, aposentadoria por tempo de serviço e aposentadoria especial: 120 contribuições mensais;
(C) Auxílio-doença e aposentadoria por invalidez: 24 (vinte e quatro) contribuições mensais;
(D) Auxílio-doença e aposentadoria por invalidez: 12 (doze) contribuições mensais;
(E) Aposentadoria por idade, aposentadoria por tempo de serviço, aposentadoria especial e abono de permanência em serviço: 150 (cento e cinquenta) contribuições mensais.

29. Quanto ao cálculo do valor do benefício da Lei n. 8213/91, é correto afirmar que
(A) Será calculado com base no salário de benefício o valor do benefício de prestação continuada, inclusive o regido por norma especial e o decorrente de acidente do trabalho, exceto o salário-família e o salário-maternidade.
(B) Será calculado com base no salário de benefício o valor do benefício de prestação continuada, inclusive o regido por norma especial, exceto o salário-família e o salário-maternidade.
(C) Será considerado, para o cálculo do salário de benefício, o aumento dos salários de contribuição que exceder o limite legal, inclusive o voluntariamente concedido nos 36 (trinta e seis) meses imediatamente anteriores ao início do benefício, salvo se homologado pela Justiça do Trabalho.
(D) Serão considerados para cálculo do salário de benefício os ganhos habituais do segurado empregado, a qualquer título, sob forma de moeda corrente ou de utilidades, sobre os quais tenha incidido contribuições previdenciárias, incluindo o décimo-terceiro salário (gratificação natalina).
(E) Será contada a duração se, no período básico de cálculo, o segurado tiver recebido benefícios por incapacidade, considerando-se como salário de contribuição, no período, o salário de benefício que serviu de base para o cálculo da renda mensal, reajustado nas mesmas épocas e bases dos benefícios em geral, podendo ser inferior ao valor de 1 (um) salário mínimo.

30. Equipara-se a acidente de trabalho, para fins da Lei n. 6367/76
(A) o ocorrido em viagem a serviço da empresa, seja qual for o meio de locomoção utilizado, exceto veículo de propriedade do empregado;
(B) o acidente sofrido pelo empregado ainda que fora do local e horário de trabalho;
(C) a doença profissional ou do trabalho, assim entendida a inerente ou peculiar a determinado ramo de atividade e constante de relação organizada pelo Ministério do Trabalho e Emprego;
(D) o acidente somente ligado ao trabalho que tenha tido causa única, haja contribuído diretamente para a morte, perda ou redução da capacidade para o trabalho;
(E) o ocorrido nos períodos destinados a refeição ou descanso, ou por ocasião da satisfação de outras necessidades fisiológicas, no local do trabalho ou durante este, quando o empregado não será considerado a serviço da empresa.

31. Com relação à contagem recíproca de tempo de serviço, na forma da Lei n. 8213/91, assinale a alternativa que contém uma afirmação correta.
(A) Para efeito dos benefícios previstos no Regime Geral de Previdência Social ou no serviço público não é assegurada a contagem recíproca do tempo de contribuição na atividade privada, rural e urbana, e do tempo de contribuição ou de serviço na administração pública, hipótese em que os diferentes sistemas de previdência social se compensarão financeiramente.
(B) O tempo de contribuição ou de serviço será contado de acordo com a legislação pertinente, sendo admitida a contagem em dobro ou em outras condições especiais.
(C) O tempo de contribuição ou de serviço será contado de acordo com a legislação pertinente, sendo contado por um sistema o tempo de serviço utilizado para concessão de aposentadoria pelo outro.
(D) O tempo de serviço anterior ou posterior à obrigatoriedade de filiação à Previdência Social só será contado mediante indenização da contribuição correspondente ao período respectivo, com acréscimo de juros moratórios de um por cento ao mês e multa de doze por cento.
(E) Para efeito dos benefícios previstos no Regime Geral de Previdência Social ou no serviço público é assegurada a contagem recíproca do tempo de contribuição na atividade privada, rural e urbana, e do tempo de contribuição ou de serviço na administração pública, hipótese em que os diferentes sistemas de previdência social se compensarão financeiramente.

32. Com relação ao Regime da Previdência Social, nos termos da Constituição Federal, é correto afirmar que
(A) serão devidamente atualizados, na forma de portaria ministerial, todos os salários de contribuição considerados para o cálculo de benefício.
(B) será disciplinada por Lei Complementar a cobertura do risco de acidente do trabalho, a ser atendida concorrentemente pelo regime geral de previdência social e pelo setor privado.
(C) é vedada a filiação ao regime geral de previdência social, na qualidade de segurado facultativo, de pessoa participante de regime próprio de previdência.
(D) é assegurada, para efeito de aposentadoria, a contagem recíproca do tempo de contribuição na administração pública e na atividade privada, rural e urbana, hipótese em que os diversos regimes de previdência social se compensarão financeiramente, segundo critérios estabelecidos em portaria ministerial.
(E) não serão incorporados ao salário para efeito de contribuição previdenciária os ganhos habituais do empregado, a qualquer título.

33. No tocante à Previdência Social, é correto afirmar que
(A) é organizada sob a forma de regime especial e observa critérios que preservem o equilíbrio financeiro.
(B) é descentralizada, de caráter facultativo.
(C) tem caráter complementar e autônomo.
(D) baseia-se na constituição de reservas que garantam o benefício contratado.
(E) é contributiva, de caráter obrigatório.

34. Em relação às fontes do direito previdenciário:
(A) o memorando é fonte primária.
(B) a orientação normativa é fonte primária.
(C) a instrução normativa é fonte secundária.
(D) a lei delegada é fonte secundária.
(E) a medida provisória é fonte secundária.

35. A interpretação da legislação previdenciária deve observar

(A) o costume, quando mais favorável ao segurado.
(B) a Jurisprudência do Juizado Especial Federal.
(C) a analogia, quando mais favorável ao segurado.
(D) os princípios gerais de direito, na omissão legislativa.
(E) o princípio do *in dubio pro societate* em qualquer situação.

36. Maria trabalhou de 02 de janeiro de 1990 até 02 de fevereiro de 2005 como empregada de uma empresa, desligando-se do emprego para montar um salão de beleza. Apesar de ter passado à categoria de contribuinte individual, deixou de recolher contribuições para a Previdência Social durante dois anos, até fevereiro de 2007. Nessa situação, o período de graça de Maria é de

(A) 12 (doze) meses.
(B) 24 (vinte e quatro) meses.
(C) 36 (trinta e seis) meses.
(D) 48 (quarenta e oito) meses.
(E) 60 (sessenta) meses.

37. Márcio é administrador não empregado na sociedade por cotas de responsabilidade limitada XYZ e recebe remuneração mensal pelos serviços prestados. Nessa situação, Márcio

(A) não é segurado obrigatório da previdência social.
(B) é segurado facultativo da previdência social.
(C) é segurado especial da previdência social.
(D) é contribuinte individual da previdência social.
(E) é segurado eventual da previdência social.

38. João fora casado com Maria, com quem teve dois filhos, Artur e Lia de 6 e 8 anos respectivamente, na data do óbito de João, ocorrido em 2011. Maria já fora casada com Márcio, de quem teve uma filha, Rosa, de 10 anos, que era mantida por João, porque Márcio não tivera condições de prover seu sustento. O falecido ajudava financeiramente, também, sua mãe, Sebastiana e seu irmão, Antônio que era inválido. Nessa situação, a pensão por morte de João será concedida a:

(A) Artur, Lia, Maria e Rosa.
(B) Artur, Lia, Maria, Rosa e Sebastiana.
(C) Artur, Lia, Rosa e Sebastiana.
(D) Artur, Lia e Sebastiana.
(E) Artur, Lia, Sebastiana e Antônio.

39. João fora casado com Maria, com quem teve três filhos, João Junior, de 22 anos e universitário; Marília, com 18 anos e Renato com 16 anos, na data do óbito de João, ocorrido em dezembro de 2011. João se divorciara de Maria que renunciou ao direito a alimentos para si. Posteriormente, João veio a contrair novas núpcias com Norma, com quem manteve união estável até a data de seu óbito. Norma possui uma filha, Miriam, que mora com a mãe e foi por João sustentada. Nessa situação, são dependentes de João, segundo a legislação previdenciária:

(A) João Junior, Marília e Renato.
(B) João Junior, Maria, Marília, Renato e Norma.
(C) Marília, Renato, Miriam e Norma.
(D) Maria, João Junior, Marília, Renato e Norma.
(E) João Junior, Marília, Renato, Maria, Norma e Miriam.

40. Entre as fontes de financiamento da Seguridade Social encontra-se

(A) o imposto de renda.
(B) o imposto sobre circulação de mercadorias.
(C) a contribuição do Fundo de Garantia do Tempo de Serviço.
(D) a contribuição social sobre a folha de salários.
(E) a contribuição de melhoria.

41. José exerce a atividade de garçom, na qualidade de empregado do Restaurante X, e recebeu no mês de dezembro, além do salário mensal, o décimo terceiro salário, gorjetas, vale-refeição, de acordo com o programa do Ministério do Trabalho, horas extras, vale-transporte, na forma da legislação própria, férias indenizadas e respectivo adicional constitucional. Nessa situação, integram o salário de contribuição de José

(A) o salário mensal, o décimo terceiro salário, as gorjetas e as horas extras.
(B) o salário mensal, o vale-transporte, o décimo terceiro salário e o vale-refeição.
(C) o salário mensal, as férias indenizadas e respectivo adicional e o vale-refeição.
(D) o salário mensal, o décimo terceiro salário, as gorjetas e o vale-refeição.
(E) o décimo terceiro salário, as gorjetas, o vale-refeição, as férias indenizadas e o respectivo adicional.

42. João montou seu próprio negócio em 2010, obteve receita bruta, no ano-calendário anterior, de R$ 30.000,00 (trinta mil reais) e é optante do Simples Nacional. João não pretende receber aposentadoria por tempo de contribuição. Nessa situação, a contribuição previdenciária a ser recolhida por João é de

(A) 20% (vinte por cento) do limite mínimo do salário de contribuição.
(B) 11% (onze por cento) do limite mínimo do salário de contribuição.
(C) 8% (oito por cento) do limite mínimo do salário de contribuição.
(D) 9% (nove por cento) do limite mínimo do salário de contribuição.
(E) 5% (cinco por cento) do limite mínimo do salário de contribuição.

43. Em relação às contribuições previdenciárias devidas pelos contribuintes da Previdência Social, é correto afirmar que

(A) o segurado especial está dispensado de recolhê-las.
(B) presume-se o recolhimento das contribuições do empregado.
(C) presume-se o recolhimento das contribuições do trabalhador eventual.
(D) o prazo de vencimento da contribuição das empresas é no dia 10 de cada mês.
(E) o empregado doméstico deve recolher sua contribuição até o dia 10 de cada mês.

44. Entre as obrigações previdenciárias da empresa, assinale a alternativa INCORRETA.

(A) Declarar à Secretaria da Receita Federal do Brasil e ao Conselho Curador do FGTS dados relacionados aos fatos geradores das contribuições previdenciárias.
(B) Arrecadar as contribuições dos empregados que lhe prestam serviços.
(C) Efetuar a retenção de 11% (onze por cento) sobre o valor bruto da nota fiscal quando contratar serviços a serem executados com cessão de mão de obra.
(D) Preparar as folhas de pagamento das remunerações pagas ou creditadas a todos os segurados a serviço da empresa de acordo com as normas estabelecidas pelo órgão competente.
(E) Repassar aos empregados os valores devidos a título de contribuição previdenciária para fins de recolhimento.

45. Joana trabalhou como empregada rural de janeiro de 1978 a dezembro de 1979. Ela foi, também, escrevente do Poder Judiciário do Estado de São Paulo de janeiro de 1980 a janeiro de 1982, com regime próprio de previdência social. De janeiro de 1983 até janeiro de 2011 trabalhou no serviço público federal ao mesmo tempo em que ministrava aulas como professora em faculdade particular, regida pela CLT. Joana completou 60 anos em janeiro de 2011. Nessa situação, Joana

(A) poderá computar no Regime Geral de Previdência Social tanto o período exercido como professora como o do serviço público federal.
(B) não poderá computar o tempo de serviço como escrevente do Poder Judiciário do Estado de São Paulo.
(C) não poderá receber aposentadoria por dois regimes previdenciários.
(D) poderá receber aposentadoria por idade no Regime Geral de Previdência Social e aposentadoria por outro regime previdenciário.
(E) não poderá computar o tempo de contribuição como empregada rural.

46. Para fins de cálculo do salário de benefício, é correto afirmar que

(A) o trabalhador doméstico está dispensado de provar os recolhimentos à Previdência Social.
(B) poderão ser utilizados os salários de contribuição constantes do CNIS - Cadastro Nacional de Informações Sociais para os segurados em geral.
(C) o empregado deve apresentar os recibos de pagamento para fins de cálculo do valor do benefício.
(D) o contribuinte individual não poderá valer-se das informações constantes do CNIS - Cadastro Nacional de Informações Sociais.
(E) o segurado especial deverá comprovar o recolhimento das contribuições para fins de cálculo do salário de benefício.

47. Em relação ao valor da renda mensal dos benefícios, é correto afirmar que

(A) o auxílio-doença corresponde a 100% (cem por cento) do salário de benefício.
(B) a aposentadoria por invalidez corresponde a 91% (noventa e um) por cento do salário de benefício.
(C) a aposentadoria por idade corresponde a 70% (setenta por cento) do salário de benefício.

(D) a renda mensal da aposentadoria especial não está sujeita ao fator previdenciário.

(E) a renda mensal da aposentadoria por tempo de contribuição não está sujeita ao fator previdenciário.

48. O salário de benefício serve de base de cálculo da renda mensal do benefício. Para os segurados inscritos na Previdência Social, até 28.11.1999, calcula-se

(A) o auxílio-doença, pela média aritmética simples dos maiores salários de contribuição, corrigidos mês a mês, correspondentes a oitenta por cento do período contributivo decorrido desde julho de 1994, multiplicada pelo fator previdenciário.

(B) a aposentadoria especial, pela média aritmética simples dos maiores salários de contribuição, corrigidos mês a mês, correspondentes a oitenta por cento do período contributivo decorrido desde julho de 1994, multiplicada pelo fator previdenciário.

(C) a aposentadoria por tempo de contribuição, pela média aritmética simples dos oitenta por cento maiores salários de contribuição, corrigidos mês a mês, de todo o período contributivo, decorrido desde julho de 1994, multiplicada pelo fator previdenciário.

(D) as aposentadorias por idade e tempo de contribuição, inclusive de professor, pela média aritmética simples dos oitenta por cento maiores salários de contribuição, corrigidos mês a mês, de todo o período contributivo, decorrido desde julho de 1994.

(E) o auxílio-doença, aposentadoria por invalidez, pela média aritmética simples dos maiores salários de contribuição corrigidos mês a mês, correspondentes a cem por cento do período contributivo, decorrido desde julho de 1994, multiplicada pelo fator previdenciário.

49. Maria trabalhou de 02 de janeiro de 2006 a 02 de julho de 2006 como empregada de uma empresa, vindo a contrair moléstia não relacionada ao trabalho, com prejuízo do exercício de suas atividades habituais. Nessa situação, Maria

(A) não terá direito ao recebimento do auxílio-doença, por ausência do cumprimento da carência.

(B) terá direito à aposentadoria por invalidez, que independe do cumprimento de carência.

(C) terá direito ao auxílio-acidente, que não exige carência.

(D) terá direito ao auxílio-doença, que independe de carência.

(E) poderá receber aposentadoria por invalidez, se recolher mais duas contribuições.

50. José trabalhou como empregado na empresa São João Ltda., no período de 01.09.2004 a 01.09.2007, quando pediu demissão do emprego. Voltou a trabalhar em julho de 2010 e no terceiro mês de trabalho, outubro de 2010, foi acometido de apendicite que o impedia de exercer suas atividades habituais. Nessa situação, José

(A) terá direito ao auxílio-doença.

(B) terá direito à aposentadoria por invalidez.

(C) terá direito ao auxílio-acidente.

(D) não terá direito à aposentadoria por invalidez.

(E) não terá direito ao auxílio-doença.

51. Em relação ao salário-maternidade e ao salário-família pagos às seguradas empregadas, é correto afirmar que são

(A) pagos pela empresa que poderá compensá-los com as contribuições incidentes sobre a folha de salários.

(B) pagos pelo INSS.

(C) pagos pelas empresas sem direito à compensação.

(D) pagos pela Assistência Social.

(E) indevidos às seguradas autônomas.

52. Em relação ao auxílio-acidente, assinale a resposta INCORRETA.

(A) Tem caráter indenizatório.

(B) Cessa com o advento de qualquer aposentadoria.

(C) Corresponde a 50% (cinquenta por cento) do salário de benefício.

(D) Somente é devido após a consolidação das lesões decorrentes de acidente.

(E) É devido se não houver a concessão do auxílio-doença previamente.

53. Luciana possuía em dezembro de 1998, 21 (vinte e um) anos de contribuição para a Previdência Social, e continuou trabalhando até julho de 2005, quando completou 48 (quarenta e oito) anos de idade. Nessa situação, Luciana terá direito a

(A) aposentadoria integral por tempo de contribuição.

(B) aposentadoria especial.

(C) aposentadoria por idade.
(D) aposentadoria proporcional por tempo de contribuição.
(E) aposentadoria por invalidez.

54. José foi segurado da Previdência Social até janeiro de 2010 e recebia a título de auxílio-doença R$ 580,00 (quinhentos e oitenta reais). Nessa ocasião, envolveu-se com drogas e foi recolhido à prisão em regime fechado, fugindo em julho de 2011. Ele foi casado com Lídia com quem teve dois filhos, menores de 21 anos, na data do recolhimento à prisão. Posteriormente à prisão, Lídia separou-se de José e casou-se com João, em janeiro de 2011.

Nessa situação,

(A) Lídia não poderá receber auxílio-reclusão.
(B) nenhum dependente poderá receber o auxílio-reclusão.
(C) o auxílio-reclusão será devido a todos os dependentes, da data do recolhimento à prisão até a data da fuga.
(D) o auxílio-reclusão será devido à Lídia, desde a data da prisão até suas novas núpcias.
(E) o auxílio-reclusão será devido aos filhos de José, desde o recolhimento à prisão até que completem 21 anos.

55. José exerceu atividade rural em regime de parceria com João, não tinha empregados, contava com a ajuda de seus familiares para o cultivo de subsistência e pretende aposentar-se por idade, em 2011, no valor mínimo. Nessa situação, José deve

(A) comprovar o exercício de atividade rural no período de 36 meses que antecedem o requerimento do benefício.
(B) comprovar o exercício de atividade rural por contrato de parceria firmado em 2011, por seu parceiro, João.
(C) comprovar o exercício de atividade rural no período de 180 meses que antecedem o benefício, por prova testemunhal.
(D) requerer o processamento de justificação administrativa, acompanhada de início de prova documental.
(E) apresentar declaração de duas testemunhas com firma reconhecida em cartório.

56. José recebe aposentadoria especial no Regime Geral de Previdência Social. Nessa situação, José

(A) não poderá retornar ao mercado de trabalho.
(B) não poderá retornar à função que ocupava anteriormente à aposentadoria.

(C) gozará de isenção da contribuição previdenciária se retornar ao mercado de trabalho.
(D) está inválido para o exercício da atividade laborativa.
(E) deve provar o nexo de causalidade entre o agente nocivo e o trabalho desempenhado.

57. Maria é advogada, empregada de uma empresa desde 1990 e, a caminho do Fórum, bateu seu automóvel por cruzar o farol vermelho, sofrendo ferimentos que se agravaram em razão de Maria ser portadora de diabetes e a incapacitaram para suas atividades habituais, por mais de 30 (trinta) dias. Nessa situação, Maria

(A) não terá direito a receber benefício acidentário, em razão de o acidente não ter ocorrido no local de trabalho.
(B) não terá direito a benefício acidentário em razão de a incapacidade decorrer da diabetes.
(C) receberá aposentadoria por invalidez acidentária.
(D) não receberá benefício acidentário por estar dirigindo veículo próprio e não da empresa.
(E) receberá auxílio-doença acidentário.

58. João trabalhou na lavoura em sua pequena propriedade, sem o auxílio de terceiros, salvo de sua família, no período de janeiro de 1975 a 1990, sem contribuição, ocasião em que mudou-se para a cidade e passou a exercer a função de pedreiro, como empregado de uma construtora, até completar 60 anos, em janeiro de 2011. Nessa situação, João

(A) terá direito a aposentar-se por idade em 2011.
(B) terá direito a aposentar-se por tempo de contribuição em 2011.
(C) terá direito à aposentadoria especial em 2011.
(D) não terá direito a aposentar-se por idade em 2011.
(E) não possui a carência exigida para aposentar-se por idade em 2011.

59. Cláudio exerceu atividade de caldeireiro na fábrica X de 01 de janeiro de 2009 a 01 de julho de 2009 e sofreu acidente de trabalho que acarretou a perda de dois dedos da mão. Nessa situação, Cláudio

(A) não terá direito a receber benefício previdenciário por ausência do cumprimento do período de carência.
(B) receberá auxílio-doença e após a consolidação da perda dos dedos, auxílio-acidente.
(C) terá direito à reabilitação profissional e aposentadoria por invalidez.

(D) não terá direito a benefício.
(E) terá direito a auxílio-acidente e aposentadoria por invalidez, após a consolidação da perda dos dedos.

60. Silvia trabalhou na empresa X, de janeiro de 2009 a janeiro de 2010, como digitadora, quando foi acometida de tendinite, por 60 dias, que a impedia de exercer suas atividades habituais. Submetida a tratamento médico, recuperou-se para suas atividades. Nessa situação, Silvia teve direito a receber

(A) auxílio-acidente.
(B) aposentadoria por invalidez.
(C) auxílio-doença.
(D) reabilitação profissional.
(E) tratamento médico fornecido pelo INSS.

61. João é carpinteiro, exerce atividade como empregado da empresa Carpintaria São José desde dezembro de 2010. Ele sofreu acidente não relacionado ao trabalho, ocasião em que teve limitada a flexão de seu membro superior direito, lesão esta já consolidada. João passou por reabilitação profissional e foi treinado para outra profissão e não se recolocou ainda no mercado de trabalho. Nessa situação, João tem direito a

(A) auxílio-doença seguido de auxílio-acidente.
(B) aposentadoria especial.
(C) aposentadoria por invalidez.
(D) aposentadoria especial.
(E) aposentadoria por invalidez seguida de auxílio-acidente.

62. Lúcia exerce a atividade de professora do ensino fundamental desde dezembro de 1986, tem 56 anos de idade e pretende obter benefício previdenciário em dezembro de 2011. Nessa situação, segundo o INSS, Lúcia tem direito a

(A) aposentadoria por idade.
(B) auxílio-doença.
(C) aposentadoria especial.
(D) aposentadoria por invalidez.
(E) aposentadoria por tempo de contribuição.

63. Maria requereu aposentadoria especial e teve seu pedido indeferido pela Agência da Previdência Social. Nessa situação, Maria poderá interpor recurso para:

(A) Câmara de Julgamento.
(B) Ministério da Previdência Social.
(C) Junta de Recursos da Previdência Social.
(D) Gerência Executiva.
(E) Juizado Especial Federal.

64. É correto afirmar que a Seguridade Social compreende

(A) a Assistência Social, a Saúde e a Previdência Social.
(B) a Assistência Social, o Trabalho e a Saúde.
(C) o Sistema Tributário, o Lazer e a Previdência Social.
(D) a Educação, a Previdência Social e a Assistência Social.
(E) a Cultura, a Previdência Social e a Saúde.

65. O INSS, autarquia federal, resultou da fusão das seguintes autarquias:

(A) INAMPS e SINPAS.
(B) IAPAS e INPS.
(C) FUNABEM e CEME.
(D) DATAPREV e LBA.
(E) IAPAS e INAMPS.

66. José pleiteou aposentadoria por tempo de contribuição perante o INSS, que foi deferida pela autarquia e pretende a revisão do ato de concessão do benefício para alterar o valor da renda mensal inicial. O prazo decadencial para o pedido de José é de

(A) dez anos contados a partir do primeiro dia do mês seguinte ao do recebimento da primeira prestação.
(B) cinco anos contados a partir do primeiro dia do mês seguinte ao do recebimento da primeira prestação.
(C) três anos contados a partir do primeiro dia do mês seguinte ao do recebimento da primeira prestação.
(D) cinco anos contados da ciência da decisão que deferiu o benefício.
(E) dez anos contados da ciência da decisão que deferiu o benefício.

67. Como regra, o beneficiário deve receber diretamente o benefício devido pelo INSS. Porém, admite-se a constituição de procurador. Nessa situação,

(A) a procuração tem validade de 6 (seis) meses, podendo ser revalidada ou renovada pelo INSS.
(B) a procuração poderá ser outorgada a parente de servidores públicos civis ativos até o terceiro grau.

(C) pode ser outorgada procuração coletiva nos casos de representantes de asilos.
(D) a procuração tem validade de 12 (doze) meses, não se admitindo a renovação.
(E) pode ser outorgada procuração aos militares ativos, sem grau de parentesco com o beneficiário.

68. Em dezembro, uma loja de carros aumentou o preço do veículo A em 10% e o do veículo B em 15%, o que fez com que ambos fossem colocados a venda pelo mesmo preço nesse mês. Em janeiro houve redução de 20% sobre o preço de A e de 10% sobre o preço de B, ambos de dezembro, o que fez com que o preço de B, em janeiro, superasse o de A em

(A) 11,5%.
(B) 12%.
(C) 12,5%.
(D) 13%.
(E) 13,5%.

69. Em uma turma de 100 alunos, 63 sabem escrever apenas com a mão direita, 5 não sabem escrever, 25% dos restantes sabem escrever tanto com a mão direita quanto com a esquerda, e os demais alunos sabem escrever apenas com a mão esquerda.
Dessa turma, a porcentagem de alunos que sabe escrever com apenas uma das duas mãos é de

(A) 86%.
(B) 87%.
(C) 88%.
(D) 89%.
(E) 90%.

70. Quanto à Comissão de Ética Pública, nos termos do Decreto nº 6.029, de 1º de fevereiro de 2007, é correto afirmar que

(A) É composta 9 por (nove) brasileiros que preencham os requisitos de idoneidade moral, reputação ilibada e notória experiência em administração pública.
(B) É assegurada remuneração a todos os membros, a qual será variável em razão do número de reuniões de que participarem.
(C) Seu Presidente não terá direito de manifestar-se nas deliberações da Comissão, nem mesmo com voto de qualidade.
(D) Seus membros possuem mandatos de 5 (cinco) anos, permitidas até duas reconduções.
(E) A atuação no âmbito da Comissão de Ética Pública não enseja qualquer remuneração para seus membros.

71. Atuar como instância consultiva do Presidente da República e Ministros de Estado em matéria de ética pública constitui competência da

(A) Secretaria Executiva de Ética Pública.
(B) Comissão de Avaliação Institucional.
(C) Coordenadoria de Ética Profissional.
(D) Comissão Permanente de Avaliação Ética.
(E) Comissão de Ética Pública.

72. De acordo com o Decreto nº 6.029, de 1º de fevereiro de 2007, os trabalhos das comissões de ética devem ser desenvolvidos com celeridade e com observância, dentre outros, do princípio da

(A) independência e parcialidade de seus membros na apuração dos fatos.
B) exposição indiscriminada da pessoa investigada.
(C) conclusão abreviada da investigação, independentemente do contraditório e da ampla defesa.
D) divulgação imediata da identidade do denunciante.
E) proteção à honra e à imagem da pessoa investigada.

73. Segundo o Código de Ética Profissional do Servidor Público Civil do Poder Executivo Federal, constitui vedação ao servidor público

(A) manter-se atualizado com as instruções, as normas de serviço e a legislação pertinentes ao órgão onde exerce suas funções.
(B) ter consciência de que seu trabalho é regido por princípios éticos que se materializam na adequada prestação dos serviços públicos.
(C) ser, em função de seu espírito de solidariedade, conivente com erro ou infração ao Código de Ética de sua profissão.
(D) conservar limpo e em perfeita ordem o local de trabalho, seguindo os métodos mais adequados à sua organização e distribuição.
(E) zelar, no exercício do direito de greve, pelas exigências específicas da defesa da vida e da segurança coletiva.

74. O Sistema de Gestão da Ética do Poder Executivo Federal foi instituído com a finalidade de promover atividades que dispõem sobre a conduta ética no âmbito do Executivo Federal, possuindo, dentre outras, a competência de

(A) implementar políticas públicas onde a transparência e o acesso à informação são instrumentos dispensáveis ao exercício de gestão da ética pública.
(B) articular ações com vistas a estabelecer e efetivar procedimentos de incentivo e incremento ao desempenho institucional na gestão da ética pública do Estado brasileiro.
(C) permitir a utilização de artifícios destinados a procrastinar o exercício de direito por qualquer cidadão.
(D) utilizar meios que impeçam a compatibilização e a interação de normas e procedimentos relativos à ética pública.
(E) discriminar e segregar os órgãos, programas e ações relacionados com a ética pública.

75. A garantia individual adequada para alguém que sofrer ou se achar ameaçado de sofrer violência ou coação em sua liberdade de locomoção, por ilegalidade ou abuso de poder, é

(A) o mandado de segurança.
(B) o *habeas data*.
(C) a ação civil pública.
(D) o *habeas corpus*.
(E) o mandado de injunção.

76. Cinco amigos, moradores de uma favela, decidem criar uma associação para lutar por melhorias nas condições de saneamento básico do local. Um político da região, sabendo da iniciativa, informa-lhes que, para tanto, será necessário obter, junto à Prefeitura, uma autorização para sua criação e funcionamento. Nesta hipótese,

(A) os cinco amigos não conseguirão criar a associação, pois a Constituição Federal exige um número mínimo de dez integrantes para essa iniciativa.
(B) a informação que receberam está errada, pois a Constituição Federal estabelece que a criação de associações independe de autorização.
(C) após a criação da associação, os moradores da favela serão obrigados a se associarem.
(D) o estatuto da associação poderá prever atividades paramilitares, caso essa medida seja necessária para a proteção de seus integrantes.
(E) para iniciar suas atividades, a associação precisará, além da autorização da prefeitura, de um alvará judicial.

Folha de Respostas

#					
1	A	B	C	D	E
2	A	B	C	D	E
3	A	B	C	D	E
4	A	B	C	D	E
5	A	B	C	D	E
6	A	B	C	D	E
7	A	B	C	D	E
8	A	B	C	D	E
9	A	B	C	D	E
10	A	B	C	D	E
11	A	B	C	D	E
12	A	B	C	D	E
13	A	B	C	D	E
14	A	B	C	D	E
15	A	B	C	D	E
16	A	B	C	D	E
17	A	B	C	D	E
18	A	B	C	D	E
19	A	B	C	D	E
20	A	B	C	D	E
21	A	B	C	D	E
22	A	B	C	D	E
23	A	B	C	D	E
24	A	B	C	D	E
25	A	B	C	D	E
26	A	B	C	D	E
27	A	B	C	D	E
28	A	B	C	D	E
29	A	B	C	D	E
30	A	B	C	D	E
31	A	B	C	D	E
32	A	B	C	D	E
33	A	B	C	D	E
34	A	B	C	D	E
35	A	B	C	D	E
36	A	B	C	D	E
37	A	B	C	D	E
38	A	B	C	D	E
39	A	B	C	D	E
40	A	B	C	D	E
41	A	B	C	D	E
42	A	B	C	D	E
43	A	B	C	D	E
44	A	B	C	D	E
45	A	B	C	D	E
46	A	B	C	D	E
47	A	B	C	D	E
48	A	B	C	D	E
49	A	B	C	D	E
50	A	B	C	D	E
51	A	B	C	D	E
52	A	B	C	D	E
53	A	B	C	D	E
54	A	B	C	D	E
55	A	B	C	D	E
56	A	B	C	D	E
57	A	B	C	D	E
58	A	B	C	D	E
59	A	B	C	D	E
60	A	B	C	D	E
61	A	B	C	D	E
62	A	B	C	D	E
63	A	B	C	D	E
64	A	B	C	D	E
65	A	B	C	D	E
66	A	B	C	D	E
67	A	B	C	D	E
68	A	B	C	D	E
69	A	B	C	D	E
70	A	B	C	D	E
71	A	B	C	D	E
72	A	B	C	D	E
73	A	B	C	D	E
74	A	B	C	D	E
75	A	B	C	D	E
76	A	B	C	D	E

Gabarito Comentado

1. Gabarito: C
Comentário: a geração pós-guerra estava em consonância com os ideais de Mahler – pacifismo, engajamento contra a opressão social, entre outros – e, por isso, contribuiu para o resgate da obra do compositor. FF/RFL

2. Gabarito: E
Comentário: pois onírico significa aquilo que é relativo ao sonho, ao passo que nebuloso significa obscuro, sombrio. FF/RFL

3. Gabarito: A
Comentário: o termo sublinhado no trecho original tem função de objeto direto do verbo "dedicava", assim como a expressão "influência central" é objeto direto do verbo teve. FF/RFL

4. Gabarito: C
Comentário: o emprego da crase é devido à regência do advérbio "meio" e do artigo definido a; artigo definido, pois o verbo "buscava" (VTD) não tem regência preposicionada; emprego da crase é devido à regência do verbo no particípio "legadas" e do artigo definido plural. FF/RFL

5. Gabarito: A
Comentário: o emprego do pronome relativo quem ocorre quando nos referimos a uma pessoa – no caso, Mahler. Além disso, a preposição que acompanha o pronome relativo é parte da regência do verbo "fizeram". FF/RFL

6. Gabarito: B
Comentário: **A:** incorreta, pois o verbo haver quando empregado no sentido de existir é impessoal; **B:** correta; **C:** incorreta, pois o verbo dedicaram deveria concordar em número com o sujeito "geração seguinte"; **D:** incorreta, porque o pronome e a conjugação verbal do trecho "os fizera" deveria ser reescrita da seguinte maneira: "o fizeram" (quem fez com que Mahler abandonasse a função? O sujeito desse verbo, ou seja, perseguições obriga o verbo a ser conjugado no plural); **E:** incorreta, pois o verbo caber deve concordar com o sujeito da oração, "prestar-lhe as justas homenagens" (oração subordinada substantiva subjetiva). FF/RFL

7. Gabarito: E
Comentário: A: Errada, DNS é um protocolo utilizado na tradução de endereços da internet para os endereços de IP dos servidores onde eles estão localizados. B: Errada, FTP é um protocolo de comunicação usado na troca de arquivos em comunicações de rede. C: Errada, HTML é uma linguagem de marcação utilizada para estruturar páginas da Internet. D: Errada, HTTP é um protocolo de comunicação usado na navegação em páginas da Internet. E: Correta, URL é o nome dado ao endereço de um site ou arquivo localizado na Internet.

8. Gabarito: D
Comentário: A: Errada, Cache se refere a conteúdos armazenados temporariamente no computador usados para agilizar a navegação em sites. B: Errada, nos navegadores web, as extensões são usadas para adicionar funcionalidades como barrar propagandas em sites ou exibir informações úteis para o usuário durante a navegação. C: Errada, os Favoritos são uma listagem de sites criada pelo usuário usada para facilitar a navegação para certos endereços. D: Correta, o Histórico exibe a listagem de páginas acessadas pelo usuário em um determinado período de tempo, lembrando que enquanto estiver usando a navegação privada estes registros não são armazenados. E: Errada, Navegação é o nome dado ao ato de acessar as páginas através do navegador.

9. Gabarito: C
Comentário: A: Errada, o Android, embora mantido pelo Google, é um sistema operacional usado para celulares e dispositivos móveis. B: Errada, Browser significa navegador em inglês, é apenas o nome dado aos programas usados para acessar páginas na Internet. C: Correta, Chrome é o nome do navegador web criado pela Google e muito utilizado atualmente. D: Errada, o Google+ era o nome dado a rede social criada pelo Google que foi descontinuada em 2019. E: Errada, Safari é o nome do navegador web criado pela Apple e usada por padrão nos sistemas operacionais iOS e MacOS.

10. Gabarito: D
Comentário: A, B, C, D e E: Para é um campo obrigatório, porém pode conter mais de um endereço de e-mail separados por ponto e vírgula; Cc (Com Cópia ou do inglês Carbon Copy) é usado para enviar uma cópia da mensagem e pode conter múltiplos destinatários assim como Cco (Com Cópia Oculta ou em inglês Bcc, Blind Carbon Copy) porém, neste os destinatários são ocultados na mensagem. Logo, apenas as afirmativas II e III estão corretas e assim a alternativa D deve ser assinalada.

11. Gabarito: A
Comentário: A, B, C, D e E: Ao recortar o conteúdo de uma célula no Excel ou no LibreOffice Calc e colá-la em outra, as fórmulas não são afetadas e permanecem como estava na célula original, diferente de quanto a ação usada é de copiar que fará com que as referências das linhas e colunas sejam ajustadas de acordo com a nova célula. Portanto, a alternativa A está correta.

12. Gabarito: B
Comentário: A, B, C, D e E: Todas as opções apresentadas podem ser acessadas a partir da categoria Aparência e Personalização com a exceção de Economia de Energia que pode ser acessada através da categoria Hardware e Som, portanto a alternativa B está correta.

13. Gabarito: D
Comentário: A, B, C, D e E: Apenas a afirmativa IV está incorreta, a tendência atual é inversa, a substituição de redes cabeadas por redes sem fio, sendo que ambas podem sofrer diversos tipos de interferência, portanto apenas a alternativa D está correta.

14. Gabarito: A
Comentário: **A:** incorreta (devendo ser assinalada), apenas se o cabo de rede de seu próprio computador fosse rompido ele perderia comunicação com o restante da rede; **B:** correta, danos à placa de rede do computador podem sim impedir que este acesse o restante da rede; **C:** correta, a porta a qual está conectado o computador no *switch* pode impedir o acesso à rede; **D:** correta, este é um dos motivos pelo qual um computador pode perder acesso à rede; **E:** correta, as configurações de rede do computador podem impedir o acesso normal caso sejam alteradas para um padrão diferente do usado no restante da rede.

15. Gabarito: C
Comentário: **A, B, C, D e E:** As afirmativas III e IV estão incorretas, criar uma nova pasta no servidor de *e-mails* e mover as mensagens para ela não faz com que estas deixem de ocupar espaço e excluir automaticamente *e-mails* com anexo poderá causar perda de informações importantes. Portanto, a alternativa C está correta.

16. Gabarito: D
Comentários: o Poder Judiciário pode realizar o controle do ato administrativo, nos aspectos atinentes à sua legalidade. Aplicável nesse contexto a teoria dos motivos determinantes, pelo qual os motivos invocados para a prática de um ato condicionam a sua validade, de modo que, se comprovado que o motivo é falso ou inexistente, o ato é passível de invalidação. No caso hipotético da questão, os motivos para a exoneração de João Pedro e de Maria Alice são inverídicos, o que legitima a anulação dos atos administrativos pelo Judiciário. Assim sendo: A: incorreta (não é qualquer decisão que pode ser revista pelo Judiciário, mas somente aquelas que infringem a legalidade, ainda que o ato administrativo envolvido seja discricionário). B: incorreta (embora a exoneração de cargo comissionado seja um ato discricionário, se houver um motivo que a fundamente, ele vinculada a validade do ato, podendo ser objeto de controle de legalidade pelo Judiciário). C: incorreta (a exoneração ilegal de João Pedro, por si só, legitima a sua anulação pelo Judiciário, não estando relacionada com a nomeação de Maria Alice, que constitui ato administrativo autônomo). D: correta (cf. exposto acima). E: incorreta (a fundamentação equivocada macula aos atos administrativos envolvidos, em razão da aplicação da teoria dos motivos determinantes).

17. Gabarito: B
Comentários: A: incorreta (a ausência de publicação representa um vício, mesmo em se tratando de convênio). B: correta (em virtude do princípio da publicidade, a publicação do convênio é obrigatória, de modo que a respectiva ausência configura vício). C: incorreta (não há discricionariedade para a publicação, que se mostra obrigatória). D: incorreta (independentemente do conteúdo do convênio, a publicação mostra-se necessária). E: incorreta (independentemente do valor pactuado, a publicação é obrigatória).

18. Gabarito: D
Comentário: Atenção! A questão deve ser analisada à luz do novo regime da improbidade administrativa, nos termos da Lei 14.230/2021. Nesse sentido, representa improbidade administrativa que atenta contra os princípios da administração pública deixar de prestar contas quando esteja obrigado a fazê-lo, desde que disponha das condições para isso, com vistas a ocultar irregularidades (art. 11, VI, da LIA). Deve-se destacar que as hipóteses do art. 11 da Lei 8.429/1992, à luz do novo regime, são taxativas, e não mais exemplificativas. Assim, a alternativa mais próxima à correta é a D.

19. Gabarito: E
Comentário: A: incorreta (cf. Súmula vinculante 21: "É inconstitucional a exigência de depósito ou arrolamento prévios de dinheiro ou bens para admissibilidade de recurso administrativo."). B: incorreta (a Lei 9.784/1999 dispõe sobre os efeitos do recurso administrativo no art. 61). C: incorreta (além de não ser possível exigir a prestação de caução, não há qualquer previsão na Lei 9.784/1999 sobre a intervenção do Ministério Público Federal). D: incorreta (além de não ser possível exigir a

prestação de caução, não há qualquer previsão na Lei 9.784/1999 sobre a intervenção do Tribunal de Contas da União). E: correta (cf. estabelece o art. 61, "caput" e parágrafo único, da Lei 9.784/1999).

20. Gabarito: B
Comentário: Quando a lei não fixar prazo diferente, o recurso administrativo deverá ser decidido no prazo máximo de 30 (trinta) dias, a partir do recebimento dos autos pelo órgão competente (art. 59, § 1°, da Lei 9.784/1999). Assim, correta a alternativa B.

21. Gabarito: C
Comentário: A: incorreta (a convalidação é admitida pelo Direito Administrativo Brasileiro em face do princípio da segurança jurídica). B: incorreta (na hipótese de lesão ao interesse público e prejuízo a terceiros, os atos que apresentarem defeitos sanáveis deverão ser invalidados, e não convalidados). C: correta (art. 55 da Lei 9.784/1999). D: incorreta (considerando que a revalidação e a convalidação podem ser consideradas termos sinônimos, não se trata de campo inserido totalmente na discricionariedade administrativa, pois há hipóteses em que não é cabível; além disso, a revalidação detém uma relação mais próxima com o princípio da segurança jurídica). E: incorreta (a legislação não é omissa quanto a esta matéria, pois a Lei 9.784/1999 dispõe sobre o instituto da convalidação).

22. Gabarito: A
Comentário: A desapropriação indireta, também conhecida como apossamento administrativo, é a ocupação indevida e irregular de bem particular pela Administração, sem a observância das condições legais, principalmente da declaração e da indenização prévia. Trata-se, portanto, de um fato administrativo, e não de um ato administrativo. Assim, correta a alternativa A.

23. Gabarito: E
Comentário: **A:** incorreta – segundo o que estabelece a Constituição Federal, a investidura em cargo ou emprego público depende de aprovação prévia em concurso público de provas ou de provas e títulos, de acordo com a natureza e a complexidade do cargo ou emprego, na forma prevista em lei, ressalvadas as nomeações para cargo em comissão declarado em lei de livre nomeação e exoneração – art. 37, II da CF/1988; **B:** incorreta – a assertiva dá a entender que é possível a cumulação de dois cargos de professor com mais um técnico ou científico, ao passo que a Constituição Federal só autoriza a cumulação de dois cargos de professor ou um de professor com um técnico ou um científico – art. 37, XVI da CF/1988; **C:** incorreta – art. 37, VI da CF/1988;

D: incorreta – art. 37, I da CF/1988; **E:** correta – art. 41 da CF/1988.

24. Gabarito: B
Comentário: Dentre os deveres do servidor encontra-se o de levar as irregularidades de que tiver ciência em razão do cargo ao conhecimento da autoridade superior ou, quando houver suspeita de envolvimento desta, ao conhecimento de outra autoridade competente para apuração (art. 116, VI).

25. Gabarito: A
Comentário: Trata-se da teoria da culpa anônima do serviço: ainda que o funcionário público não seja identificável, considera-se que o serviço funcionou mal, não funcionou ou funcionou tardiamente, ensejando a responsabilidade objetiva estatal.

26. Gabarito: E
Comentário: **A:** incorreta – o conceito trazido pela assertiva não é o de caducidade, mas de encampação ou resgate; **B:** mais, uma vez, temos o conceito de encampação ou resgate e não de reversão; **C:** incorreta – encampação ou resgate a resilição unilateral antes durante o prazo de concessão, que se consubstancia na retomada do serviço pelo poder concedente por razões de interesse público; **D:** incorreta – reversão é o término do prazo da concessão, com o retorno do serviço ao poder concedente. A reversão só abrange os bens, de qualquer natureza, vinculados ao serviço público; **E:** correta – encampação ou resgate é a retomada coativa do serviço, pelo poder concedente, durante o prazo da concessão, por motivo de interesse público. Ela depende de lei autorizadora específica e prévio pagamento da indenização apurada.

27. Gabarito: E
Comentário: A Lei Eloy Chaves é tida pela maior parte da doutrina como o marco inicial da previdência social brasileira. Referida lei criou caixas de aposentadoria e pensões no âmbito de cada empresa de estrada de ferro no País, regulando as contribuições e benefícios nelas existentes. A Constituição de 1824 não trata da Previdência Social, sendo que os únicos direitos dos cidadãos nele contidos que se poderia dizer serem "sociais" – apesar de os direitos sociais serem um fenómeno do século XX - são o direito aos socorros públicos (art. 179, XXXI) e o direito à instrução primária gratuita a todos os cidadãos (art. 179, XXXII).

28. Gabarito: D
Comentário: Nos termos do art. 25 do PBPS, a carência dos benefícios de auxílio-doença e de aposentadoria por invalidez é de 12 contribuições mensais. É verdade que

a carência dos benefícios de aposentadoria por idade, aposentadoria por tempo de serviço e de aposentadoria especial é de 180 contribuições mensais e que a carência do benefício de abono de permanência em serviço era de 180 contribuições mensais (art. 25, II, do PBPS, em sua redação original). Todavia, o benefício de abono de permanência em serviço foi extinto pela Lei n° 8.870/1994.

29. Gabarito: A
Comentário: O art. 28 do PBPS afirma que o valor do benefício de prestação continuada, inclusive o regido por norma especial e o decorrente de acidente do trabalho, exceto o salário-família e o salário-maternidade, será calculado com base no salário-de-benefício. A alternativa **C** é contrária ao art. 29, § 4°, do PBPS. A alternativa **D** é contrária ao art. 29, § 3°, do PBPS, no que diz respeito à gratificação natalina e a alternativa **E** é contrária ao art. 29, § 5°, do PBPS.

30. Gabarito: B
Comentário: A Lei n° 6.367/1976 tratava do seguro de acidentes do trabalho a cargo do então INPS. A Lei n° 8.213/91 passou a tratar inteiramente da matéria, de modo que a Lei n° 6.367/1976 não se encontra mais vigente (REsp n° 89.566/SP, j. 09.12.1997). Isso posto, as duas leis em comento consideram o acidente sofrido pelo empregado, ainda que fora do local e horário de trabalho, como sendo acidente do trabalho (art. 2°, § 1°, V, da Lei n° 6.367/1976 e art. 21, IV, do PBPS).

31. Gabarito: E
Comentário: **A:** incorreta. A contagem recíproca de tempo de contribuição é assegurada pelo PBPS; **B:** incorreta. O art. 96, I, do PBPS, não admite a contagem em dobro ou em outras condições especiais; **C:** incorreta. O art. 96, III, do PBPS, não permite a contagem, por um sistema, do tempo de serviço utilizado para concessão de aposentadoria pelo outro sistema; **D:** incorreta. Nos termos do art. 96, IV, do PBPS, o tempo de serviço anterior ou posterior à obrigatoriedade de filiação à Previdência Social só será contado mediante indenização da contribuição correspondente ao período respectivo, com acréscimo de juros moratórios de zero vírgula cinco por cento ao mês, capitalizados anualmente, e multa de dez por cento. Pertinente assinalar, contudo, que a jurisprudência do STJ se orienta no sentido de que a exigência de juros e multa somente tem lugar quando o período a ser indenizado é posterior à edição da Medida Provisória n. 1.523/1996 (Ag. no REsp. 1.413.730/SC, DJe 09.12.2013); **E:** correta, nos termos do art. 94, *caput*, do PBPS.

32. Gabarito: C
Comentário: **A:** incorreta. Os salários de contribuição serão atualizados na forma da lei (art. 201, §3°, da CF); **B:** incorreta quando da aplicação do certame. Com efeito, a redação então vigente do art. 201, §1°, da CF, não exigia Lei Complementar para a matéria em questão. Entretanto, com a promulgação da EC n° 103/2019, a cobertura de benefícios não programados, inclusive os decorrentes de acidente do trabalho, a ser atendida concorrentemente pelo Regime Geral de Previdência Social e pelo setor privado, passou a necessitar de Lei Complementar para sua disciplina; **C:** correta, conforme o art. 201, §5°, da Constituição Federal; **D:** incorreta, pois a redação original do art. 201, §9°, da CF, garantia a contagem recíproca segundo critérios estabelecidos em lei. A EC n° 103/2019 alterou a redação do referido dispositivo constitucional, que agora diz: *"Para fins de aposentadoria, será assegurada a contagem recíproca do tempo de contribuição entre o Regime Geral de Previdência Social e os regimes próprios de previdência social, e destes entre si, observada a compensação financeira, de acordo com os critérios estabelecidos em lei"*; **E:** incorreta. Os ganhos habituais do empregado, a qualquer título, serão incorporados ao salário para efeito de contribuição previdenciária e consequente repercussão em benefícios, nos casos e na forma da lei (art. 201, § 11°, da CF).

33. Gabarito: E
Comentário: **A:** incorreta. A Previdência Social é construída com base em um regime geral, aplicável a todos os trabalhadores, com exceção dos servidores públicos ocupantes de cargos efetivos, que possuem um regime próprio (art. 201 da CF); **B:** incorreta. A Previdência Social é administrada de forma descentralizada (o INSS é uma autarquia, integrante da Administração Pública Federal Indireta) e sua filiação tem caráter obrigatório (art. 201 da CF); **C:** incorreta. Essas características pertencem aos planos de previdência privada (art. 202 da CF); **D:** incorreta. A Previdência deve observar critérios que preservem seu equilíbrio financeiro e atuarial, mas a contribuição dos segurados não está vinculada a cada um deles. A constituição de reservas que garantam o benefício contratado é característica do regime de previdência privada (art. 202 da CF). O sistema de financiamento da Previdência Social no Brasil é o da repartição simples, marcado por uma lógica de solidariedade intergeracional segundo a qual as verbas arrecadadas dos contribuintes da Previdência Social são utilizadas para pagar os benefícios dos segurados de hoje. No futuro, quando os atuais contribuintes forem gozar de seus benefícios, serão eles mantidos pelos contribuintes do futuro. Já na Previdência Privada vigora o sistema de capitalização, pelo qual cabe ao próprio segurado verter reservas monetárias que

garantam seu benefício futuro; **E:** correta, nos exatos termos do art. 201 da CF.

34. Gabarito: C
Comentário: Fonte primária do direito é aquela capaz de inovar na ordem jurídica, criando direitos e obrigações. Já as fontes secundárias podem apenas aclarar, minudenciar, integrar ou concretizar os comandos advindos das fontes primárias. Assim, em vista do que dispõem o art. 5º, II, e o art. 59, ambos da Constituição Federal, temos que fontes primárias do direito previdenciário são a Constituição, as leis complementares, as leis ordinárias, as leis delegadas, as medidas provisórias, os decretos legislativos e as resoluções do Senado Federal ou do Congresso Nacional (atos administrativos denominados de 'resolução' não se enquadram no conceito de fonte primária). Fontes secundárias são as normas complementares (decretos do Poder Executivo, atos administrativos das autoridades competentes – portarias, memorandos, instruções normativas, circulares – e as decisões reiteradas do Conselho de Recursos da Previdência Social – "jurisprudência administrativa"), a jurisprudência, os costumes e os princípios gerais de direito.

35. Gabarito: D
Comentário: Em rigor, a questão apresenta uma incongruência: todas as alternativas apresentam formas de *integração* da legislação previdenciária (instrumentos para suprir as lacunas legislativas) e não de *interpretação* da legislação previdenciária. Enfim, analisemos as alternativas. **A**, **C** e **E**: incorretas. O critério para utilização das formas de integração não é a melhor ou pior situação do segurado e seu uso não é irrestrito. Elas nunca podem contradizer o que dispõe a lei, apenas complementá-la; **B:** incorreta. A jurisprudência apta a ser usada como fundamento para a integração do direito não se restringe àquela advinda dos Juizados Especiais Federais. Aliás, a jurisprudência usualmente mais relevante é aquela advinda dos Tribunais Superiores (STF e STJ); **D:** correta. Não havendo lei a respeito do tema a ser analisado (necessidade de integração), os princípios gerais de direito surgem como fonte secundária para resolver essa lacuna (art. 4º do Decreto-Lei nº 4.657/1942).

36. Gabarito: B
Comentário: Período de graça é o prazo durante o qual a pessoa é considerada segurada do RGPS mesmo sem recolher as contribuições mensais devidas. Como Maria já havia efetuado mais de 120 contribuições mensais, seu período de graça é estendido em 12 meses, totalizando 24 meses (art. 15, § 1º, do PBPS).

37. Gabarito: D
Comentário: Se não há relação de emprego, é correto dizer que Márcio presta serviços de administração à sociedade limitada XYZ. Logo, como prestador de serviços, é enquadrado na categoria dos contribuintes individuais (art. 11, V, "g", do PBPS).

38. Gabarito: A
Comentário: Maria (cônjuge), Artur e Lia (filhos menores de 21 anos) e Rosa (enteada menor de 21 anos dependente economicamente do segurado, conforme art. 16, § 2º, do PBPS) são dependentes de primeira classe. Por essa razão, excluem o direito à pensão por morte dos dependentes menos privilegiados, no caso Sebastiana (ascendente – 2ª classe) e Antônio (irmão inválido – 3ª classe). Assim, somente Maria, Artur, Lia e Rosa têm direito ao benefício, devendo este ser rateado igualmente entre todos (art. 16, § 1º, do PBPS).

39. Gabarito: C
Comentário: Observe o destaque dado à expressão "legislação previdenciária": com ele, o examinador pretende deixar claro que está cobrando conhecimento da lei e não de eventual tendência jurisprudencial (ao fim e ao cabo, a Súmula 37 da TNU e a jurisprudência do STJ – Resp. nº 1.369.832/SP, DJe 07.08.2013 - afastaram a pretensão do filho universitário de receber pensão por morte até os 24 anos de idade). Isso posto, João Júnior, mesmo universitário, não é mais dependente, por contar 22 anos de idade. Os demais filhos de João, que contam menos de 21 anos, são seus dependentes (Marília e Renato) – art. 16, I, do PBPS. Miriam, enteada, é equiparada a filho, porque demonstrada a dependência econômica (há um problema no enunciado, que não indica a idade de Miriam, mas note que a presença de João Júnior em todas as alternativas torna possível encontrar a resposta por exclusão) – art. 16, § 1º, do PBPS. Por fim, Maria, a ex-mulher, não é sua dependente porque renunciou o direito a alimentos – art. 17, I, do RPS, mas Norma o é, porque a união estável estava constituída no momento do óbito – art. 16, I, do PBPS.

40. Gabarito: D
Comentário: **A** e **B:** incorretas. O imposto de renda (IR) e o imposto sobre circulação de mercadorias (ICMS) não podem ter suas receitas vinculadas a nenhum gasto público específico (art. 167, IV, da CF). Não são, portanto, diretamente considerados receitas da Seguridade Social; **C:** incorreta. O FGTS é um fundo vinculado a determinado trabalhador para que dele resgate o dinheiro nas hipóteses elencadas no art. 20 da Lei nº 8.036/1990. A Jurisprudência do STF entende que as contribuições feitas ao FGTS não têm natureza tributária nem tampouco previdenciária (Tema de Repercussão Geral nº 608. Veja,

ainda, a súmula 353 do STJ); **D:** correta. A contribuição social sobre a folha de salários está prevista no art. 195, I, "a", da CF como receita específica da Seguridade; **E:** incorreta. Contribuição de melhoria é um tributo cobrado para custear uma obra pública da qual resulte valorização imobiliária para o contribuinte. RQ

41. Gabarito: A
Comentário: Como regra, todas as parcelas da remuneração do empregado integram seu salário de contribuição (art. 28, I, do PCSS), com exceção daquelas previstas no art. 28, § 9º, do PCSS, dentre as quais se encontram o vale-refeição pago de acordo com as normas do Ministério do Trabalho e Emprego (alínea "c"), o vale-transporte pago de acordo com a legislação própria (alínea "f") e as férias indenizadas e seu respectivo adicional constitucional (alínea "d"). RQ

42. Gabarito: E
Comentário: João é caracterizado como microempreendedor individual (MEI), nos termos do art. 18-A da Lei Complementar nº 123/2006, pois sua receita bruta é inferior a $ 81.000,00 (oitenta e um mil reais) e é optante do Simples Nacional. Note que a Lei Complementar nº 188/2021 ampliou o conceito de microempreendedor individual, motivo pelo sugerimos atenção à redação atual do art. 18-A, § 1º, da Lei Complementar nº 123/2006. Dito isso, descartado o benefício de aposentadoria por tempo de contribuição João tem direito de pagar, a título de contribuição previdenciária, , a alíquota de 5% do limite mínimo do salário de contribuição (art. 21, § 2º, II, "a", da Lei 8.212/1991 – PCSS). Vale lembrar que, para ter direito à aposentadoria por tempo de contribuição, o MEI deve contribuir na mesma escala do contribuinte individual, ou seja, 20% sobre a remuneração auferida no mês. RQ

43. Gabarito: B
Comentário: **A:** incorreta. A contribuição do segurado especial é calculada sobre a receita bruta obtida com a venda de sua produção (art. 25 do PCSS); **B:** correta, nos termos do art. 216, § 5º, do RPS; **C:** incorreta, nos termos do art. 216, § 5º, do RPS; **D:** incorreta. O prazo de vencimento é o dia 20 de cada mês (art. 30, I, "b", do PCSS); **E:** incorreta. Quem desconta e recolhe a contribuição do empregado doméstico é seu empregador. No momento da aplicação do certame o prazo para recolhimento era até o dia 7 do mês seguinte ao da competência (art. 30, V, do PCSS). Contudo a Medida Provisória nº 1.110/2022 alterou tal prazo para até o dia 20 do mês seguinte ao da competência. RQ

44. Gabarito: E
Comentário: **A:** correta, nos termos do art. 32, IV, do PCSS. Em sua redação atual, tal dispositivo afirma ser obrigação da empresa declarar à Secretaria da Receita Federal do Brasil e ao Conselho Curador do Fundo de Garantia do Tempo de Serviço – FGTS, na forma, prazo e condições estabelecidos por esses órgãos, dados relacionados a fatos geradores, base de cálculo e valores devidos da contribuição previdenciária e outras informações de interesse do INSS ou do Conselho Curador do FGTS; **B:** correta, nos termos do art. 30, I, "b", do PCSS; **C:** correta, nos termos do art. 219 do RPS; **D:** correta, nos termos do art. 32, I, do PCSS; **E:** incorreta, devendo ser assinalada. Na verdade, a obrigação da empresa é de descontar da remuneração dos empregados o valor por eles devido ao INSS a título de contribuição previdenciária e repassá-lo à autarquia. RQ

45. Gabarito: D
Comentário: **A:** incorreta. Como as duas atividades foram exercidas de forma concomitante, não é possível somar o tempo de contribuição de ambas para fins previdenciários (art. 96, II, do PBPS); **B:** incorreta. Nos termos do art. 96 do PBPS, é possível a contagem recíproca de tempo de contribuição entre o RGPS e os regimes próprios, devendo cada uma das entidades gestoras compensarem-se mutuamente; **C:** incorreta. Se cumprir os requisitos para a aposentadoria em ambos os regimes previdenciários (RGPS e regime próprio dos servidores públicos federais), os benefícios serão plenamente cumuláveis desde que o tempo de serviço utilizado para obter aposentadoria em um regime não seja também computado no outro regime; **D:** correta, conforme destacado no comentário à alternativa anterior; **E:** incorreta. A atividade rural é contada para fins de tempo de contribuição, mesmo que anterior ao advento do PCSS, desde que comprovado o recolhimento das respectivas contribuições, conforme o art. 96, IV, do PBPS, o art. 123 do RPS e jurisprudência do STJ (Tema Repetitivo nº 609). RQ

46. Gabarito: B
Comentário: **A, C** e **E:** incorretas quando da aplicação do certame. Estavam dispensados de comprovar o efetivo recolhimento das contribuições apenas os segurados empregados e trabalhadores avulsos, porque só para essas categorias de segurado existia presunção de que as fontes pagadoras descontaram-nas de suas remunerações e repassaram ao INSS o respectivo valor (art. 39, § 1º, do RPS), bem como o segurado especial, porquanto seus benefícios são fixados em um salário mínimo, cumprindo-lhe comprovar apenas o efetivo exercício da atividade rural. Posteriormente, o art. 35, do PBPS, passou a afirmar que ao segurado empregado, inclusive o doméstico, e ao trabalhador avulso que tenham cumprido todas as condições para a concessão do benefício pleiteado, mas não possam comprovar o

valor de seus salários de contribuição no período básico de cálculo, será concedido o benefício de valor mínimo, devendo esta renda ser recalculada quando da apresentação de prova dos salários de contribuição; **B:** correta, nos termos do art. 29-A do PBPS; **D:** incorreta. Os dados constantes do CNIS são usados para os segurados em geral (art. 29-A do PBPS).

47. Gabarito: D
Comentário: **A:** incorreta. A renda mensal inicial (RMI) do auxílio-doença é de 91% do salário de benefício (art. 61 do PBPS); **B:** incorreta. A RMI da aposentadoria por invalidez é de 100% do salário de benefício (art. 44 do PBPS); **C:** incorreta. A RMI da aposentadoria por idade é de 70% do salário de benefício mais 1% para cada grupo de 12 contribuições (art. 50 do PBPS); **D:** correta, nos termos do art. 29, II, do PBPS; **E:** incorreta. O fator previdenciário incide obrigatoriamente no cálculo da aposentadoria por tempo de contribuição (art. 29, I, do PBPS). A EC nº 103/2019 extinguiu a distinção entre aposentadoria por idade e aposentadoria por tempo de contribuição. Assim, ressalvados direitos adquiridos, existe agora apenas a aposentadoria programada, cujo deferimento exige tanto idade mínima como tempo de contribuição. O cálculo do salário-de-benefício da aposentadoria programada não inclui a utilização do fator previdenciário. Não se pode, contudo, afirmar que o fator previdenciário foi totalmente excluído de nosso ordenamento jurídico, pois ele ainda incide no caso da regra de transição prevista no art. 17 da EC nº 103/2019, como expressamente diz o parágrafo único de tal dispositivo. Na mesma seara, por força do art. 22 da EC nº 103/2019, a aposentadoria da pessoa com deficiência continuará sendo regida pela Lei Complementar nº 142/2013 até que lei discipline o art. 201, § 1º, I, da CF. Ora, o art. 9º, I, da LC 142/2013, afirma que o fator previdenciário incide nas aposentadorias de pessoas com deficiência, se resultar em renda mensal de valor mais elevado.

48. Gabarito: C
Comentário: O fator previdenciário, instituído pela Lei 9.876/1999, é aplicado apenas no cálculo do salário de benefício da aposentadoria por tempo de contribuição, obrigatoriamente, e da aposentadoria por idade, facultativamente (ou seja, será usado apenas se for mais benéfico para o segurado). No mais, para todos os benefícios, o salário de benefício consiste na média aritmética simples dos 80% maiores salários de contribuição desde julho de 1994, corrigidos de acordo com os índices oficiais de correção monetária. Há dois pontos relevantes sobre essa temática que foram bastante alterados pela EC nº 103/2019. O primeiro é que com a promulgação da Emenda Constitucional nº 103/2019, o salário de benefício passou a ser composto pela média aritmética simples dos salários de contribuição e das remunerações adotados como base para contribuições a regime próprio de previdência social e ao Regime Geral de Previdência Social, atualizados monetariamente, correspondentes a 100% (cem por cento) do período contributivo desde a competência julho de 1994 ou desde o início da contribuição, se posterior àquela competência. A limitação dos salários-de-contribuição incluídos no salário-de-benefício à competência de julho de 1994 é objeto de relevante discussão no Supremo Tribunal Federal (RExt nº 1.276.977), sob a alcunha de "revisão da vida toda". O segundo ponto diz respeito ao fator previdenciário. A EC nº 103/2019 extinguiu a distinção entre aposentadoria por idade e aposentadoria por tempo de contribuição. Assim, ressalvados direitos adquiridos, existe agora apenas a aposentadoria programada, cujo deferimento exige tanto idade mínima como tempo de contribuição. O cálculo do salário-de-benefício da aposentadoria programada não inclui a utilização do fator previdenciário. Não se pode, contudo, afirmar que o fator previdenciário foi totalmente excluído de nosso ordenamento jurídico, pois ele ainda incide no caso da regra de transição prevista no art. 17 da EC nº 103/2019, como expressamente diz o parágrafo único de tal dispositivo. Na mesma seara, por força do art. 22 da EC nº 103/2019, a aposentadoria da pessoa com deficiência continuará sendo regida pela Lei Complementar nº 142/2013 até que lei discipline o art. 201, § 1º, I, da CF. Ora, o art. 9º, I, da LC 142/2013, afirma que o fator previdenciário incide nas aposentadorias de pessoas com deficiência, se resultar em renda mensal de valor mais elevado.

49. Gabarito: A
Comentário: O auxílio-doença, em regra, depende do cumprimento de 12 contribuições mensais como carência. Para a dispensa desse requisito, nos termos do art. 26, I, do PBPS, é necessário que o segurado seja acometido por doença profissional ou do trabalho, o que, segundo o enunciado, não ocorreu. Portanto, Maria não terá direito a qualquer benefício. Não há que se falar em aposentadoria por invalidez, porque Maria teve prejudicado apenas o exercício de suas atividades habituais e não para todo e qualquer trabalho. Não se trata, também, de auxílio-acidente, porque não há notícia da consolidação das lesões.

50. Gabarito: E
Comentário: A questão cinge-se ao direito de José receber o auxílio-doença. Não se trata de aposentadoria por invalidez, porque a incapacidade é para o exercício de suas atividades habituais apenas, nem de auxílio-acidente, porque não há referência à consolidação das lesões. O auxílio-doença, regra geral, depende do cumprimento do período de carência de 12 contribuições

mensais (art. 25, I, do PBPS) e, no caso em exame, ela não pode ser dispensada porque não estamos diante de doença ou acidente de trabalho ou de acidente de qualquer natureza nem de moléstia grave constante da lista interministerial. Vê-se que, quando trabalhava na empresa São João Ltda., José cumpriu a carência exigida. Porém, no período em que esteve desempregado (entre setembro de 2007 e julho de 2010), José perdeu a qualidade de segurado. Com isso, para que o tempo de contribuição anterior seja computado na carência a partir da reaquisição da qualidade de segurado, era necessário que o beneficiário cumprisse, no mínimo, um terço das contribuições mensais exigidas como carência para o benefício (ou seja, 04 prestações, que é um terço de 12), nos termos do então vigente parágrafo único do art. 24 do PBPS. Como José, no novo emprego, tinha contribuído por apenas três meses, não terá direito ao auxílio-doença. Com a revogação do art. 24, parágrafo único, do PBPS, o tema passa a ser regido pelo art. 27-A, do PBPS, segundo o qual na hipótese de perda da qualidade de segurado, para fins da concessão dos benefícios de auxílio-doença, de aposentadoria por invalidez, de salário-maternidade e de auxílio-reclusão, o segurado deverá contar, a partir da data da nova filiação à Previdência Social, com metade dos períodos previstos nos incisos I, III e IV do caput do art. 25 desta Lei. RQ

51. Gabarito: A
Comentário: Nos termos dos arts. 68 e 72, § 1°, do PBPS, o salário-maternidade e o salário-família das seguradas empregadas serão pagos pela própria empresa empregadora, que terá direito de compensação dos valores com aqueles devidos a título de contribuição da pessoa jurídica. Será pago diretamente pela Previdência social o salário-maternidade devido: (i) ao segurado ou segurada da Previdência Social que adotar ou obtiver guarda judicial para fins de adoção de criança; (ii) ao cônjuge ou companheiro sobrevivente que tenha a qualidade de segurado durante o período entre a data do óbito e o último dia do término do salário-maternidade originário; (iii) à trabalhadora avulsa e à empregada do microempreendedor individual de que trata a art. 18-A da Lei Complementar n° 123, de 14 de dezembro de 2006; (iv) à segurada empregada doméstica, à segurada especial e; (v) à segurada desempregada, desde que mantida a qualidade de segurada. RQ

52. Gabarito: E
Comentário: **A:** correta. O auxílio-acidente é devido em caso de consolidação de lesões que diminuam a capacidade laborativa do segurado, a título de indenização pelos danos sofridos; **B:** correta, nos termos do art. 86, § 3°, do PBPS; **C:** correta, nos termos do art. 86, § 1°, do PBPS e da Súmula n° 507 do STJ; **D:** correta, nos termos do art. 86, *caput,* do PBPS; **E:** incorreta, devendo ser assinalada. A concessão do auxílio-acidente depende do pagamento anterior de auxílio-doença (art. 86, § 2°, do PBPS). Note, contudo, que a jurisprudência do STJ não tende a exigir a prévia concessão de auxílio-doença para o deferimento de auxílio-acidente (AgRg no AREsp 145.255/RJ, DJe 04.12.2012). RQ

53. Gabarito: D
Comentário: Nos termos do art. 9°, § 1°, da EC 20/1998 – expressamente revogado pela EC n° 103/2019, mas vigente quando da aplicação do certame - o segurado terá direito à aposentadoria por tempo de contribuição com proventos proporcionais atendidos os seguintes requisitos: já ser segurado em 16.12.1998, data da publicação da citada Emenda; contar 48 anos de idade, se mulher; contar 25 anos de contribuição mais 40% do período que faltava para somar tal montante na data de publicação da Emenda. No caso em exame, em dezembro de 1998, Luciana contava 21 anos de contribuição, ou seja, deveria contribuir mais 20 meses (40% de 4 anos) para ter direito à aposentadoria proporcional. Quando ela completou a idade mínima de 48 anos, em julho de 2005, tal período já havia sido cumprido. RQ

54. Gabarito: C
Comentário: **A:** incorreta. Lídia, cônjuge de José, é sua dependente, nos termos do art. 16, I, do PBPS; **B:** incorreta. No momento da prisão, havendo dependentes e mantendo a qualidade de segurado, aqueles terão direito ao auxílio-reclusão (art. 80 do PBPS); **C:** correta. A fuga suspende o pagamento do benefício, nos termos do art. 80, § 1°, do PBPS e do art. 117, § 2°, do RPS; **D** e **E:** incorretas. O benefício será pago a todos os dependentes, inclusive o cônjuge. A propósito do segurado que recebe benefício por incapacidade e é recolhido à prisão, o art. 80, § 6°, do PBPS, incluído pela Lei n° 13.846/2019, afirma que se o segurado tiver recebido benefícios por incapacidade no período de 12 (doze) meses anteriores ao mês do recolhimento à prisão, sua duração será contada considerando-se como salário de contribuição no período o salário de benefício que serviu de base para o cálculo da renda mensal, reajustado na mesma época e com a mesma base dos benefícios em geral, não podendo ser inferior ao valor de 1 (um) salário mínimo. RQ

55. Gabarito: D
Comentário: **A:** incorreta. A carência da aposentadoria por idade é de 180 contribuições mensais, as quais, no caso do segurado especial, são consideradas por meio da comprovação da atividade rural pelo mesmo período (art. 39, I, do PBPS); **B:** incorreta. A prova para fins de comprovação do exercício da atividade rural, deve ser

contemporânea e envolver todo o período alegado. A redação dada ao art. 55, § 3º, do PBPS, pela Lei nº 13.846/2019, exige que a comprovação do tempo de serviço seja baseada em início de prova material contemporânea dos fatos, não admitida a prova exclusivamente testemunhal, exceto na ocorrência de motivo de força maior ou caso fortuito, na forma prevista no regulamento (art. 19-D, §§ 10, 11 e 12, do RPS); **C:** incorreta. Não se admite, para esse fim, a prova exclusivamente testemunhal (art. 55, § 3º, do PBPS); **D:** correta. Poderíamos chegar a essa alternativa por exclusão, mas é certo que o enunciado deveria informar se há ou não documentos comprobatórios da atividade rural. Não os havendo, realmente a comprovação da atividade deve ser feita mediante justificação administrativa ou judicial, que deve ser acompanhada de início de prova documental (art. 108 do PBPS e art. 143 do RPS); **E:** incorreta. Não se admite, para esse fim, a prova exclusivamente testemunhal (art. 55, § 3º, do PBPS). RQ

56. Gabarito: B
Comentário: O beneficiário de aposentadoria especial que retornar à atividade perigosa ou insalubre que antes desempenhava terá sua aposentadoria cassada, nos termos do art. 57, § 8º, do PBPS (o STF declarou a constitucionalidade de tal dispositivo ao julgar o tema de repercussão geral nº 709). Ademais, o retorno do aposentado a qualquer atividade remunerada sujeita-o à filiação obrigatória no RGPS, devendo recolher a contribuição respectiva (art. 11, § 3º, do PBPS). RQ

57. Gabarito: E
Comentário: Nos termos do art. 21, IV, "d", do PBPS, equipara-se ao acidente de trabalho aquele ocorrido no percurso da residência para o local de trabalho ou deste para aquela, qualquer que seja o meio de locomoção, inclusive veículo de propriedade do segurado. Portanto, terá direito ao auxílio-doença (art. 59 do PBPS). RQ

58. Gabarito: D
Comentário: **A:** incorreta. O pressuposto da aposentadoria por idade é de 65 anos de idade para os homens, reduzido para 60 anos no caso dos rurícolas que tenham exercido *exclusivamente* atividades no campo, que não é o caso do enunciado; **B:** incorreta. O segurado especial, situação de João na primeira parte do enunciado, somente tem direito de contar tempo de contribuição para fins de aposentadoria se, além das contribuições obrigatórias típicas dessa categoria, também contribuir como segurado facultativo (art. 25, §§ 1º e 2º, do PCSS e Súmula nº 272 do STJ; **C:** incorreta. A aposentadoria especial é destinada aos trabalhadores que exerceram suas atividades sujeitos a condições especiais que prejudiquem sua saúde ou integridade física (art. 57 do

PBPS); **D:** correta, conforme comentado na alternativa "A"; **E:** incorreta. A carência da aposentadoria por idade é de 180 contribuições mensais, ou seja, quinze anos (art. 25 do PBPS). João, portanto, cumpriu-a. RQ

59. Gabarito: B
Comentário: O auxílio-doença, em regra, depende do cumprimento de 12 contribuições mensais como carência. Ocorre que, em caso de acidente de qualquer natureza, esse requisito é dispensado (art. 26, II, do PBPS). Portanto, Cláudio tem direito ao recebimento do benefício enquanto estiver afastado do trabalho e do auxílio-acidente (que nunca depende de carência) quando retornar, vez que é patente a redução de sua incapacidade laborativa pela perda de dois dedos da mão. Como o enunciado não indica a incapacidade de Cláudio para seu trabalho após a perda dos dedos, não podemos concluir pela reabilitação profissional ou pela aposentadoria por invalidez. RQ

60. Gabarito: C
Comentário: **A:** incorreta. O auxílio-acidente é devido ao segurado que tenha reduzida sua capacidade laborativa por força da consolidação de lesões resultantes de moléstia ou acidente (art. 86 do PBPS); **B:** incorreta. A aposentadoria por invalidez é paga ao segurado acometido de incapacidade total e permanente para o exercício de qualquer atividade laborativa (art. 42 do PBPS); **C:** correta. Por conta da incapacidade para suas atividades habituais, que excedeu a 15 dias, Silvia tem direito ao auxílio-doença, nos termos do art. 59 do PBPS; **D:** incorreta. O serviço de reabilitação profissional é destinado aos segurados e dependentes que necessitem aprender uma nova profissão para serem recolocados no mercado de trabalho após uma lesão decorrente de doença ou acidente (art. 89 do PBPS). No caso em exame, Silvia retornou às mesmas atividades que exercia antes; **E:** incorreta. Compete ao SUS e não ao INSS o fornecimento de tratamento médico. RQ

61. Gabarito: A
Comentário: **A:** correta. Durante o período que ficou afastado do trabalho por conta de seu acidente, tratando-se e realizando a reabilitação profissional, João tem direito ao auxílio-doença (art. 59 da Lei 8.213/1991 – PBPS). Com a consolidação das lesões e recuperando, com isso, parte de sua capacidade laborativa, João passa a usufruir do auxílio-acidente (art. 86 do PBPS); **B** e **D:** incorretas. A aposentadoria especial é destinada aos trabalhadores que exerceram suas atividades sujeitos a condições especiais que prejudiquem sua saúde ou integridade física (art. 57 do PBPS); **C** e **E:** incorretas. A aposentadoria por invalidez é paga ao segurado acometido de incapacidade

total e permanente para o exercício de qualquer atividade laborativa (art. 42 do PBPS). RQ

62. Gabarito: E
Comentário: **A:** incorreta. A aposentadoria por idade será conferida à mulher a partir dos 60 anos de idade; **B:** incorreta. O auxílio-doença é pago somente em caso de incapacidade total e temporária para o exercício do trabalho, o que não é o caso de Lúcia segundo o enunciado; **C:** incorreta. A aposentadoria especial é destinada aos trabalhadores que exerceram suas atividades sujeitos a condições especiais que prejudiquem sua saúde ou integridade física, do que também não se tem notícia no enunciado; **D:** incorreta. A aposentadoria por invalidez é paga ao segurado acometido de incapacidade total e permanente para o exercício de qualquer atividade laborativa; **E:** correta. Por já contar com 25 anos de contribuição, e lembrando que a aposentadoria dos professores pode ocorrer com cinco anos a menos de contribuição (art. 201, § 8º, da CF), Lúcia atendia aos requisitos da aposentadoria por tempo de contribuição. Com o advento da EC nº 103/2019 Lúcia teria de comprovar tanto idade mínima como tempo de contribuição para se aposentar, seja pela regra de transição prevista no art. 15, § 3º, ou pela regra de transição prevista no art. 16, § 2º, ambos da EC nº 103/2019. Se desconsiderarmos as regras de transição, notamos que a nova redação dada ao art. 201, § 8º, da CF, pela EC nº 103/2019, exige 60 anos de idade para o homem e 57 anos de idade para a mulher que comprove tempo de efetivo exercício das funções de magistério na educação infantil e no ensino fundamental e médio fixado em lei complementar, observado tempo mínimo de contribuição. RQ

63. Gabarito: C
Comentário: Nos termos do art. 303, § 1º, I, do RPS, compete às Juntas de Recursos da Previdência Social julgar, em primeira instância, os recursos interpostos contra as decisões prolatadas pelos órgãos regionais INSS em matéria de interesse de seus beneficiários. As Câmaras de Julgamento, todas com sede em Brasília/DF, tem competência para julgar os recursos interpostos contra as decisões proferidas pelas Juntas de Recursos. RQ

64. Gabarito: A
Comentário: A Seguridade Social compreende o "tripé" formado pela Saúde, Previdência Social e Assistência Social (art. 194 da CF). Segundo o STF (RExt 636.941/RS, j. 13.02.2014): "*A seguridade social prevista no art. 194, CF/88, compreende a previdência, a saúde e a assistência social, destacando-se que as duas últimas não estão vinculadas a qualquer tipo de contraprestação por parte dos seus usuários, a teor dos artigos 196 e 203, ambos da CF/88. Característica esta que distingue a previdência social das demais subespécies da seguridade social, consoante a jurisprudência desta Suprema Corte no sentido de que seu caráter é contributivo e de filiação obrigatória, com espeque no art. 201, todos da CF/88*". RQ

65. Gabarito: B
Comentário: Nos termos do art. 17 da Lei 8.029/1990, o INSS resultou da fusão do Instituto de Administração da Previdência e Assistência Social – IAPAS – e do Instituto Nacional da Previdência Social – INPS. O Instituto Nacional de Assistência Médica da Previdência Social – INAMPS foi uma autarquia federal que possuía competência para prestar assistência médica aos segurados. Extinto pela Lei nº 8.689/1993, suas funções foram transferidas ao SUS. RQ

66. Gabarito: A
Comentário: Conforme o art. 103 do PBPS, o prazo decadencial para revisão do benefício é de 10 anos contados do primeiro dia do mês seguinte ao do recebimento da primeira prestação. RQ

67. Gabarito: C
Comentário: **A:** incorreta. A procuração não pode ter prazo superior a 12 meses (art. 109 do PBPS); **B:** incorreta. Não se admitirá como procurador servidor público civil ativo, salvo se parentes do beneficiário até 2º grau (art. 160, I, do RPS); **C:** correta, nos termos do art. 159 do RPS; **D:** incorreta. A procuração pode ser renovada (art. 109 do PBPS); **E:** incorreta. Não se admitirá como procurador o militar ativo, salvo ser parente até 2º grau do beneficiário (art. 160, I, do RPS). RQ

68. Gabarito: C
Comentário:
1ª Solução
Em dezembro, temos que $(1 + 0,1) \times A = (1 + 0,15) \times B$, ou seja, $1,1A = 1,15B$. Em janeiro, o preço de A foi para $(1 - 0,2) \times 1,1A = 0,8 \times 1,15B = 0,92B$. Neste mesmo mês, o preço de B foi para $(1 - 0,1) \times 1,15B = 0,9 \times 1,15B = 1,035B$. Portanto, o preço de B supera o preço de A em $(1,035B / 0,92B) - 1 = 1,125 - 1 = 0,125$ ou 12,5%.

2ª Solução
Suponha que, em novembro, o carro A custasse 100. Assim, tem-se que A passou a custar 110 em dezembro e B também.
Logo, em janeiro, ter-se -ia que A custaria $110 - 20\%$ de $110 = 110 - 22 = 88$.
E o carro B custaria
$110 - 10\%$ de $110 = 110 - 11 = 99$.
E a diferença entre os dois, de $99 - 88 = 11$.

Portanto, tem-se a regra de três
88 -- 11
100 -- X
X = 110/88
X = 1,25 = 12,5%.
Isso fez que o preço de B, em janeiro, superasse o de A em 12.5%.

ENG

69. Gabarito: B
Comentário:
1ª Solução
Temos que 63+5 = 68 não sabem escrever ou escrevem apenas com a mão direita. Portanto, 0,25 × (100 – 68) = 0,25 × 32 = 8 pessoas são ambidestras, e as demais 100 – 63 – 5 – 8 = 24 pessoas escrevem apenas com a mão esquerda. Portanto, a porcentagem de alunos que sabe escrever apenas com uma das mãos é de (63 + 24) / 100 = 87%.
2ª Solução
Tem-se, então, para os que escrevem com uma só mão, Total de alunos – 5 que não sabem escrever – 8 ambidestros, ou seja,
100 – 5 – 8 = 87 em 100, isto é, 87%.

70. Gabarito: E
Comentário: A: incorreta quanto ao número, pois a CEP é integrada por sete membros – art. 3º, *caput*, do Decreto 6.029/2007; B: incorreta, pois a atuação no âmbito da CEP não é remunerada – art. 3º, § 1º, do Decreto 6.029/2007; C: incorreta, pois o presidente tem o voto de qualidade (desempate) nas deliberações da CEP; D: incorreta, pois os mandatos são de três anos, não coincidentes – art. 3º, *caput* e § 3º, do Decreto 6.029/2007; E: correta, pois não há remuneração, embora os trabalhos sejam considerados prestação de relevante serviço público. - art. 3º, § 1º, do Decreto 6.029/2007.

71. Gabarito: E
Comentário: A assertiva se refere à Comissão de Ética Pública – CEP, que, nos termos do art. 4º, I, do Decreto 6.029/2007, tem competência para atuar como instância consultiva do Presidente da República e Ministros de Estado em matéria de ética pública.

72. Gabarito: E
Comentário: A: incorreta, pois os membros devem ser imparciais, o que decorre não apenas do princípio constitucional da impessoalidade, aplicável a todo serviço público (art. 37, *caput*, da CF), mas também por expressa disposição do art. 10, III, do Decreto 6.029/2007; B: incorreta, pois isso é evidentemente vedado, sendo dever das comissões de ética proteger a imagem e a honra da pessoa investigada – art. 10, I, do Decreto 6.029/2007; C: incorreta, pois o contraditório e a ampla defesa são garantias constitucionais aplicáveis a qualquer processo administrativo que possa implicar sanção ao servidor (art. 5º, LV, da CF), havendo previsão expressa e específica no art. 12 do Decreto 6.029/2007; D: incorreta, pois é dever das comissões de ética proteger a identidade do denunciante, a ser mantida sob reserva, se assim desejar – art. 10, II, do Decreto 6.029/2007; E: correta, conforme o art. 10, I, do Decreto 6.029/2007.

73. Gabarito: C
Comentário: A, B, D e E: incorretas, pois esses são deveres fundamentais do servidor público – item XIV, *q f, n e j*, respectivamente, do Código de Ética Profissional do Servidor Público Civil do Poder Executivo Federal – Código de Ética – anexo do Decreto 1.171/1994; C: correta, pois é vedado ao servidor público tal conduta – item XV do Código de Ética.

74. Gabarito: B
Comentário: O art. 1º do Decreto 6.029/2007 lista as competências do Sistema de Gestão da Ética do Poder Executivo Federal, em sua finalidade de promover atividades que dispõem sobre a conduta ética no âmbito do Executivo Federal, quais sejam: (i) integrar os órgãos, programas e ações relacionadas com a ética pública; (ii) contribuir para a implementação de políticas públicas tendo a transparência e o acesso à informação como instrumentos fundamentais para o exercício de gestão da ética pública; (iii) promover, com apoio dos segmentos pertinentes, a compatibilização e interação de normas, procedimentos técnicos e de gestão relativos à ética pública; (iv) articular ações com vistas a estabelecer e efetivar procedimentos de incentivo e incremento ao desempenho institucional na gestão da ética pública do Estado brasileiro. Por essa razão, a alternativa "B" é a única correta. Importante destacar que a alternativa "A" indica atuação compatível com o Sistema, embora não seja competência expressamente prevista no Decreto. Por outro lado, as alternativas "C", "D" e "E" indicam condutas claramente contrárias aos ditames da Ética no serviço público.

75. Gabarito: D
Comentário: **A:** errada. O mandado de segurança visa proteger um direito líquido e certo, aquele em que já existe prova documental, desde que o direito não seja assegurado por *habeas corpus* ou *habeas data* (art. 5º, LXIX, da CF); **B:** errada. O *habeas data* protege a liberdade de informação relativa à pessoa do impetrante (art. 5º, LXXII, da CF); **C:** errada. A ação civil pública (Lei 7.347/1985) tem por objeto a proteção de direitos difusos e coletivos.

D: correta. O *habeas corpus* é o remédio constitucional que resguarda especificamente a liberdade de locomoção (art. 5º, LXXVIII, da CF); **E:** errada. O mandado de injunção visa combater uma omissão inconstitucional. Quando há um direito constitucionalmente assegurado, mas o seu exercício depende de regulamentação e não há essa normatização, é possível a impetração do mandado de injunção (art. 5º, LXXI, da CF). BV

76. Gabarito: B
Comentário: **A:** errada. A CF não exige número mínimo de integrantes para criação da associação. Basta a união de indivíduos, que os fins objetivados pela associação sejam lícitos e que ela não caráter paramilitar; **B:** correta. De fato, não há necessidade de autorização para a criação da associação, já que a Constituição garante a sua plena liberdade (art. 5º, XVII, da CF); **C:** errada. A Constituição assegura que ninguém será obrigado a associar-se ou a permanecer associado (art. 5º, XX, da CF); **D:** errada. A CF veda a criação de associação de caráter paramilitar (art. 5º, XVII, da CF), de modo que tal norma seria considerada inconstitucional; **E:** errada. Conforme já mencionado, a criação da associação independe de autorização (art. 5º, XVII, da CF). BV

LEGISLAÇÃO

CONSTITUIÇÃO DA REPÚBLICA FEDERATIVA DO BRASIL DE 1988*

Promulgada em 05.10.1988

PREÂMBULO

Nós, representantes do povo brasileiro, reunidos em Assembléia Nacional Constituinte para instituir um Estado Democrático, destinado a assegurar o exercício dos direitos sociais e individuais, a liberdade, a segurança, o bem-estar, o desenvolvimento, a igualdade e a justiça como valores supremos de uma sociedade fraterna, pluralista e sem preconceitos, fundada na harmonia social e comprometida, na ordem interna e internacional, com a solução pacífica das controvérsias, promulgamos, sob a proteção de Deus, a seguinte CONSTITUIÇÃO DA REPÚBLICA FEDERATIVA DO BRASIL.

TÍTULO I
Dos Princípios Fundamentais

Art. 1º A República Federativa do Brasil, formada pela união indissolúvel dos Estados e Municípios e do Distrito Federal, constitui-se em Estado Democrático de Direito e tem como fundamentos:

I – a soberania;

II – a cidadania

III – a dignidade da pessoa humana;

IV – os valores sociais do trabalho e da livre iniciativa;

V – o pluralismo político.

Parágrafo único. Todo o poder emana do povo, que o exerce por meio de representantes eleitos ou diretamente, nos termos desta Constituição.

Art. 2º São Poderes da União, independentes e harmônicos entre si, o Legislativo, o Executivo e o Judiciário.

Art. 3º Constituem objetivos fundamentais da República Federativa do Brasil:

I – construir uma sociedade livre, justa e solidária;

II – garantir o desenvolvimento nacional;

III – erradicar a pobreza e a marginalização e reduzir as desigualdades sociais e regionais;

IV – promover o bem de todos, sem preconceitos de origem, raça, sexo, cor, idade e quaisquer outras formas de discriminação.

Art. 4º A República Federativa do Brasil rege-se nas suas relações internacionais pelos seguintes princípios:

I – independência nacional;

II – prevalência dos direitos humanos;

III – autodeterminação dos povos;

IV – não-intervenção;

V – igualdade entre os Estados;

VI – defesa da paz;

VII – solução pacífica dos conflitos;

VIII – repúdio ao terrorismo e ao racismo;

IX – cooperação entre os povos para o progresso da humanidade;

X – concessão de asilo político.

Parágrafo único. A República Federativa do Brasil buscará a integração econômica, política, social e cultural dos povos da América Latina, visando à formação de uma comunidade latino-americana de nações.

TÍTULO II
Dos Direitos e Garantias Fundamentais

CAPÍTULO I
DOS DIREITOS E DEVERES INDIVIDUAIS E COLETIVOS

Art. 5º Todos são iguais perante a lei, sem distinção de qualquer natureza, garantindo-se aos brasileiros e aos estrangeiros residentes no País a inviolabilidade do direito à vida, à liberdade, à igualdade, à segurança e à propriedade, nos termos seguintes:

I – homens e mulheres são iguais em direitos e obrigações, nos termos desta Constituição;

II – ninguém será obrigado a fazer ou deixar de fazer alguma coisa senão em virtude de lei;

III – ninguém será submetido a tortura nem a tratamento desumano ou degradante;

IV – é livre a manifestação do pensamento, sendo vedado o anonimato;

V – é assegurado o direito de resposta, proporcional ao agravo, além da indenização por dano material, moral ou à imagem;

VI – é inviolável a liberdade de consciência e de crença, sendo assegurado o livre exercício dos cul-

---

* Constituição Federal de acordo com o EDITAL Nº 5 – INSS, DE 29 DE FEVEREIRO DE 2016 - CARGO TÉCNICO DO SEGURO SOCIAL

tos religiosos e garantida, na forma da lei, a proteção aos locais de culto e a suas liturgias;

VII – é assegurada, nos termos da lei, a prestação de assistência religiosa nas entidades civis e militares de internação coletiva;

VIII – ninguém será privado de direitos por motivo de crença religiosa ou de convicção filosófica ou política, salvo se as invocar para eximir-se de obrigação legal a todos imposta e recusar-se a cumprir prestação alternativa, fixada em lei;

IX – é livre a expressão da atividade intelectual, artística, científica e de comunicação, independentemente de censura ou licença;

X – são invioláveis a intimidade, a vida privada, a honra e a imagem das pessoas, assegurado o direito a indenização pelo dano material ou moral decorrente de sua violação;

XI – a casa é asilo inviolável do indivíduo, ninguém nela podendo penetrar sem consentimento do morador, salvo em caso de flagrante delito ou desastre, ou para prestar socorro, ou, durante o dia, por determinação judicial;

XII – é inviolável o sigilo da correspondência e das comunicações telegráficas, de dados e das comunicações telefônicas, salvo, no último caso, por ordem judicial, nas hipóteses e na forma que a lei estabelecer para fins de investigação criminal ou instrução processual penal;

XIII – é livre o exercício de qualquer trabalho, ofício ou profissão, atendidas as qualificações profissionais que a lei estabelecer;

XIV – é assegurado a todos o acesso à informação e resguardado o sigilo da fonte, quando necessário ao exercício profissional;

XV – é livre a locomoção no território nacional em tempo de paz, podendo qualquer pessoa, nos termos da lei, nele entrar, permanecer ou dele sair com seus bens;

XVI – todos podem reunir-se pacificamente, sem armas, em locais abertos ao público, independentemente de autorização, desde que não frustrem outra reunião anteriormente convocada para o mesmo local, sendo apenas exigido prévio aviso à autoridade competente;

XVII – é plena a liberdade de associação para fins lícitos, vedada a de caráter paramilitar;

XVIII – a criação de associações e, na forma da lei, a de cooperativas independem de autorização, sendo vedada a interferência estatal em seu funcionamento;

XIX – as associações só poderão ser compulsoriamente dissolvidas ou ter suas atividades suspensas por decisão judicial, exigindo-se, no primeiro caso, o trânsito em julgado;

XX – ninguém poderá ser compelido a associar-se ou a permanecer associado;

XXI – as entidades associativas, quando expressamente autorizadas, têm legitimidade para representar seus filiados judicial ou extrajudicialmente;

XXII – é garantido o direito de propriedade;

XXIII – a propriedade atenderá a sua função social;

XXIV – a lei estabelecerá o procedimento para desapropriação por necessidade ou utilidade pública, ou por interesse social, mediante justa e prévia indenização em dinheiro, ressalvados os casos previstos nesta Constituição;

XXV – no caso de iminente perigo público, a autoridade competente poderá usar de propriedade particular, assegurada ao proprietário indenização ulterior, se houver dano;

XXVI – a pequena propriedade rural, assim definida em lei, desde que trabalhada pela família, não será objeto de penhora para pagamento de débitos decorrentes de sua atividade produtiva, dispondo a lei sobre os meios de financiar o seu desenvolvimento;

XXVII – aos autores pertence o direito exclusivo de utilização, publicação ou reprodução de suas obras, transmissível aos herdeiros pelo tempo que a lei fixar;

XXVIII – são assegurados, nos termos da lei:

a) a proteção às participações individuais em obras coletivas e à reprodução da imagem e voz humanas, inclusive nas atividades desportivas;

b) o direito de fiscalização do aproveitamento econômico das obras que criarem ou de que participarem aos criadores, aos intérpretes e às respectivas representações sindicais e associativas;

XXIX – a lei assegurará aos autores de inventos industriais privilégio temporário para sua utilização, bem como proteção às criações industriais, à propriedade das marcas, aos nomes de empresas e a outros signos distintivos, tendo em vista o interesse social e o desenvolvimento tecnológico e econômico do País;

XXX – é garantido o direito de herança;

XXXI – a sucessão de bens de estrangeiros situados no País será regulada pela lei brasileira em benefício do cônjuge ou dos filhos brasileiros, sempre que não lhes seja mais favorável a lei pessoal do "de cujus";

XXXII – o Estado promoverá, na forma da lei, a defesa do consumidor;

XXXIII – todos têm direito a receber dos órgãos públicos informações de seu interesse particular, ou de interesse coletivo ou geral, que serão prestadas no prazo da lei, sob pena de responsabilidade, ressalvadas aquelas cujo sigilo seja imprescindível à segurança da sociedade e do Estado;

XXXIV – são a todos assegurados, independentemente do pagamento de taxas:

a) o direito de petição aos Poderes Públicos em defesa de direitos ou contra ilegalidade ou abuso de poder;

b) a obtenção de certidões em repartições públicas, para defesa de direitos e esclarecimento de situações de interesse pessoal;

XXXV – a lei não excluirá da apreciação do Poder Judiciário lesão ou ameaça a direito;

XXXVI – a lei não prejudicará o direito adquirido, o ato jurídico perfeito e a coisa julgada;

XXXVII – não haverá juízo ou tribunal de exceção;

XXXVIII – é reconhecida a instituição do júri, com a organização que lhe der a lei, assegurados:

a) a plenitude de defesa;

b) o sigilo das votações;

c) a soberania dos veredictos;

d) a competência para o julgamento dos crimes dolosos contra a vida;

XXXIX – não há crime sem lei anterior que o defina, nem pena sem prévia cominação legal;

XL – a lei penal não retroagirá, salvo para beneficiar o réu;

XLI – a lei punirá qualquer discriminação atentatória dos direitos e liberdades fundamentais;

XLII – a prática do racismo constitui crime inafiançável e imprescritível, sujeito à pena de reclusão, nos termos da lei;

XLIII – a lei considerará crimes inafiançáveis e insuscetíveis de graça ou anistia a prática da tortura, o tráfico ilícito de entorpecentes e drogas afins, o terrorismo e os definidos como crimes hediondos, por eles respondendo os mandantes, os executores e os que, podendo evitá-los, se omitirem;

XLIV – constitui crime inafiançável e imprescritível a ação de grupos armados, civis ou militares, contra a ordem constitucional e o Estado Democrático;

XLV – nenhuma pena passará da pessoa do condenado, podendo a obrigação de reparar o dano e a decretação do perdimento de bens ser, nos termos da lei, estendidas aos sucessores e contra eles executadas, até o limite do valor do patrimônio transferido;

XLVI – a lei regulará a individualização da pena e adotará, entre outras, as seguintes:

a) privação ou restrição da liberdade;

b) perda de bens;

c) multa;

d) prestação social alternativa;

e) suspensão ou interdição de direitos;

XLVII – não haverá penas:

a) de morte, salvo em caso de guerra declarada, nos termos do art. 84, XIX;

b) de caráter perpétuo;

c) de trabalhos forçados;

d) de banimento;

e) cruéis;

XLVIII – a pena será cumprida em estabelecimentos distintos, de acordo com a natureza do delito, a idade e o sexo do apenado;

XLIX – é assegurado aos presos o respeito à integridade física e moral;

L – às presidiárias serão asseguradas condições para que possam permanecer com seus filhos durante o período de amamentação;

LI – nenhum brasileiro será extraditado, salvo o naturalizado, em caso de crime comum, praticado antes da naturalização, ou de comprovado envolvimento em tráfico ilícito de entorpecentes e drogas afins, na forma da lei;

LII – não será concedida extradição de estrangeiro por crime político ou de opinião;

LIII – ninguém será processado nem sentenciado senão pela autoridade competente;

LIV – ninguém será privado da liberdade ou de seus bens sem o devido processo legal;

LV – aos litigantes, em processo judicial ou administrativo, e aos acusados em geral são assegurados o contraditório e ampla defesa, com os meios e recursos a ela inerentes;

LVI – são inadmissíveis, no processo, as provas obtidas por meios ilícitos;

LVII – ninguém será considerado culpado até o trânsito em julgado de sentença penal condenatória;

LVIII – o civilmente identificado não será submetido a identificação criminal, salvo nas hipóteses previstas em lei;

LIX – será admitida ação privada nos crimes de ação pública, se esta não for intentada no prazo legal;

LX – a lei só poderá restringir a publicidade dos atos processuais quando a defesa da intimidade ou o interesse social o exigirem;

LXI – ninguém será preso senão em flagrante delito ou por ordem escrita e fundamentada de autoridade judiciária competente, salvo nos casos de transgressão militar ou crime propriamente militar, definidos em lei;

LXII – a prisão de qualquer pessoa e o local onde se encontre serão comunicados imediatamente ao juiz competente e à família do preso ou à pessoa por ele indicada;

LXIII – o preso será informado de seus direitos, entre os quais o de permanecer calado, sendo-lhe assegurada a assistência da família e de advogado;

LXIV – o preso tem direito à identificação dos responsáveis por sua prisão ou por seu interrogatório policial;

LXV – a prisão ilegal será imediatamente relaxada pela autoridade judiciária;

LXVI – ninguém será levado à prisão ou nela mantido, quando a lei admitir a liberdade provisória, com ou sem fiança;

LXVII – não haverá prisão civil por dívida, salvo a do responsável pelo inadimplemento voluntário e inescusável de obrigação alimentícia e a do depositário infiel;

LXVIII – conceder-se-á *habeas corpus* sempre que alguém sofrer ou se achar ameaçado de sofrer violência ou coação em sua liberdade de locomoção, por ilegalidade ou abuso de poder;

LXIX – conceder-se-á mandado de segurança para proteger direito líquido e certo, não amparado por *habeas corpus* ou *habeas data*, quando o responsável pela ilegalidade ou abuso de poder for autoridade pública ou agente de pessoa jurídica no exercício de atribuições do Poder Público;

LXX – o mandado de segurança coletivo pode ser impetrado por:

a) partido político com representação no Congresso Nacional;

b) organização sindical, entidade de classe ou associação legalmente constituída e em funcionamento há pelo menos um ano, em defesa dos interesses de seus membros ou associados;

LXXI – conceder-se-á mandado de injunção sempre que a falta de norma regulamentadora torne inviável o exercício dos direitos e liberdades constitucionais e das prerrogativas inerentes à nacionalidade, à soberania e à cidadania;

LXXII – conceder-se-á *habeas data:*

a) para assegurar o conhecimento de informações relativas à pessoa do impetrante, constantes de registros ou bancos de dados de entidades governamentais ou de caráter público;

b) para a retificação de dados, quando não se prefira fazê-lo por processo sigiloso, judicial ou administrativo;

LXXIII – qualquer cidadão é parte legítima para propor ação popular que vise a anular ato lesivo ao patrimônio público ou de entidade de que o Estado participe, à moralidade administrativa, ao meio ambiente e ao patrimônio histórico e cultural, ficando o autor, salvo comprovada má-fé, isento de custas judiciais e do ônus da sucumbência;

LXXIV – o Estado prestará assistência jurídica integral e gratuita aos que comprovarem insuficiência de recursos;

LXXV – o Estado indenizará o condenado por erro judiciário, assim como o que ficar preso além do tempo fixado na sentença;

LXXVI – são gratuitos para os reconhecidamente pobres, na forma da lei:

a) o registro civil de nascimento;

b) a certidão de óbito;

LXXVII – são gratuitas as ações de *habeas corpus* e *habeas data*, e, na forma da lei, os atos necessários ao exercício da cidadania.

LXXVIII – a todos, no âmbito judicial e administrativo, são assegurados a razoável duração do processo e os meios que garantam a celeridade de sua tramitação.

LXXIX – é assegurado, nos termos da lei, o direito à proteção dos dados pessoais, inclusive nos meios digitais. (Incluído pela Emenda Constitucional nº 115, de 2022)

§ 1º As normas definidoras dos direitos e garantias fundamentais têm aplicação imediata.

§ 2º Os direitos e garantias expressos nesta Constituição não excluem outros decorrentes do regime e dos princípios por ela adotados, ou dos tratados internacionais em que a República Federativa do Brasil seja parte.

§ 3º Os tratados e convenções internacionais sobre direitos humanos que forem aprovados, em cada Casa do Congresso Nacional, em dois turnos, por três quintos dos votos dos respectivos membros, serão equivalentes às emendas constitucionais.

§ 4º O Brasil se submete à jurisdição de Tribunal Penal Internacional a cuja criação tenha manifestado adesão.

Capítulo II
DOS DIREITOS SOCIAIS

Art. 6º São direitos sociais a educação, a saúde, a alimentação, o trabalho, a moradia, o transporte, o lazer, a segurança, a previdência social, a proteção à maternidade e à infância, a assistência aos desamparados, na forma desta Constituição. (Redação dada pela Emenda Constitucional nº 90, de 2015)

Parágrafo único. Todo brasileiro em situação de vulnerabilidade social terá direito a uma renda básica familiar, garantida pelo poder público em programa permanente de transferência de renda, cujas normas e requisitos de acesso serão determinados em lei, observada a legislação fiscal e orçamentária. (Incluído pela Emenda Constitucional nº 114, de 2021)

Art. 7º São direitos dos trabalhadores urbanos e rurais, além de outros que visem à melhoria de sua condição social:

I – relação de emprego protegida contra despedida arbitrária ou sem justa causa, nos termos de lei complementar, que preverá indenização compensatória, dentre outros direitos;

II – seguro-desemprego, em caso de desemprego involuntário;

III – fundo de garantia do tempo de serviço;

IV – salário mínimo, fixado em lei, nacionalmente unificado, capaz de atender a suas necessidades vitais básicas e às de sua família com moradia, alimentação, educação, saúde, lazer, vestuário, higiene, transporte e previdência social, com reajustes periódicos que lhe preservem o poder aquisitivo, sendo vedada sua vinculação para qualquer fim;

V – piso salarial proporcional à extensão e à complexidade do trabalho;

VI – irredutibilidade do salário, salvo o disposto em convenção ou acordo coletivo;

VII – garantia de salário, nunca inferior ao mínimo, para os que percebem remuneração variável;

VIII – décimo terceiro salário com base na remuneração integral ou no valor da aposentadoria;

IX – remuneração do trabalho noturno superior à do diurno;

X – proteção do salário na forma da lei, constituindo crime sua retenção dolosa;

XI – participação nos lucros, ou resultados, desvinculada da remuneração, e, excepcionalmente, participação na gestão da empresa, conforme definido em lei;

XII – salário-família pago em razão do dependente do trabalhador de baixa renda nos termos da lei; (Redação dada pela Emenda Constitucional nº 20, de 1998)

XIII – duração do trabalho normal não superior a oito horas diárias e quarenta e quatro semanais, facultada a compensação de horários e a redução da jornada, mediante acordo ou convenção coletiva de trabalho;

XIV – jornada de seis horas para o trabalho realizado em turnos ininterruptos de revezamento, salvo negociação coletiva;

XV – repouso semanal remunerado, preferencialmente aos domingos;

XVI – remuneração do serviço extraordinário superior, no mínimo, em cinqüenta por cento à do normal;

XVII – gozo de férias anuais remuneradas com, pelo menos, um terço a mais do que o salário normal;

XVIII – licença à gestante, sem prejuízo do emprego e do salário, com a duração de cento e vinte dias;

XIX – licença-paternidade, nos termos fixados em lei;

XX – proteção do mercado de trabalho da mulher, mediante incentivos específicos, nos termos da lei;

XXI – aviso prévio proporcional ao tempo de serviço, sendo no mínimo de trinta dias, nos termos da lei;

XXII – redução dos riscos inerentes ao trabalho, por meio de normas de saúde, higiene e segurança;

XXIII – adicional de remuneração para as atividades penosas, insalubres ou perigosas, na forma da lei;

XXIV – aposentadoria;

XXV – assistência gratuita aos filhos e dependentes desde o nascimento até 5 (cinco) anos de idade em creches e pré-escolas; (Redação dada pela Emenda Constitucional nº 53, de 2006)

XXVI – reconhecimento das convenções e acordos coletivos de trabalho;

XXVII – proteção em face da automação, na forma da lei;

XXVIII – seguro contra acidentes de trabalho, a cargo do empregador, sem excluir a indenização a que este está obrigado, quando incorrer em dolo ou culpa;

XXIX – ação, quanto aos créditos resultantes das relações de trabalho, com prazo prescricional de cinco anos para os trabalhadores urbanos e rurais, até o limite de dois anos após a extinção do contrato de trabalho; (Redação dada pela Emenda Constitucional nº 28, de 2000)

a) (Revogada).

b) (Revogada).

XXX – proibição de diferença de salários, de exercício de funções e de critério de admissão por motivo de sexo, idade, cor ou estado civil;

XXXI – proibição de qualquer discriminação no tocante a salário e critérios de admissão do trabalhador portador de deficiência;

XXXII – proibição de distinção entre trabalho manual, técnico e intelectual ou entre os profissionais respectivos;

XXXIII – proibição de trabalho noturno, perigoso ou insalubre a menores de dezoito e de qualquer trabalho a menores de dezesseis anos, salvo na condição de aprendiz, a partir de quatorze anos;

XXXIV – igualdade de direitos entre o trabalhador com vínculo empregatício permanente e o trabalhador avulso.

Parágrafo único. São assegurados à categoria dos trabalhadores domésticos os direitos previstos nos incisos IV, VI, VII, VIII, X, XIII, XV, XVI, XVII, XVIII, XIX, XXI, XXII, XXIV, XXVI, XXX, XXXI e XXXIII e, atendidas as condições estabelecidas em lei e observada a simplificação do cumprimento das obrigações tributárias, principais e acessórias, decorrentes da relação de trabalho e suas peculiaridades, os previstos nos incisos I, II, III, IX, XII, XXV e XXVIII, bem como a sua integração à previdência social. (Redação dada pela Emenda Constitucional nº 72, de 2013)

Art. 8º É livre a associação profissional ou sindical, observado o seguinte:

I – a lei não poderá exigir autorização do Estado para a fundação de sindicato, ressalvado o registro no órgão competente, vedadas ao Poder Público a interferência e a intervenção na organização sindical;

II – é vedada a criação de mais de uma organização sindical, em qualquer grau, representativa de categoria profissional ou econômica, na mesma base territorial, que será definida pelos trabalhadores ou empregadores interessados, não podendo ser inferior à área de um Município;

III – ao sindicato cabe a defesa dos direitos e interesses coletivos ou individuais da categoria, inclusive em questões judiciais ou administrativas;

IV – a assembléia geral fixará a contribuição que, em se tratando de categoria profissional, será descontada em folha, para custeio do sistema confederativo da representação sindical respectiva, independentemente da contribuição prevista em lei;

V – ninguém será obrigado a filiar-se ou a manter-se filiado a sindicato;

VI – é obrigatória a participação dos sindicatos nas negociações coletivas de trabalho;

VII – o aposentado filiado tem direito a votar e ser votado nas organizações sindicais;

VIII – é vedada a dispensa do empregado sindicalizado a partir do registro da candidatura a cargo de direção ou representação sindical e, se eleito, ainda que suplente, até um ano após o final do mandato, salvo se cometer falta grave nos termos da lei.

Parágrafo único. As disposições deste artigo aplicam-se à organização de sindicatos rurais e de colônias de pescadores, atendidas as condições que a lei estabelecer.

Art. 9º É assegurado o direito de greve, competindo aos trabalhadores decidir sobre a oportunidade de exercê-lo e sobre os interesses que devam por meio dele defender.

§ 1º A lei definirá os serviços ou atividades essenciais e disporá sobre o atendimento das necessidades inadiáveis da comunidade.

§ 2º Os abusos cometidos sujeitam os responsáveis às penas da lei.

Art. 10. É assegurada a participação dos trabalhadores e empregadores nos colegiados dos órgãos públicos em que seus interesses profissionais ou previdenciários sejam objeto de discussão e deliberação.

Art. 11. Nas empresas de mais de duzentos empregados, é assegurada a eleição de um representante destes com a finalidade exclusiva de promover-lhes o entendimento direto com os empregadores.

Capítulo III
DA NACIONALIDADE

Art. 12. São brasileiros:

I – natos:

a) os nascidos na República Federativa do Brasil, ainda que de pais estrangeiros, desde que estes não estejam a serviço de seu país;

b) os nascidos no estrangeiro, de pai brasileiro ou mãe brasileira, desde que qualquer deles esteja a serviço da República Federativa do Brasil;

c) os nascidos no estrangeiro de pai brasileiro ou de mãe brasileira, desde que sejam registrados em repartição brasileira competente ou venham a residir na República Federativa do Brasil e optem, em qualquer tempo, depois de atingida a maioridade, pela nacionalidade brasileira; (Redação dada pela Emenda Constitucional nº 54, de 2007)

II – naturalizados:

a) os que, na forma da lei, adquiram a nacionalidade brasileira, exigidas aos originários de países de língua portuguesa apenas residência por um ano ininterrupto e idoneidade moral;

b) os estrangeiros de qualquer nacionalidade, residentes na República Federativa do Brasil há mais de quinze anos ininterruptos e sem condenação penal, desde que requeiram a nacionalidade brasileira. (Redação dada pela Emenda Constitucional nº 54, de 2007)

§ 1º Aos portugueses com residência permanente no País, se houver reciprocidade em favor de brasileiros, serão atribuídos os direitos inerentes ao brasileiro, salvo os casos previstos nesta Constituição. (Redação dada pela Emenda Constitucional de Revisão nº 3, de 1994)

§ 2° A lei não poderá estabelecer distinção entre brasileiros natos e naturalizados, salvo nos casos previstos nesta Constituição.

§ 3° São privativos de brasileiro nato os cargos:
I – de Presidente e Vice-Presidente da República;
II – de Presidente da Câmara dos Deputados;
III – de Presidente do Senado Federal;
IV – de Ministro do Supremo Tribunal Federal;
V – da carreira diplomática;
VI – de oficial das Forças Armadas.
VII – de Ministro de Estado da Defesa (Incluído pela Emenda Constitucional n° 23, de 1999)

§ 4° – Será declarada a perda da nacionalidade do brasileiro que:
I – tiver cancelada sua naturalização, por sentença judicial, em virtude de atividade nociva ao interesse nacional;
II – adquirir outra nacionalidade, salvo nos casos: (Redação dada pela Emenda Constitucional de Revisão n° 3, de 1994)
a) de reconhecimento de nacionalidade originária pela lei estrangeira; (Incluído pela Emenda Constitucional de Revisão n° 3, de 1994)
b) de imposição de naturalização, pela norma estrangeira, ao brasileiro residente em estado estrangeiro, como condição para permanência em seu território ou para o exercício de direitos civis; (Incluído pela Emenda Constitucional de Revisão n° 3, de 1994)

Art. 13. A língua portuguesa é o idioma oficial da República Federativa do Brasil.

§ 1° São símbolos da República Federativa do Brasil a bandeira, o hino, as armas e o selo nacionais.

§ 2° Os Estados, o Distrito Federal e os Municípios poderão ter símbolos próprios.

Capítulo IV
DOS DIREITOS POLÍTICOS

Art. 14. A soberania popular será exercida pelo sufrágio universal e pelo voto direto e secreto, com valor igual para todos, e, nos termos da lei, mediante:
I – plebiscito;
II – referendo;
III – iniciativa popular.

§ 1° O alistamento eleitoral e o voto são:
I – obrigatórios para os maiores de dezoito anos;
II – facultativos para:
a) os analfabetos;
b) os maiores de setenta anos;
c) os maiores de dezesseis e menores de dezoito anos.

§ 2° Não podem alistar-se como eleitores os estrangeiros e, durante o período do serviço militar obrigatório, os conscritos.

§ 3° São condições de elegibilidade, na forma da lei:
I – a nacionalidade brasileira;
II – o pleno exercício dos direitos políticos;
III – o alistamento eleitoral;
IV – o domicílio eleitoral na circunscrição;
V – a filiação partidária;
VI – a idade mínima de:
a) trinta e cinco anos para Presidente e Vice-Presidente da República e Senador;
b) trinta anos para Governador e Vice-Governador de Estado e do Distrito Federal;
c) vinte e um anos para Deputado Federal, Deputado Estadual ou Distrital, Prefeito, Vice-Prefeito e juiz de paz;
d) dezoito anos para Vereador.

§ 4° São inelegíveis os inalistáveis e os analfabetos.

§ 5° O Presidente da República, os Governadores de Estado e do Distrito Federal, os Prefeitos e quem os houver sucedido, ou substituído no curso dos mandatos poderão ser reeleitos para um único período subseqüente. (Redação dada pela Emenda Constitucional n° 16, de 1997)

§ 6° Para concorrerem a outros cargos, o Presidente da República, os Governadores de Estado e do Distrito Federal e os Prefeitos devem renunciar aos respectivos mandatos até seis meses antes do pleito.

§ 7° São inelegíveis, no território de jurisdição do titular, o cônjuge e os parentes consangüíneos ou afins, até o segundo grau ou por adoção, do Presidente da República, de Governador de Estado ou Território, do Distrito Federal, de Prefeito ou de quem os haja substituído dentro dos seis meses anteriores ao pleito, salvo se já titular de mandato eletivo e candidato à reeleição.

§ 8° O militar alistável é elegível, atendidas as seguintes condições:
I – se contar menos de dez anos de serviço, deverá afastar-se da atividade;
II – se contar mais de dez anos de serviço, será agregado pela autoridade superior e, se eleito, passará automaticamente, no ato da diplomação, para a inatividade.

§ 9° Lei complementar estabelecerá outros casos de inelegibilidade e os prazos de sua cessação, a fim de proteger a probidade administrativa, a moralidade para exercício de mandato considerada vida pregressa do candidato, e a normalidade e legitimidade das eleições contra a influência do poder econômico ou o abuso do exercício de função, cargo ou emprego na administração direta ou indireta. (Redação dada pela Emenda Constitucional de Revisão nº 4, de 1994)

§ 10. O mandato eletivo poderá ser impugnado ante a Justiça Eleitoral no prazo de quinze dias contados da diplomação, instruída a ação com provas de abuso do poder econômico, corrupção ou fraude.

§ 11. A ação de impugnação de mandato tramitará em segredo de justiça, respondendo o autor, na forma da lei, se temerária ou de manifesta má-fé.

§ 12. Serão realizadas concomitantemente às eleições municipais as consultas populares sobre questões locais aprovadas pelas Câmaras Municipais e encaminhadas à Justiça Eleitoral até 90 (noventa) dias antes da data das eleições, observados os limites operacionais relativos ao número de quesitos. (Incluído pela Emenda Constitucional nº 111, de 2021)

§ 13. As manifestações favoráveis e contrárias às questões submetidas às consultas populares nos termos do § 12 ocorrerão durante as campanhas eleitorais, sem a utilização de propaganda gratuita no rádio e na televisão. (Incluído pela Emenda Constitucional nº 111, de 2021)

Art. 15. É vedada a cassação de direitos políticos, cuja perda ou suspensão só se dará nos casos de:

I – cancelamento da naturalização por sentença transitada em julgado;

II – incapacidade civil absoluta;

III – condenação criminal transitada em julgado, enquanto durarem seus efeitos;

IV – recusa de cumprir obrigação a todos imposta ou prestação alternativa, nos termos do art. 5º, VIII;

V – improbidade administrativa, nos termos do art. 37, § 4º.

Art. 16. A lei que alterar o processo eleitoral entrará em vigor na data de sua publicação, não se aplicando à eleição que ocorra até um ano da data de sua vigência. (Redação dada pela Emenda Constitucional nº 4, de 1993)

(...)

Capítulo VII
DA ADMINISTRAÇÃO PÚBLICA

Seção I
DISPOSIÇÕES GERAIS

Art. 37. A administração pública direta e indireta de qualquer dos Poderes da União, dos Estados, do Distrito Federal e dos Municípios obedecerá aos princípios de legalidade, impessoalidade, moralidade, publicidade e eficiência e, também, ao seguinte: (Redação dada pela Emenda Constitucional nº 19, de 1998)

I – os cargos, empregos e funções públicas são acessíveis aos brasileiros que preencham os requisitos estabelecidos em lei, assim como aos estrangeiros, na forma da lei; (Redação dada pela Emenda Constitucional nº 19, de 1998)

II – a investidura em cargo ou emprego público depende de aprovação prévia em concurso público de provas ou de provas e títulos, de acordo com a natureza e a complexidade do cargo ou emprego, na forma prevista em lei, ressalvadas as nomeações para cargo em comissão declarado em lei de livre nomeação e exoneração; (Redação dada pela Emenda Constitucional nº 19, de 1998)

III – o prazo de validade do concurso público será de até dois anos, prorrogável uma vez, por igual período;

IV – durante o prazo improrrogável previsto no edital de convocação, aquele aprovado em concurso público de provas ou de provas e títulos será convocado com prioridade sobre novos concursados para assumir cargo ou emprego, na carreira;

V – as funções de confiança, exercidas exclusivamente por servidores ocupantes de cargo efetivo, e os cargos em comissão, a serem preenchidos por servidores de carreira nos casos, condições e percentuais mínimos previstos em lei, destinam-se apenas às atribuições de direção, chefia e assessoramento; (Redação dada pela Emenda Constitucional nº 19, de 1998)

VI – é garantido ao servidor público civil o direito à livre associação sindical;

VII – o direito de greve será exercido nos termos e nos limites definidos em lei específica; (Redação dada pela Emenda Constitucional nº 19, de 1998)

VIII – a lei reservará percentual dos cargos e empregos públicos para as pessoas portadoras de deficiência e definirá os critérios de sua admissão;

IX – a lei estabelecerá os casos de contratação por tempo determinado para atender a necessidade temporária de excepcional interesse público;

X – a remuneração dos servidores públicos e o subsídio de que trata o § 4º do art. 39 somente poderão ser fixados ou alterados por lei específica, observada a iniciativa privativa em cada caso, assegurada revisão geral anual, sempre na mesma data e sem distinção de índices; (Redação dada pela Emenda Constitucional nº 19, de 1998)

XI – a remuneração e o subsídio dos ocupantes de cargos, funções e empregos públicos da administração direta, autárquica e fundacional, dos membros de qualquer dos Poderes da União, dos Estados, do Distrito Federal e dos Municípios, dos detentores de mandato eletivo e dos demais agentes políticos e os proventos, pensões ou outra espécie remuneratória, percebidos cumulativamente ou não, incluídas as vantagens pessoais ou de qualquer outra natureza, não poderão exceder o subsídio mensal, em espécie, dos Ministros do Supremo Tribunal Federal, aplicando-se como limite, nos Municípios, o subsídio do Prefeito, e nos Estados e no Distrito Federal, o subsídio mensal do Governador no âmbito do Poder Executivo, o subsídio dos Deputados Estaduais e Distritais no âmbito do Poder Legislativo e o subsidio dos Desembargadores do Tribunal de Justiça, limitado a noventa inteiros e vinte e cinco centésimos por cento do subsídio mensal, em espécie, dos Ministros do Supremo Tribunal Federal, no âmbito do Poder Judiciário, aplicável este limite aos membros do Ministério Público, aos Procuradores e aos Defensores Públicos; (Redação dada pela Emenda Constitucional nº 41, 19.12.2003)

XII – os vencimentos dos cargos do Poder Legislativo e do Poder Judiciário não poderão ser superiores aos pagos pelo Poder Executivo;

XIII – é vedada a vinculação ou equiparação de quaisquer espécies remuneratórias para o efeito de remuneração de pessoal do serviço público; (Redação dada pela Emenda Constitucional nº 19, de 1998)

XIV – os acréscimos pecuniários percebidos por servidor público não serão computados nem acumulados para fins de concessão de acréscimos ulteriores; (Redação dada pela Emenda Constitucional nº 19, de 1998)

XV – o subsídio e os vencimentos dos ocupantes de cargos e empregos públicos são irredutíveis, ressalvado o disposto nos incisos XI e XIV deste artigo e nos arts. 39, § 4º, 150, II, 153, III, e 153, § 2º, I; (Redação dada pela Emenda Constitucional nº 19, de 1998)

XVI – é vedada a acumulação remunerada de cargos públicos, exceto, quando houver compatibilidade de horários, observado em qualquer caso o disposto no inciso XI: (Redação dada pela Emenda Constitucional nº 19, de 1998)

a) a de dois cargos de professor; (Redação dada pela Emenda Constitucional nº 19, de 1998)

b) a de um cargo de professor com outro técnico ou científico; (Redação dada pela Emenda Constitucional nº 19, de 1998)

c) a de dois cargos ou empregos privativos de profissionais de saúde, com profissões regulamentadas; (Redação dada pela Emenda Constitucional nº 34, de 2001)

XVII – a proibição de acumular estende-se a empregos e funções e abrange autarquias, fundações, empresas públicas, sociedades de economia mista, suas subsidiárias, e sociedades controladas, direta ou indiretamente, pelo poder público; (Redação dada pela Emenda Constitucional nº 19, de 1998)

XVIII – a administração fazendária e seus servidores fiscais terão, dentro de suas áreas de competência e jurisdição, precedência sobre os demais setores administrativos, na forma da lei;

XIX – somente por lei específica poderá ser criada autarquia e autorizada a instituição de empresa pública, de sociedade de economia mista e de fundação, cabendo à lei complementar, neste último caso, definir as áreas de sua atuação; (Redação dada pela Emenda Constitucional nº 19, de 1998)

XX – depende de autorização legislativa, em cada caso, a criação de subsidiárias das entidades mencionadas no inciso anterior, assim como a participação de qualquer delas em empresa privada;

XXI – ressalvados os casos especificados na legislação, as obras, serviços, compras e alienações serão contratados mediante processo de licitação pública que assegure igualdade de condições a todos os concorrentes, com cláusulas que estabeleçam obrigações de pagamento, mantidas as condições efetivas da proposta, nos termos da lei, o qual somente permitirá as exigências de qualificação técnica e econômica indispensáveis à garantia do cumprimento das obrigações.

XXII – as administrações tributárias da União, dos Estados, do Distrito Federal e dos Municípios, atividades essenciais ao funcionamento do Estado, exercidas por servidores de carreiras específicas, terão recursos prioritários para a realização de suas atividades e atuarão de forma integrada, inclusive com o compartilhamento de cadastros e de informações fiscais, na forma da lei ou convênio. (Incluído pela Emenda Constitucional nº 42, de 19.12.2003)

§ 1º A publicidade dos atos, programas, obras, serviços e campanhas dos órgãos públicos deverá ter caráter educativo, informativo ou de orientação social, dela não podendo constar nomes, símbolos ou imagens que caracterizem promoção pessoal de autoridades ou servidores públicos.

§ 2º A não observância do disposto nos incisos II e III implicará a nulidade do ato e a punição da autoridade responsável, nos termos da lei.

§ 3º A lei disciplinará as formas de participação do usuário na administração pública direta e indireta, regulando especialmente: (Redação dada pela Emenda Constitucional nº 19, de 1998)

I – as reclamações relativas à prestação dos serviços públicos em geral, asseguradas a manutenção de serviços de atendimento ao usuário e a avaliação periódica, externa e interna, da qualidade dos serviços; (Redação dada pela Emenda Constitucional nº 19, de 1998)

II – o acesso dos usuários a registros administrativos e a informações sobre atos de governo, observado o disposto no art. 5º, X e XXXIII; (Redação dada pela Emenda Constitucional nº 19, de 1998)

III – a disciplina da representação contra o exercício negligente ou abusivo de cargo, emprego ou função na administração pública. (Redação dada pela Emenda Constitucional nº 19, de 1998)

§ 4º – Os atos de improbidade administrativa importarão a suspensão dos direitos políticos, a perda da função pública, a indisponibilidade dos bens e o ressarcimento ao erário, na forma e gradação previstas em lei, sem prejuízo da ação penal cabível.

§ 5º A lei estabelecerá os prazos de prescrição para ilícitos praticados por qualquer agente, servidor ou não, que causem prejuízos ao erário, ressalvadas as respectivas ações de ressarcimento.

§ 6º As pessoas jurídicas de direito público e as de direito privado prestadoras de serviços públicos responderão pelos danos que seus agentes, nessa qualidade, causarem a terceiros, assegurado o direito de regresso contra o responsável nos casos de dolo ou culpa.

§ 7º A lei disporá sobre os requisitos e as restrições ao ocupante de cargo ou emprego da administração direta e indireta que possibilite o acesso a informações privilegiadas. (Redação dada pela Emenda Constitucional nº 19, de 1998)

§ 8º A autonomia gerencial, orçamentária e financeira dos órgãos e entidades da administração direta e indireta poderá ser ampliada mediante contrato, a ser firmado entre seus administradores e o poder público, que tenha por objeto a fixação de metas de desempenho para o órgão ou entidade, cabendo à lei dispor sobre: (Redação dada pela Emenda Constitucional nº 19, de 1998)

I – o prazo de duração do contrato; (Redação dada pela Emenda Constitucional nº 19, de 1998)

II – os controles e critérios de avaliação de desempenho, direitos, obrigações e responsabilidade dos dirigentes; (Redação dada pela Emenda Constitucional nº 19, de 1998)

III – a remuneração do pessoal. (Redação dada pela Emenda Constitucional nº 19, de 1998)

§ 9º O disposto no inciso XI aplica-se às empresas públicas e às sociedades de economia mista, e suas subsidiárias, que receberem recursos da União, dos Estados, do Distrito Federal ou dos Municípios para pagamento de despesas de pessoal ou de custeio em geral. (Redação dada pela Emenda Constitucional nº 19, de 1998)

§ 10. É vedada a percepção simultânea de proventos de aposentadoria decorrentes do art. 40 ou dos arts. 42 e 142 com a remuneração de cargo, emprego ou função pública, ressalvados os cargos acumuláveis na forma desta Constituição, os cargos eletivos e os cargos em comissão declarados em lei de livre nomeação e exoneração. (Incluído pela Emenda Constitucional nº 20, de 1998)

§ 11. Não serão computadas, para efeito dos limites remuneratórios de que trata o inciso XI do caput deste artigo, as parcelas de caráter indenizatório previstas em lei. (Incluído pela Emenda Constitucional nº 47, de 2005)

§ 12. Para os fins do disposto no inciso XI do caput deste artigo, fica facultado aos Estados e ao Distrito Federal fixar, em seu âmbito, mediante emenda às respectivas Constituições e Lei Orgânica, como limite único, o subsídio mensal dos Desembargadores do respectivo Tribunal de Justiça, limitado a noventa inteiros e vinte e cinco centésimos por cento do subsídio mensal dos Ministros do Supremo Tribunal Federal, não se aplicando o disposto neste parágrafo aos subsídios dos Deputados Estaduais e Distritais e dos Vereadores. (Incluído pela Emenda Constitucional nº 47, de 2005)

§ 13. O servidor público titular de cargo efetivo poderá ser readaptado para exercício de cargo cujas atribuições e responsabilidades sejam compatíveis com a limitação que tenha sofrido em sua capacidade física ou mental, enquanto permanecer nesta condição, desde que possua a habilitação e o nível de escolaridade exigidos para o cargo de destino, mantida a remuneração do cargo de origem. (Incluído pela Emenda Constitucional nº 103, de 2019)

§ 14. A aposentadoria concedida com a utilização de tempo de contribuição decorrente de cargo, emprego ou função pública, inclusive do Regime Geral de Previdência Social, acarretará o rompimento do vínculo que gerou o referido tempo de contribuição. (Incluído pela Emenda Constitucional nº 103, de 2019)

§ 15. É vedada a complementação de aposentadorias de servidores públicos e de pensões por morte a seus dependentes que não seja decorrente do disposto nos §§ 14 a 16 do art. 40 ou que não seja prevista em lei que extinga regime próprio de previdência social. (Incluído pela Emenda Constitucional nº 103, de 2019)

§ 16. Os órgãos e entidades da administração pública, individual ou conjuntamente, devem realizar avaliação das políticas públicas, inclusive com divulgação do objeto a ser avaliado e dos resultados alcançados, na forma da lei. (Incluído pela Emenda Constitucional nº 109, de 2021)

Art. 38. Ao servidor público da administração direta, autárquica e fundacional, no exercício de mandato eletivo, aplicam-se as seguintes disposições: (Redação dada pela Emenda Constitucional nº 19, de 1998)

I – tratando-se de mandato eletivo federal, estadual ou distrital, ficará afastado de seu cargo, emprego ou função;

II – investido no mandato de Prefeito, será afastado do cargo, emprego ou função, sendo-lhe facultado optar pela sua remuneração;

III – investido no mandato de Vereador, havendo compatibilidade de horários, perceberá as vantagens de seu cargo, emprego ou função, sem prejuízo da remuneração do cargo eletivo, e, não havendo compatibilidade, será aplicada a norma do inciso anterior;

IV – em qualquer caso que exija o afastamento para o exercício de mandato eletivo, seu tempo de serviço será contado para todos os efeitos legais, exceto para promoção por merecimento;

V – na hipótese de ser segurado de regime próprio de previdência social, permanecerá filiado a esse regime, no ente federativo de origem. (Redação dada pela Emenda Constitucional nº 103, de 2019)

Seção II
DOS SERVIDORES PÚBLICOS

Art. 39. A União, os Estados, o Distrito Federal e os Municípios instituirão, no âmbito de sua competência, regime jurídico único e planos de carreira para os servidores da administração pública direta, das autarquias e das fundações públicas. (Vide ADI nº 2.135)

Art. 39. A União, os Estados, o Distrito Federal e os Municípios instituirão conselho de política de administração e remuneração de pessoal, integrado por servidores designados pelos respectivos Poderes. (Redação dada pela Emenda Constitucional nº 19, de 1998)

§ 1º A fixação dos padrões de vencimento e dos demais componentes do sistema remuneratório observará: (Redação dada pela Emenda Constitucional nº 19, de 1998)

I – a natureza, o grau de responsabilidade e a complexidade dos cargos componentes de cada carreira; (Redação dada pela Emenda Constitucional nº 19, de 1998)

II – os requisitos para a investidura; (Redação dada pela Emenda Constitucional nº 19, de 1998)

III – as peculiaridades dos cargos. (Redação dada pela Emenda Constitucional nº 19, de 1998)

§ 2º A União, os Estados e o Distrito Federal manterão escolas de governo para a formação e o aperfeiçoamento dos servidores públicos, constituindo-se a participação nos cursos um dos requisitos para a promoção na carreira, facultada, para isso, a celebração de convênios ou contratos entre os entes federados. (Redação dada pela Emenda Constitucional nº 19, de 1998)

§ 3º Aplica-se aos servidores ocupantes de cargo público o disposto no art. 7º, IV, VII, VIII, IX, XII, XIII, XV, XVI, XVII, XVIII, XIX, XX, XXII e XXX, podendo a lei estabelecer requisitos diferenciados de admissão quando a natureza do cargo o exigir. (Redação dada pela Emenda Constitucional nº 19, de 1998)

§ 4º O membro de Poder, o detentor de mandato eletivo, os Ministros de Estado e os Secretários Estaduais e Municipais serão remunerados exclusivamente por subsídio fixado em parcela única, vedado o acréscimo de qualquer gratificação, adicional, abono, prêmio, verba de representação ou outra espécie remuneratória, obedecido, em qualquer caso, o disposto no art. 37, X e XI. (Redação dada pela Emenda Constitucional nº 19, de 1998)

§ 5º Lei da União, dos Estados, do Distrito Federal e dos Municípios poderá estabelecer a relação entre a maior e a menor remuneração dos servidores públicos, obedecido, em qualquer caso, o disposto no art. 37, XI. (Redação dada pela Emenda Constitucional nº 19, de 1998)

§ 6º Os Poderes Executivo, Legislativo e Judiciário publicarão anualmente os valores do subsídio e da remuneração dos cargos e empregos públicos. (Redação dada pela Emenda Constitucional nº 19, de 1998)

§ 7º Lei da União, dos Estados, do Distrito Federal e dos Municípios disciplinará a aplicação de recursos orçamentários provenientes da economia com despesas correntes em cada órgão, autarquia e fundação, para aplicação no desenvolvimento de programas de qualidade e produtividade, treinamento e desenvolvimento, modernização, reaparelhamento e racionalização do serviço público, inclusive sob a forma de adicional ou prêmio de produtividade. (Redação dada pela Emenda Constitucional nº 19, de 1998)

§ 8º A remuneração dos servidores públicos organizados em carreira poderá ser fixada nos termos do

§ 4º. (Redação dada pela Emenda Constitucional nº 19, de 1998)

§ 9º É vedada a incorporação de vantagens de caráter temporário ou vinculadas ao exercício de função de confiança ou de cargo em comissão à remuneração do cargo efetivo. (Incluído pela Emenda Constitucional nº 103, de 2019)

Art. 40. O regime próprio de previdência social dos servidores titulares de cargos efetivos terá caráter contributivo e solidário, mediante contribuição do respectivo ente federativo, de servidores ativos, de aposentados e de pensionistas, observados critérios que preservem o equilíbrio financeiro e atuarial. (Incluído pela Emenda Constitucional nº 103, de 2019)

§ 1º O servidor abrangido por regime próprio de previdência social será aposentado: (Incluído pela Emenda Constitucional nº 103, de 2019)

I – por incapacidade permanente para o trabalho, no cargo em que estiver investido, quando insuscetível de readaptação, hipótese em que será obrigatória a realização de avaliações periódicas para verificação da continuidade das condições que ensejaram a concessão da aposentadoria, na forma de lei do respectivo ente federativo (Incluído pela Emenda Constitucional nº 103, de 2019)

II – compulsoriamente, com proventos proporcionais ao tempo de contribuição, aos 70 (setenta) anos de idade, ou aos 75 (setenta e cinco) anos de idade, na forma de lei complementar; (Redação dada pela Emenda Constitucional nº 88, de 2015)

III – no âmbito da União, aos 62 (sessenta e dois) anos de idade, se mulher, e aos 65 (sessenta e cinco) anos de idade, se homem, e, no âmbito dos Estados, do Distrito Federal e dos Municípios, na idade mínima estabelecida mediante emenda às respectivas Constituições e Leis Orgânicas, observados o tempo de contribuição e os demais requisitos estabelecidos em lei complementar do respectivo ente federativo. (Redação dada pela Emenda Constitucional nº 103, de 2019)

§ 2º Os proventos de aposentadoria não poderão ser inferiores ao valor mínimo a que se refere o § 2º do art. 201 ou superiores ao limite máximo estabelecido para o Regime Geral de Previdência Social, observado o disposto nos §§ 14 a 16. (Redação dada pela Emenda Constitucional nº 103, de 2019)

§ 3º As regras para cálculo de proventos de aposentadoria serão disciplinadas em lei do respectivo ente federativo. (Redação dada pela Emenda Constitucional nº 103, de 2019)

§ 4º É vedada a adoção de requisitos ou critérios diferenciados para concessão de benefícios em regime próprio de previdência social, ressalvado o disposto nos §§ 4º-A, 4º-B, 4º-C e 5º.

§ 4º-A. Poderão ser estabelecidos por lei complementar do respectivo ente federativo idade e tempo de contribuição diferenciados para aposentadoria de servidores com deficiência, previamente submetidos a avaliação biopsicossocial realizada por equipe multiprofissional e interdisciplinar. (Redação dada pela Emenda Constitucional nº 103, de 2019)

§ 4º-B. Poderão ser estabelecidos por lei complementar do respectivo ente federativo idade e tempo de contribuição diferenciados para aposentadoria de ocupantes do cargo de agente penitenciário, de agente socioeducativo ou de policial dos órgãos de que tratam o inciso IV do caput do art. 51, o inciso XIII do caput do art. 52 e os incisos I a IV do caput do art. 144. (Redação dada pela Emenda Constitucional nº 103, de 2019)

§ 4º-C. Poderão ser estabelecidos por lei complementar do respectivo ente federativo idade e tempo de contribuição diferenciados para aposentadoria de servidores cujas atividades sejam exercidas com efetiva exposição a agentes químicos, físicos e biológicos prejudiciais à saúde, ou associação desses agentes, vedada a caracterização por categoria profissional ou ocupação. (Redação dada pela Emenda Constitucional nº 103, de 2019)

§ 5º Os ocupantes do cargo de professor terão idade mínima reduzida em 5 (cinco) anos em relação às idades decorrentes da aplicação do disposto no inciso III do § 1º, desde que comprovem tempo de efetivo exercício das funções de magistério na educação infantil e no ensino fundamental e médio fixado em lei complementar do respectivo ente federativo. (Redação dada pela Emenda Constitucional nº 103, de 2019)

§ 6º Ressalvadas as aposentadorias decorrentes dos cargos acumuláveis na forma desta Constituição, é vedada a percepção de mais de uma aposentadoria à conta de regime próprio de previdência social, aplicando-se outras vedações, regras e condições para a acumulação de benefícios previdenciários estabelecidas no Regime Geral de Previdência Social. (Redação dada pela Emenda Constitucional nº 103, de 2019)

§ 7º Observado o disposto no § 2º do art. 201, quando se tratar da única fonte de renda formal auferida pelo dependente, o benefício de pensão por morte será concedido nos termos de lei do respectivo ente federativo, a qual tratará de forma diferenciada a hipótese de morte dos servidores de que trata o § 4º-B decorrente de agressão sofrida no exercício ou em razão da função. (Redação dada pela Emenda Constitucional nº 103, de 2019)

§ 8º É assegurado o reajustamento dos benefícios para preservar-lhes, em caráter permanente, o valor real, conforme critérios estabelecidos em lei. (Redação dada pela Emenda Constitucional nº 41, 19.12.2003)

§ 9º O tempo de contribuição federal, estadual, distrital ou municipal será contado para fins de aposentadoria, observado o disposto nos §§ 9º e 9º-A do art. 201, e o tempo de serviço correspondente será contado para fins de disponibilidade. (Redação dada pela Emenda Constitucional nº 103, de 2019)

§ 10 – A lei não poderá estabelecer qualquer forma de contagem de tempo de contribuição fictício. (Incluído pela Emenda Constitucional nº 20, de 15/12/98)

§ 11 – Aplica-se o limite fixado no art. 37, XI, à soma total dos proventos de inatividade, inclusive quando decorrentes da acumulação de cargos ou empregos públicos, bem como de outras atividades sujeitas a contribuição para o regime geral de previdência social, e ao montante resultante da adição de proventos de inatividade com remuneração de cargo acumulável na forma desta Constituição, cargo em comissão declarado em lei de livre nomeação e exoneração, e de cargo eletivo. (Incluído pela Emenda Constitucional nº 20, de 15/12/98)

§ 12. Além do disposto neste artigo, serão observados, em regime próprio de previdência social, no que couber, os requisitos e critérios fixados para o Regime Geral de Previdência Social. (Redação dada pela Emenda Constitucional nº 103, de 2019)

§ 13. Aplica-se ao agente público ocupante, exclusivamente, de cargo em comissão declarado em lei de livre nomeação e exoneração, de outro cargo temporário, inclusive mandato eletivo, ou de emprego público, o Regime Geral de Previdência Social. (Redação dada pela Emenda Constitucional nº 103, de 2019)

§ 14. A União, os Estados, o Distrito Federal e os Municípios instituirão, por lei de iniciativa do respectivo Poder Executivo, regime de previdência complementar para servidores públicos ocupantes de cargo efetivo, observado o limite máximo dos benefícios do Regime Geral de Previdência Social para o valor das aposentadorias e das pensões em regime próprio de previdência social, ressalvado o disposto no § 16. (Redação dada pela Emenda Constitucional nº 103, de 2019)

§ 15. O regime de previdência complementar de que trata o § 14 oferecerá plano de benefícios somente na modalidade contribuição definida, observará o disposto no art. 202 e será efetivado por intermédio de entidade fechada de previdência complementar ou de entidade aberta de previdência complementar. (Redação dada pela Emenda Constitucional nº 103, de 2019)

§ 16 – Somente mediante sua prévia e expressa opção, o disposto nos §§ 14 e 15 poderá ser aplicado ao servidor que tiver ingressado no serviço público até a data da publicação do ato de instituição do correspondente regime de previdência complementar. (Incluído pela Emenda Constitucional nº 20, de 15/12/98)

§ 17. Todos os valores de remuneração considerados para o cálculo do benefício previsto no § 3º serão devidamente atualizados, na forma da lei. (Incluído pela Emenda Constitucional nº 41, 19.12.2003)

§ 18. Incidirá contribuição sobre os proventos de aposentadorias e pensões concedidas pelo regime de que trata este artigo que superem o limite máximo estabelecido para os benefícios do regime geral de previdência social de que trata o art. 201, com percentual igual ao estabelecido para os servidores titulares de cargos efetivos. (Incluído pela Emenda Constitucional nº 41, 19.12.2003)

§ 19. Observados critérios a serem estabelecidos em lei do respectivo ente federativo, o servidor titular de cargo efetivo que tenha completado as exigências para a aposentadoria voluntária e que opte por permanecer em atividade poderá fazer jus a um abono de permanência equivalente, no máximo, ao valor da sua contribuição previdenciária, até completar a idade para aposentadoria compulsória (Redação dada pela Emenda Constitucional nº 103, de 2019)

§ 20. É vedada a existência de mais de um regime próprio de previdência social e de mais de um órgão ou entidade gestora desse regime em cada ente federativo, abrangidos todos os poderes, órgãos e entidades autárquicas e fundacionais, que serão responsáveis pelo seu financiamento, observados os critérios, os parâmetros e a natureza jurídica definidos na lei complementar de que trata o § 22 (Redação dada pela Emenda Constitucional nº 103, de 2019)

§ 21. (Revogado).

§ 22. Vedada a instituição de novos regimes próprios de previdência social, lei complementar federal estabelecerá, para os que já existam, normas gerais de organização, de funcionamento e de responsabilidade em sua gestão, dispondo, entre outros aspectos, sobre: (Redação dada pela Emenda Constitucional nº 103, de 2019)

I – requisitos para sua extinção e consequente migração para o Regime Geral de Previdência Social; (Redação dada pela Emenda Constitucional nº 103, de 2019)

II – modelo de arrecadação, de aplicação e de utilização dos recursos; (Redação dada pela Emenda Constitucional nº 103, de 2019)

III – fiscalização pela União e controle externo e social; (Redação dada pela Emenda Constitucional nº 103, de 2019)

IV – definição de equilíbrio financeiro e atuarial; (Redação dada pela Emenda Constitucional nº 103, de 2019)

V – condições para instituição do fundo com finalidade previdenciária de que trata o art. 249 e para vinculação a ele dos recursos provenientes de contribuições e dos bens, direitos e ativos de qualquer natureza; (Redação dada pela Emenda Constitucional nº 103, de 2019)

VI – mecanismos de equacionamento do **deficit** atuarial; (Redação dada pela Emenda Constitucional nº 103, de 2019)

VII – estruturação do órgão ou entidade gestora do regime, observados os princípios relacionados com governança, controle interno e transparência; (Redação dada pela Emenda Constitucional nº 103, de 2019)

VIII – condições e hipóteses para responsabilização daqueles que desempenhem atribuições relacionadas, direta ou indiretamente, com a gestão do regime; (Redação dada pela Emenda Constitucional nº 103, de 2019)

IX – condições para adesão a consórcio público; (Redação dada pela Emenda Constitucional nº 103, de 2019)

X – parâmetros para apuração da base de cálculo e definição de alíquota de contribuições ordinárias e extraordinárias. (Redação dada pela Emenda Constitucional nº 103, de 2019)

Art. 41. São estáveis após três anos de efetivo exercício os servidores nomeados para cargo de provimento efetivo em virtude de concurso público. (Redação dada pela Emenda Constitucional nº 19, de 1998)

§ 1º O servidor público estável só perderá o cargo: (Redação dada pela Emenda Constitucional nº 19, de 1998)

I – em virtude de sentença judicial transitada em julgado; (Redação dada pela Emenda Constitucional nº 19, de 1998)

II – mediante processo administrativo em que lhe seja assegurada ampla defesa; (Redação dada pela Emenda Constitucional nº 19, de 1998)

III – mediante procedimento de avaliação periódica de desempenho, na forma de lei complementar, assegurada ampla defesa. (Redação dada pela Emenda Constitucional nº 19, de 1998)

§ 2º Invalidada por sentença judicial a demissão do servidor estável, será ele reintegrado, e o eventual ocupante da vaga, se estável, reconduzido ao cargo de origem, sem direito a indenização, aproveitado em outro cargo ou posto em disponibilidade com remuneração proporcional ao tempo de serviço. (Redação dada pela Emenda Constitucional nº 19, de 1998)

§ 3º Extinto o cargo ou declarada a sua desnecessidade, o servidor estável ficará em disponibilidade, com remuneração proporcional ao tempo de serviço, até seu adequado aproveitamento em outro cargo. (Redação dada pela Emenda Constitucional nº 19, de 1998)

§ 4º Como condição para a aquisição da estabilidade, é obrigatória a avaliação especial de desempenho por comissão instituída para essa finalidade. (Redação dada pela Emenda Constitucional nº 19, de 1998)

(...)

# LEI Nº 8.212, DE 24 DE JULHO DE 1991

Dispõe sobre a organização da Seguridade Social, institui Plano de Custeio, e dá outras providências.

O PRESIDENTE DA REPÚBLICA Faço saber que o Congresso Nacional decreta e eu sanciono a seguinte Lei:

LEI ORGÂNICA DA SEGURIDADE SOCIAL

TÍTULO I
CONCEITUAÇÃO E PRINCÍPIOS CONSTITUCIONAIS

Art. 1º A Seguridade Social compreende um conjunto integrado de ações de iniciativa dos poderes públicos e da sociedade, destinado a assegurar o direito relativo à saúde, à previdência e à assistência social.

Parágrafo único. A Seguridade Social obedecerá aos seguintes princípios e diretrizes:

a) universalidade da cobertura e do atendimento;

b) uniformidade e equivalência dos benefícios e serviços às populações urbanas e rurais;

c) seletividade e distributividade na prestação dos benefícios e serviços;

d) irredutibilidade do valor dos benefícios;

e) eqüidade na forma de participação no custeio;

f) diversidade da base de financiamento;

g) caráter democrático e descentralizado da gestão administrativa com a participação da comunidade, em especial de trabalhadores, empresários e aposentados.

TÍTULO II
DA SAÚDE

Art. 2º A Saúde é direito de todos e dever do Estado, garantido mediante políticas sociais e econômicas que visem à redução do risco de doença e de outros agravos e ao acesso universal e igualitário às ações e serviços para sua promoção, proteção e recuperação.

Parágrafo único. As atividades de saúde são de relevância pública e sua organização obedecerá aos seguintes princípios e diretrizes:

a) acesso universal e igualitário;

b) provimento das ações e serviços através de rede regionalizada e hierarquizada, integrados em sistema único;

c) descentralização, com direção única em cada esfera de governo;

d) atendimento integral, com prioridade para as atividades preventivas;

e) participação da comunidade na gestão, fiscalização e acompanhamento das ações e serviços de saúde;

f) participação da iniciativa privada na assistência à saúde, obedecidos os preceitos constitucionais.

TÍTULO III
DA PREVIDÊNCIA SOCIAL

Art. 3º A Previdência Social tem por fim assegurar aos seus beneficiários meios indispensáveis de manutenção, por motivo de incapacidade, idade avançada, tempo de serviço, desemprego involuntário, encargos de família e reclusão ou morte daqueles de quem dependiam economicamente.

Parágrafo único. A organização da Previdência Social obedecerá aos seguintes princípios e diretrizes:

a) universalidade de participação nos planos previdenciários, mediante contribuição;

b) valor da renda mensal dos benefícios, substitutos do salário-de-contribuição ou do rendimento do trabalho do segurado, não inferior ao do salário mínimo;

c) cálculo dos benefícios considerando-se os salários-de-contribuição, corrigidos monetariamente;

d) preservação do valor real dos benefícios;

e) previdência complementar facultativa, custeada por contribuição adicional.

TÍTULO IV
DA ASSISTÊNCIA SOCIAL

Art. 4º A Assistência Social é a política social que provê o atendimento das necessidades básicas, traduzidas em proteção à família, à maternidade, à infância, à adolescência, à velhice e à pessoa portadora de deficiência, independentemente de contribuição à Seguridade Social.

Parágrafo único. A organização da Assistência Social obedecerá às seguintes diretrizes:

a) descentralização político-administrativa;

b) participação da população na formulação e controle das ações em todos os níveis.

TÍTULO V
DA ORGANIZAÇÃO DA SEGURIDADE SOCIAL

Art. 5º As ações nas áreas de Saúde, Previdência Social e Assistência Social, conforme o disposto no Capítulo II do Título VIII da Constituição Federal, serão organizadas em Sistema Nacional de Seguridade Social, na forma desta Lei.

Art. 6º (Revogado pela Medida Provisória nº 2.216-37, de 2001).

Art. 7º (Revogado pela Medida Provisória nº 2.216-37, de 2001).

Art. 8º As propostas orçamentárias anuais ou plurianuais da Seguridade Social serão elaboradas por Comissão integrada por 3 (três) representantes, sendo 1 (um) da área da saúde, 1 (um) da área da previdência social e 1 (um) da área de assistência social.

Art. 9º As áreas de Saúde, Previdência Social e Assistência Social são objeto de leis específicas, que regulamentarão sua organização e funcionamento.

TÍTULO VI
DO FINANCIAMENTO DA SEGURIDADE SOCIAL

Introdução

Art. 10. A Seguridade Social será financiada por toda sociedade, de forma direta e indireta, nos termos do art. 195 da Constituição Federal e desta Lei, mediante recursos provenientes da União, dos Estados, do Distrito Federal, dos Municípios e de contribuições sociais.

Art. 11. No âmbito federal, o orçamento da Seguridade Social é composto das seguintes receitas:

I – receitas da União;

II – receitas das contribuições sociais;

III – receitas de outras fontes.

Parágrafo único. Constituem contribuições sociais:

a) as das empresas, incidentes sobre a remuneração paga ou creditada aos segurados a seu serviço;

b) as dos empregadores domésticos;

c) as dos trabalhadores, incidentes sobre o seu salário-de-contribuição;

d) as das empresas, incidentes sobre faturamento e lucro;

e) as incidentes sobre a receita de concursos de prognósticos.

Capítulo I
DOS CONTRIBUINTES

Seção I
Dos Segurados

Art. 12. São segurados obrigatórios da Previdência Social as seguintes pessoas físicas:

I – como empregado:

a) aquele que presta serviço de natureza urbana ou rural à empresa, em caráter não eventual, sob sua subordinação e mediante remuneração, inclusive como diretor empregado;

b) aquele que, contratado por empresa de trabalho temporário, definida em legislação específica, presta serviço para atender a necessidade transitória de substituição de pessoal regular e permanente ou a acréscimo extraordinário de serviços de outras empresas;

c) o brasileiro ou estrangeiro domiciliado e contratado no Brasil para trabalhar como empregado em sucursal ou agência de empresa nacional no exterior;

d) aquele que presta serviço no Brasil a missão diplomática ou a repartição consular de carreira estrangeira e a órgãos a ela subordinados, ou a membros dessas missões e repartições, excluídos o não-brasileiro sem residência permanente no Brasil e o brasileiro amparado pela legislação previdenciária do país da respectiva missão diplomática ou repartição consular;

e) o brasileiro civil que trabalha para a União, no exterior, em organismos oficiais brasileiros ou internacionais dos quais o Brasil seja membro efetivo, ainda que lá domiciliado e contratado, salvo se segurado na forma da legislação vigente do país do domicílio;

f) o brasileiro ou estrangeiro domiciliado e contratado no Brasil para trabalhar como empregado em empresa domiciliada no exterior, cuja maioria do capital votante pertença a empresa brasileira de capital nacional;

g) o servidor público ocupante de cargo em comissão, sem vínculo efetivo com a União, Autarquias, inclusive em regime especial, e Fundações Públicas Federais;

h) (Execução suspensa pela Resolução do Senado Federal nº 26, de 2005)

i) o empregado de organismo oficial internacional ou estrangeiro em funcionamento no Brasil, salvo quando coberto por regime próprio de previdência social;

j) o exercente de mandato eletivo federal, estadual ou municipal, desde que não vinculado a regime próprio de previdência social;

II – como empregado doméstico: aquele que presta serviço de natureza contínua a pessoa ou família, no âmbito residencial desta, em atividades sem fins lucrativos;

III – (Revogado pela Lei nº 9.876, de 1999).

IV – (Revogado pela Lei nº 9.876, de 1999).

V – como contribuinte individual:

a) a pessoa física, proprietária ou não, que explora atividade agropecuária, a qualquer título, em caráter permanente ou temporário, em área superior a 4 (quatro) módulos fiscais; ou, quando em área igual ou inferior a 4 (quatro) módulos fiscais ou atividade pesqueira, com auxílio de empregados ou por intermédio de prepostos; ou ainda nas hipóteses dos §§ 10 e 11 deste artigo;

b) a pessoa física, proprietária ou não, que explora atividade de extração mineral – garimpo, em caráter permanente ou temporário, diretamente ou por intermédio de prepostos, com ou sem o auxílio de empregados, utilizados a qualquer título, ainda que de forma não contínua;

c) o ministro de confissão religiosa e o membro de instituto de vida consagrada, de congregação ou de ordem religiosa;

d) revogada;

e) o brasileiro civil que trabalha no exterior para organismo oficial internacional do qual o Brasil é membro efetivo, ainda que lá domiciliado e contratado, salvo quando coberto por regime próprio de previdência social;

f) o titular de firma individual urbana ou rural, o diretor não empregado e o membro de conselho de administração de sociedade anônima, o sócio solidário, o sócio de indústria, o sócio gerente e o sócio cotista que recebam remuneração decorrente de seu trabalho em empresa urbana ou rural, e o associado eleito para cargo de direção em cooperativa, associação ou entidade de qualquer natureza ou finalidade, bem como o síndico ou administrador eleito para exercer atividade de direção condominial, desde que recebam remuneração;

g) quem presta serviço de natureza urbana ou rural, em caráter eventual, a uma ou mais empresas, sem relação de emprego;

h) a pessoa física que exerce, por conta própria, atividade econômica de natureza urbana, com fins lucrativos ou não;

VI – como trabalhador avulso: quem presta, a diversas empresas, sem vínculo empregatício, serviços de natureza urbana ou rural definidos no regulamento;

VII – como segurado especial: a pessoa física residente no imóvel rural ou em aglomerado urbano ou rural próximo a ele que, individualmente ou em regime de economia familiar, ainda que com o auxílio eventual de terceiros a título de mútua colaboração, na condição de:

a) produtor, seja proprietário, usufrutuário, possuidor, assentado, parceiro ou meeiro outorgados, comodatário ou arrendatário rurais, que explore atividade:

1. agropecuária em área de até 4 (quatro) módulos fiscais; ou

2. de seringueiro ou extrativista vegetal que exerça suas atividades nos termos do inciso XII do caput do art. 2º da Lei nº 9.985, de 18 de julho de 2000, e faça dessas atividades o principal meio de vida;

b) pescador artesanal ou a este assemelhado, que faça da pesca profissão habitual ou principal meio de vida; e

c) cônjuge ou companheiro, bem como filho maior de 16 (dezesseis) anos de idade ou a este equiparado, do segurado de que tratam as alíneas *a* e *b* deste inciso, que, comprovadamente, trabalhem com o grupo familiar respectivo.

§ 1º Entende-se como regime de economia familiar a atividade em que o trabalho dos membros da família é indispensável à própria subsistência e ao desenvolvimento socioeconômico do núcleo familiar e é exercido em condições de mútua dependência e colaboração, sem a utilização de empregados permanentes.

§ 2º Todo aquele que exercer, concomitantemente, mais de uma atividade remunerada sujeita ao Regime Geral de Previdência Social é obrigatoriamente filiado em relação a cada uma delas.

§ 3º (Revogado):

I – (revogado);

II – (revogado).

§ 4º O aposentado pelo Regime Geral de Previdência Social-RGPS que estiver exercendo ou que voltar a exercer atividade abrangida por este Regime é segurado obrigatório em relação a essa atividade, ficando sujeito às contribuições de que trata esta Lei, para fins de custeio da Seguridade Social.

§ 5º O dirigente sindical mantém, durante o exercício do mandato eletivo, o mesmo enquadramento no Regime Geral de Previdência Social-RGPS de antes da investidura.

§ 6º Aplica-se o disposto na alínea *g* do inciso I do *caput* ao ocupante de cargo de Ministro de Estado, de Secretário Estadual, Distrital ou Municipal, sem vínculo efetivo com a União, Estados, Distrito Federal e Municípios, suas autarquias, ainda que em regime especial, e fundações.

§ 7º Para serem considerados segurados especiais, o cônjuge ou companheiro e os filhos maiores de 16 (dezesseis) anos ou os a estes equiparados deverão ter participação ativa nas atividades rurais do grupo familiar.

§ 8º O grupo familiar poderá utilizar-se de empregados contratados por prazo determinado ou trabalhador de que trata a alínea *g* do inciso V do caput deste artigo, à razão de no máximo 120 (cento e vinte) pessoas por dia no ano civil, em períodos corridos ou intercalados ou, ainda, por tempo equivalente em horas de trabalho, não sendo computado nesse prazo o período de afastamento em decorrência da percepção de auxílio-doença.

§ 9º Não descaracteriza a condição de segurado especial:

I – a outorga, por meio de contrato escrito de parceria, meação ou comodato, de até 50% (cinquenta por cento) de imóvel rural cuja área total não seja superior a 4 (quatro) módulos fiscais, desde que outorgante e outorgado continuem a exercer a respectiva atividade, individualmente ou em regime de economia familiar;

II – a exploração da atividade turística da propriedade rural, inclusive com hospedagem, por não mais de 120 (cento e vinte) dias ao ano;

III – a participação em plano de previdência complementar instituído por entidade classista a que seja associado, em razão da condição de trabalhador rural ou de produtor rural em regime de economia familiar;

IV – ser beneficiário ou fazer parte de grupo familiar que tem algum componente que seja beneficiário de programa assistencial oficial de governo;

V – a utilização pelo próprio grupo familiar, na exploração da atividade, de processo de beneficiamento ou industrialização artesanal, na forma do § 11 do art. 25 desta Lei; e

VI – a associação em cooperativa agropecuária ou de crédito rural; e

VII – a incidência do Imposto Sobre Produtos Industrializados – IPI sobre o produto das atividades desenvolvidas nos termos do § 14 deste artigo

VIII – a participação em programas e ações de pagamento por serviços ambientais.

§ 10. Não é segurado especial o membro de grupo familiar que possuir outra fonte de rendimento, exceto se decorrente de:

I – benefício de pensão por morte, auxílio-acidente ou auxílio-reclusão, cujo valor não supere o do menor benefício de prestação continuada da Previdência Social;

II – benefício previdenciário pela participação em plano de previdência complementar instituído nos termos do inciso IV do § 9º deste artigo;

III – exercício de atividade remunerada em período não superior a 120 (cento e vinte) dias, corridos ou intercalados, no ano civil, observado o disposto no § 13 deste artigo;

IV – exercício de mandato eletivo de dirigente sindical de organização da categoria de trabalhadores rurais;

V – exercício de mandato de vereador do município onde desenvolve a atividade rural, ou de dirigente de cooperativa rural constituída exclusivamente por segurados especiais, observado o disposto no § 13 deste artigo;

VI – parceria ou meação outorgada na forma e condições estabelecidas no inciso I do § 9º deste artigo;

VII – atividade artesanal desenvolvida com matéria-prima produzida pelo respectivo grupo familiar, podendo ser utilizada matéria-prima de outra origem, desde que a renda mensal obtida na atividade não exceda ao menor benefício de prestação continuada da Previdência Social; e

VIII – atividade artística, desde que em valor mensal inferior ao menor benefício de prestação continuada da Previdência Social.

§ 11. O segurado especial fica excluído dessa categoria:

I – a contar do primeiro dia do mês em que:

a) deixar de satisfazer as condições estabelecidas no inciso VII do caput deste artigo, sem prejuízo do disposto no art. 15 da Lei nº 8.213, de 24 de julho de 1991, ou exceder qualquer dos limites estabelecidos no inciso I do § 9º deste artigo;

b) enquadrar-se em qualquer outra categoria de segurado obrigatório do Regime Geral de Previdência Social, ressalvado o disposto nos incisos III, V, VII e VIII do § 10 e no § 14 deste artigo, sem prejuízo do disposto no art. 15 da Lei nº 8.213, de 24 de julho de 1991;

c) tornar-se segurado obrigatório de outro regime previdenciário; e

d) participar de sociedade empresária, de sociedade simples, como empresário individual ou como titular de empresa individual de responsabilidade limitada em desacordo com as limitações impostas pelo § 14 deste artigo;

II – a contar do primeiro dia do mês subsequente ao da ocorrência, quando o grupo familiar a que pertence exceder o limite de:

a) utilização de trabalhadores nos termos do § 8º deste artigo;

b) dias em atividade remunerada estabelecidos no inciso III do § 10 deste artigo; e

c) dias de hospedagem a que se refere o inciso II do § 9º deste artigo.

§ 12. Aplica-se o disposto na alínea *a* do inciso V do caput deste artigo ao cônjuge ou companheiro do produtor que participe da atividade rural por este explorada.

§ 13. O disposto nos incisos III e V do § 10 e no § 14 deste artigo não dispensa o recolhimento da contribuição devida em relação ao exercício das atividades de que tratam os referidos dispositivos.

§ 14. A participação do segurado especial em sociedade empresária, em sociedade simples, como empresário individual ou como titular de empresa individual de responsabilidade limitada de objeto ou âmbito agrícola, agroindustrial ou agroturístico, considerada microempresa nos termos da Lei Complementar nº 123, de 14 de dezembro de 2006, não o exclui de tal categoria previdenciária, desde que, mantido o exercício da sua atividade rural na forma do inciso VII do caput e do § 1º, a pessoa jurídica componha-se apenas de segurados de igual natureza e sedie-se no mesmo Município ou em Município limítrofe àquele em que eles desenvolvam suas atividades.

§ 15. (VETADO).

Art. 13. O servidor civil ocupante de cargo efetivo ou o militar da União, dos Estados, do Distrito Federal ou dos Municípios, bem como o das respectivas autarquias e fundações, são excluídos do Regime Geral de Previdência Social consubstanciado nesta Lei, desde que amparados por regime próprio de previdência social.

§ 1º Caso o servidor ou o militar venham a exercer, concomitantemente, uma ou mais atividades abrangidas pelo Regime Geral de Previdência Social, tornar-se-ão segurados obrigatórios em relação a essas atividades.

§ 2º Caso o servidor ou o militar, amparados por regime próprio de previdência social, sejam requisitados para outro órgão ou entidade cujo regime previdenciário não permita a filiação nessa condição, permanecerão vinculados ao regime de origem, obedecidas as regras que cada ente estabeleça acerca de sua contribuição.

Art. 14. É segurado facultativo o maior de 14 (quatorze) anos de idade que se filiar ao Regime Geral de Previdência Social, mediante contribuição, na forma do art. 21, desde que não incluído nas disposições do art. 12.

Seção II
Da Empresa e do Empregador Doméstico

Art. 15. Considera-se:

I – empresa – a firma individual ou sociedade que assume o risco de atividade econômica urbana ou rural, com fins lucrativos ou não, bem como os órgãos e entidades da administração pública direta, indireta e fundacional;

II – empregador doméstico – a pessoa ou família que admite a seu serviço, sem finalidade lucrativa, empregado doméstico.

Parágrafo único. Equiparam-se a empresa, para os efeitos desta Lei, o contribuinte individual e a pessoa física na condição de proprietário ou dono de obra de construção civil, em relação a segurado que lhe presta serviço, bem como a cooperativa, a associação ou a entidade de qualquer natureza ou finalidade, a missão diplomática e a repartição consular de carreira estrangeiras.

Capítulo II
DA CONTRIBUIÇÃO DA UNIÃO

Art. 16. A contribuição da União é constituída de recursos adicionais do Orçamento Fiscal, fixados obrigatoriamente na lei orçamentária anual.

Parágrafo único. A União é responsável pela cobertura de eventuais insuficiências financeiras da Seguridade Social, quando decorrentes do pagamento de benefícios de prestação continuada da Previdência Social, na forma da Lei Orçamentária Anual.

Art. 17. Para pagamento dos encargos previdenciários da União, poderão contribuir os recursos da Seguridade Social referidos na alínea "d" do parágrafo único do art. 11 desta Lei, na forma da Lei Orçamentária anual, assegurada a destinação de recursos para as ações desta Lei de Saúde e Assistência Social.

Art. 18. Os recursos da Seguridade Social referidos nas alíneas "a", "b", "c" e "d" do parágrafo único do art. 11 desta Lei poderão contribuir, a partir do exercício de 1992, para o financiamento das despesas com pessoal e administração geral apenas do Instituto Nacional do Seguro Social-INSS, do Instituto Nacional de Assistência Médica da Previdência Social-INAMPS, da Fundação Legião Brasileira de Assistência-LBA e da Fundação Centro Brasileiro para Infância e Adolescência.

Art. 19. O Tesouro Nacional repassará mensalmente recursos referentes às contribuições mencionadas nas alíneas "d" e "e" do parágrafo único do art. 11 desta Lei, destinados à execução do Orçamento da Seguridade Social.

§ 1º Decorridos os prazos referidos no caput deste artigo, as dotações a serem repassadas sujeitar-se-ão a atualização monetária segundo os mesmos índices utilizados para efeito de correção dos tributos da União.

§ 2º Os recursos oriundos da majoração das contribuições previstas nesta Lei ou da criação de novas contribuições destinadas à Seguridade Social somente poderão ser utilizados para atender as ações nas áreas de saúde, previdência e assistência social.

Capítulo III
DA CONTRIBUIÇÃO DO SEGURADO

Seção I
Da Contribuição dos Segurados Empregado, Empregado Doméstico e Trabalhador Avulso

Art. 20. A contribuição do empregado, inclusive o doméstico, e a do trabalhador avulso é calculada mediante a aplicação da correspondente alíquota sobre o seu salário-de-contribuição mensal, de forma não cumulativa, observado o disposto no art. 28, de acordo com a seguinte tabela:

Salário-de-contribuição	Alíquota em %
até 249,80	8,00
de 249,81 até 416,33	9,00
de 416,34 até 832,66	11,00

(Valores e alíquotas dados pela Lei nº 9.129, de 20.11.95) 4

§ 1º Os valores do salário-de-contribuição serão reajustados, a partir da data de entrada em vigor desta Lei, na mesma época e com os mesmos índices que os do reajustamento dos benefícios de prestação continuada da Previdência Social.

§ 2º O disposto neste artigo aplica-se também aos segurados empregados e trabalhadores avulsos que prestem serviços a microempresas.

Seção II
Da Contribuição dos Segurados Contribuinte Individual e Facultativo.

Art. 21. A alíquota de contribuição dos segurados contribuinte individual e facultativo será de vinte por cento sobre o respectivo salário-de-contribuição.

I – revogado;

II – revogado.

§ 1º Os valores do salário-de-contribuição serão reajustados, a partir da data de entrada em vigor desta Lei, na mesma época e com os mesmos índices que os do reajustamento dos benefícios de prestação continuada da Previdência Social.

§ 2º No caso de opção pela exclusão do direito ao benefício de aposentadoria por tempo de contribuição, a alíquota de contribuição incidente sobre o limite mínimo mensal do salário de contribuição será de:

I – 11% (onze por cento), no caso do segurado contribuinte individual, ressalvado o disposto no inciso II, que trabalhe por conta própria, sem relação de trabalho com empresa ou equiparado e do segurado facultativo, observado o disposto na alínea *b* do inciso II deste parágrafo;

II – 5% (cinco por cento):

a) no caso do microempreendedor individual, de que trata o art. 18-A da Lei Complementar nº 123, de 14 de dezembro de 2006; e

b) do segurado facultativo sem renda própria que se dedique exclusivamente ao trabalho doméstico no âmbito de sua residência, desde que pertencente a família de baixa renda.

§ 3º O segurado que tenha contribuído na forma do § 2º deste artigo e pretenda contar o tempo de contribuição correspondente para fins de obtenção da aposentadoria por tempo de contribuição ou da contagem recíproca do tempo de contribuição a que se refere o art. 94 da Lei nº 8.213, de 24 de julho de 1991, deverá complementar a contribuição mensal mediante recolhimento, sobre o valor correspondente ao limite mínimo mensal do salário-de-contribuição em vigor na competência a ser complementada, da diferença entre o percentual pago e o de 20% (vinte por cento), acrescido dos juros moratórios de que trata o § 3º do art. 5º da Lei nº 9.430, de 27 de dezembro de 1996.

§ 4º Considera-se de baixa renda, para os fins do disposto na alínea *b* do inciso II do § 2º deste artigo, a família inscrita no Cadastro Único para Programas Sociais do Governo Federal – CadÚnico cuja renda mensal seja de até 2 (dois) salários mínimos.

§ 5º A contribuição complementar a que se refere o § 3º deste artigo será exigida a qualquer tempo, sob pena de indeferimento do benefício.

Capítulo IV
DA CONTRIBUIÇÃO DA EMPRESA

Art. 22. A contribuição a cargo da empresa, destinada à Seguridade Social, além do disposto no art. 23, é de: 6

I – vinte por cento sobre o total das remunerações pagas, devidas ou creditadas a qualquer título, durante o mês, aos segurados empregados e trabalhadores avulsos que lhe prestem serviços, destinadas a retribuir o trabalho, qualquer que seja a sua forma, inclusive as gorjetas, os ganhos habituais sob a forma de utilidades e os adiantamentos decorrentes de reajuste salarial, quer pelos serviços efetivamente prestados, quer pelo tempo à disposição do empregador ou tomador de serviços, nos termos da lei ou do contrato ou, ainda, de convenção ou acordo coletivo de trabalho ou sentença normativa.

II – para o financiamento do benefício previsto nos arts. 57 e 58 da Lei nº 8.213, de 24 de julho de 1991, e daqueles concedidos em razão do grau de incidência de incapacidade laborativa decorrente dos riscos ambientais do trabalho, sobre o total das remunerações pagas ou creditadas, no decorrer do mês, aos segurados empregados e trabalhadores avulsos:

a) 1% (um por cento) para as empresas em cuja atividade preponderante o risco de acidentes do trabalho seja considerado leve;

b) 2% (dois por cento) para as empresas em cuja atividade preponderante esse risco seja considerado médio;

c) 3% (três por cento) para as empresas em cuja atividade preponderante esse risco seja considerado grave.

III – vinte por cento sobre o total das remunerações pagas ou creditadas a qualquer título, no decorrer do mês, aos segurados contribuintes individuais que lhe prestem serviços;

IV (Execução suspensa pela Resolução do Senado Federal nº 10, de 2016)

§ 1º No caso de bancos comerciais, bancos de investimentos, bancos de desenvolvimento, caixas econômicas, sociedades de crédito, financiamento e investimento, sociedades de crédito imobiliário, sociedades corretoras, distribuidoras de títulos e valores mobiliários, empresas de arrendamento mercantil, cooperativas de crédito, empresas de seguros privados e de capitalização, agentes autônomos de seguros privados e de crédito e entidades de previdência privada abertas e fechadas, além das contribuições referidas neste artigo e no art. 23, é devida a contribuição adicional de dois vírgula cinco por cento sobre a base de cálculo definida nos incisos I e III deste artigo.

§ 2º Não integram a remuneração as parcelas de que trata o § 9º do art. 28.

§ 3º O Ministério do Trabalho e da Previdência Social poderá alterar, com base nas estatísticas de acidentes do trabalho, apuradas em inspeção, o enquadramento de empresas para efeito da contribuição a que se refere o inciso II deste artigo, a fim de estimular investimentos em prevenção de acidentes.

§ 4º O Poder Executivo estabelecerá, na forma da lei, ouvido o Conselho Nacional da Seguridade Social, mecanismos de estímulo às empresas que se utilizem de empregados portadores de deficiências física, sensorial e/ou mental com desvio do padrão médio.

§ 5º (Revogado pela Lei nº 10.256, de 2001).

§ 6º A contribuição empresarial da associação desportiva que mantém equipe de futebol profissional destinada à Seguridade Social, em substituição à prevista nos incisos I e II deste artigo, corresponde a cinco por cento da receita bruta, decorrente dos espetáculos desportivos de que participem em todo território nacional em qualquer modalidade desportiva, inclusive jogos internacionais, e de qualquer forma de patrocínio, licenciamento de uso de marcas e símbolos, publicidade, propaganda e de transmissão de espetáculos desportivos.

§ 7º Caberá à entidade promotora do espetáculo a responsabilidade de efetuar o desconto de cinco por cento da receita bruta decorrente dos espetáculos desportivos e o respectivo recolhimento ao Instituto Nacional do Seguro Social, no prazo de até dois dias úteis após a realização do evento.

§ 8º Caberá à associação desportiva que mantém equipe de futebol profissional informar à entidade promotora do espetáculo desportivo todas as receitas auferidas no evento, discriminando-as detalhadamente.

§ 9º No caso de a associação desportiva que mantém equipe de futebol profissional receber recursos de empresa ou entidade, a título de patrocínio, licenciamento de uso de marcas e símbolos, publicidade, propaganda e transmissão de espetáculos, esta última ficará com a responsabilidade de reter e recolher o percentual de cinco por cento da receita bruta decorrente do evento, inadmitida qualquer dedução, no prazo estabelecido na alínea "b", inciso I, do art. 30 desta Lei.

§ 10. Não se aplica o disposto nos §§ 6º ao 9º às demais associações desportivas, que devem contribuir na forma dos incisos I e II deste artigo e do art. 23 desta Lei.

§ 11. O disposto nos §§ 6º ao 9º deste artigo aplica-se à associação desportiva que mantenha equipe de futebol profissional e atividade econômica organizada para a produção e circulação de bens e serviços e que se organize regularmente, segundo um dos tipos regulados nos arts. 1.039 a 1.092 da Lei nº 10.406, de 10 de janeiro de 2002 – Código Civil.

§ 11-A. O disposto no § 11 deste artigo aplica-se apenas às atividades diretamente relacionadas com a manutenção e administração de equipe profissional de futebol, não se estendendo às outras atividades econômicas exercidas pelas referidas sociedades empresariais beneficiárias.

§ 12. (VETADO)

§ 13. Não se considera como remuneração direta ou indireta, para os efeitos desta Lei, os valores despendidos pelas entidades religiosas e instituições de ensino vocacional com ministro de confissão religiosa, membros de instituto de vida consagrada, de congregação ou de ordem religiosa em face do seu mister religioso ou para sua subsistência desde que fornecidos em condições que independam da natureza e da quantidade do trabalho executado.

§ 14. Para efeito de interpretação do § 13 deste artigo:

I – os critérios informadores dos valores despendidos pelas entidades religiosas e instituições de ensino vocacional aos ministros de confissão religiosa, membros de vida consagrada, de congregação ou de ordem religiosa não são taxativos e sim exemplificativos;

II – os valores despendidos, ainda que pagos de forma e montante diferenciados, em pecúnia ou a título de ajuda de custo de moradia, transporte, formação educacional, vinculados exclusivamente à atividade religiosa não configuram remuneração direta ou indireta.

§ 15. Na contratação de serviços de transporte rodoviário de carga ou de passageiro, de serviços prestados com a utilização de trator, máquina de terraplenagem, colheitadeira e assemelhados, a base de cálculo da contribuição da empresa corresponde a 20% (vinte por cento) do valor da nota fiscal, fatura ou recibo, quando esses serviços forem prestados por condutor autônomo de veículo rodoviário, auxiliar de condutor autônomo de veículo rodoviário, bem como por operador de máquinas.

§ 16. Conforme previsto nos arts. 106 e 110 da Lei nº 5.172, de 25 de outubro de 1966 (Código Tributário Nacional), o disposto no § 14 deste artigo aplica-se aos fatos geradores anteriores à data de vigência da Lei nº 13.137, de 19 de junho de 2015, consideradas nulas as autuações emitidas em desrespeito ao previsto no respectivo diploma legal.

Art. 22A. A contribuição devida pela agroindústria, definida, para os efeitos desta Lei, como sendo o produtor rural pessoa jurídica cuja atividade econômica seja a industrialização de produção própria ou de produção própria e adquirida de terceiros, incidente sobre o valor da receita bruta proveniente da comercialização da produção, em substituição às previstas nos incisos I e II do art. 22 desta Lei, é de:

I – dois vírgula cinco por cento destinados à Seguridade Social;

II – zero vírgula um por cento para o financiamento do benefício previsto nos arts. 57 e 58 da Lei nº 8.213, de 24 de julho de 1991, e daqueles concedidos em razão do grau de incidência de incapacidade para o trabalho decorrente dos riscos ambientais da atividade.

§ 1º (VETADO)

§ 2º O disposto neste artigo não se aplica às operações relativas à prestação de serviços a terceiros, cujas contribuições previdenciárias continuam sendo devidas na forma do art. 22 desta Lei.

§ 3º Na hipótese do § 2º, a receita bruta correspondente aos serviços prestados a terceiros será excluída da base de cálculo da contribuição de que trata o caput.

§ 4º O disposto neste artigo não se aplica às sociedades cooperativas e às agroindústrias de piscicultura, carcinicultura, suinocultura e avicultura.

§ 5º O disposto no inciso I do art. 3º da Lei nº 8.315, de 23 de dezembro de 1991, não se aplica ao empregador de que trata este artigo, que contribuirá com o adicional de zero vírgula vinte e cinco por cento da receita bruta proveniente da comercialização da produção, destinado ao Serviço Nacional de Aprendizagem Rural (SENAR).

§ 6º Não se aplica o regime substitutivo de que trata este artigo à pessoa jurídica que, relativamente à atividade rural, se dedique apenas ao florestamento e reflorestamento como fonte de matéria-prima para industrialização própria mediante a utilização de processo industrial que modifique a natureza química da madeira ou a transforme em pasta celulósica.

§ 7º Aplica-se o disposto no § 6º ainda que a pessoa jurídica comercialize resíduos vegetais ou sobras ou partes da produção, desde que a receita bruta decorrente dessa comercialização represente menos de um por cento de sua receita bruta proveniente da comercialização da produção.

Art. 22B. As contribuições de que tratam os incisos I e II do art. 22 desta Lei são substituídas, em relação à remuneração paga, devida ou creditada ao trabalhador rural contratado pelo consórcio simplificado de produtores rurais de que trata o art. 25A, pela contribuição dos respectivos produtores rurais, calculada na forma do art. 25 desta Lei.

Art. 23. As contribuições a cargo da empresa provenientes do faturamento e do lucro, destinadas à Seguridade Social, além do disposto no art. 22, são calculadas mediante a aplicação das seguintes alíquotas:

I – 2% (dois por cento) sobre sua receita bruta, estabelecida segundo o disposto no § 1º do art. 1º do Decreto-lei nº 1.940, de 25 de maio de 1982, com a redação dada pelo art. 22, do Decreto-lei nº 2.397, de 21 de dezembro de 1987, e alterações posteriores; [9]

II – 10% (dez por cento) sobre o lucro líquido do período-base, antes da provisão para o Imposto de Renda, ajustado na forma do art. 2º da Lei nº 8.034, de 12 de abril de 1990.

§ 1º No caso das instituições citadas no § 1º do art. 22 desta Lei, a alíquota da contribuição prevista no inciso II é de 15% (quinze por cento). [11]

§ 2º O disposto neste artigo não se aplica às pessoas de que trata o art. 25.

Capítulo V
DA CONTRIBUIÇÃO DO EMPREGADOR DOMÉSTICO

Art. 24. A contribuição do empregador doméstico incidente sobre o salário de contribuição do empregado doméstico a seu serviço é de:

I – 8% (oito por cento); e

II – 0,8% (oito décimos por cento) para o financiamento do seguro contra acidentes de trabalho.

Parágrafo único. Presentes os elementos da relação de emprego doméstico, o empregador doméstico não poderá contratar microempreendedor individual de que trata o art. 18-A da Lei Complementar nº 123, de 14 de dezembro de 2006, sob pena de ficar sujeito a todas as obrigações dela decorrentes, inclusive trabalhistas, tributárias e previdenciárias.

Capítulo VI
DA CONTRIBUIÇÃO DO PRODUTOR RURAL E DO PESCADOR

Art. 25. A contribuição do empregador rural pessoa física, em substituição à contribuição de que tratam os incisos I e II do art. 22, e a do segurado especial, referidos, respectivamente, na alínea a do inciso V e no inciso VII do art. 12 desta Lei, destinada à Seguridade Social, é de:

I – 1,2% (um inteiro e dois décimos por cento) da receita bruta proveniente da comercialização da sua produção;

II – 0,1% da receita bruta proveniente da comercialização da sua produção para financiamento das prestações por acidente do trabalho.

§ 1º O segurado especial de que trata este artigo, além da contribuição obrigatória referida no caput, poderá contribuir, facultativamente, na forma do art. 21 desta Lei.

§ 2º A pessoa física de que trata a alínea "a" do inciso V do art. 12 contribui, também, obrigatoriamente, na forma do art. 21 desta Lei.

§ 3º Integram a produção, para os efeitos deste artigo, os produtos de origem animal ou vegetal, em estado natural ou submetidos a processos de beneficiamento ou industrialização rudimentar, assim compreendidos, entre outros, os processos de lavagem, limpeza, descaroçamento, pilagem, descascamento, lenhamento, pasteurização, resfriamento, secagem, fermentação, embalagem, cristalização, fundição, carvoejamento, cozimento, destilação, moagem e torrefação, bem como os subprodutos e os resíduos obtidos por meio desses processos, exceto, no caso de sociedades cooperativas, a parcela de produção que não seja objeto de repasse ao cooperado por meio de fixação de preço.

§ 4º (Revogado).

§ 5º (VETADO) (Incluído pela Lei n º 8.540, de 22.12.92)

§ 6º (Revogado pela Lei nº 10.256, de 2001).

§ 7º (Revogado pela Lei nº 10.256, de 2001).

§ 8º (Revogado pela Lei nº 10.256, de 2001).

§ 9º (VETADO)

§ 10. Integra a receita bruta de que trata este artigo, além dos valores decorrentes da comercialização da produção relativa aos produtos a que se refere o § 3º deste artigo, a receita proveniente:

I – da comercialização da produção obtida em razão de contrato de parceria ou meação de parte do imóvel rural;

II – da comercialização de artigos de artesanato de que trata o inciso VII do § 10 do art. 12 desta Lei;

III – de serviços prestados, de equipamentos utilizados e de produtos comercializados no imóvel rural, desde que em atividades turística e de entretenimento desenvolvidas no próprio imóvel, inclusive hospedagem, alimentação, recepção, recreação e atividades pedagógicas, bem como taxa de visitação e serviços especiais;

IV – do valor de mercado da produção rural dada em pagamento ou que tiver sido trocada por outra, qualquer que seja o motivo ou finalidade; e

V – de atividade artística de que trata o inciso VIII do § 10 do art. 12 desta Lei.

§ 11. Considera-se processo de beneficiamento ou industrialização artesanal aquele realizado diretamente pelo próprio produtor rural pessoa física, desde que não esteja sujeito à incidência do Imposto Sobre Produtos Industrializados – IPI.

§ 12. Não integra a base de cálculo da contribuição de que trata o **caput** deste artigo a produção rural destinada ao plantio ou reflorestamento, nem o produto animal destinado à reprodução ou criação pecuária ou granjeira e à utilização como cobaia para fins de pesquisas científicas, quando vendido pelo próprio produtor e por quem a utilize diretamente com essas finalidades e, no caso de produto vegetal, por pessoa ou entidade registrada no Ministério da Agricultura, Pecuária e Abastecimento que se dedique ao comércio de sementes e mudas no País.

§ 13. O produtor rural pessoa física poderá optar por contribuir na forma prevista no **caput** deste artigo ou na forma dos incisos I e II do **caput** do art. 22 desta Lei, manifestando sua opção mediante o pagamento da contribuição incidente sobre a folha de salários relativa a janeiro de cada ano, ou à primeira competência subsequente ao início da atividade rural, e será irretratável para todo o ano-calendário.

§ 14. Considera-se receita bruta proveniente da comercialização da produção o valor da fixação de preço repassado ao cooperado pela cooperativa ao qual esteja associado, por ocasião da realização do ato cooperativo de que trata o art. 79 da Lei nº 5.764, de 16 de dezembro de 1971, não compreendidos valores pagos, creditados ou capitalizados a título de sobras, os quais não representam preço ou complemento de preço.

§ 15. Não se considera receita bruta, para fins de base de cálculo das contribuições sociais devidas pelo produtor rural cooperado, a entrega ou o retorno de produção para a cooperativa nas operações em que não ocorra repasse pela cooperativa a título de fixação de preço, não podendo o mero retorno caracterizar permuta, compensação, dação em pagamento ou ressarcimento que represente valor, preço ou complemento de preço.

§ 16. Aplica-se ao disposto no **caput** e nos §§ 3º, 14 e 15 deste artigo o caráter interpretativo de que trata o art. 106 da Lei nº 5.172, de 25 de outubro de 1966 (Código Tributário Nacional).

Art. 25A. Equipara-se ao empregador rural pessoa física o consórcio simplificado de produtores rurais, formado pela união de produtores rurais pessoas físicas, que outorgar a um deles poderes para contratar, gerir e demitir trabalhadores para prestação de serviços, exclusivamente, aos seus integrantes, mediante documento registrado em cartório de títulos e documentos.

§ 1º O documento de que trata o caput deverá conter a identificação de cada produtor, seu endereço pessoal e o de sua propriedade rural, bem como o respectivo registro no Instituto Nacional de Colonização e Reforma Agrária – INCRA ou informações relativas a parceria, arrendamento ou equivalente e a matrícula no Instituto Nacional do Seguro Social – INSS de cada um dos produtores rurais.

§ 2º O consórcio deverá ser matriculado no INSS em nome do empregador a quem hajam sido outorgados os poderes, na forma do regulamento.

§ 3º Os produtores rurais integrantes do consórcio de que trata o caput serão responsáveis solidários em relação às obrigações previdenciárias.

§ 4º (VETADO)

Capítulo VII
DA CONTRIBUIÇÃO SOBRE A RECEITA DE CONCURSOS DE PROGNÓSTICOS

Art. 26. Constitui receita da Seguridade Social a contribuição social sobre a receita de concursos de prognósticos a que se refere o inciso III do caput do art. 195 da Constituição Federal.

§ 1º (Revogado). (Redação dada pela Lei nº 13.756, de 2018)

§ 2º (Revogado). (Redação dada pela Lei nº 13.756, de 2018)

§ 3º (Revogado). (Redação dada pela Lei nº 13.756, de 2018)

§ 4º O produto da arrecadação da contribuição será destinado ao financiamento da Seguridade Social.

§ 5º A base de cálculo da contribuição equivale à receita auferida nos concursos de prognósticos, sorteios e loterias.

§ 6º A alíquota da contribuição corresponde ao percentual vinculado à Seguridade Social em cada modalidade lotérica, conforme previsto em lei.

Capítulo VIII
DAS OUTRAS RECEITAS

Art. 27. Constituem outras receitas da Seguridade Social:

I – as multas, a atualização monetária e os juros moratórios;

II – a remuneração recebida por serviços de arrecadação, fiscalização e cobrança prestados a terceiros;

III – as receitas provenientes de prestação de outros serviços e de fornecimento ou arrendamento de bens;

IV – as demais receitas patrimoniais, industriais e financeiras;

V – as doações, legados, subvenções e outras receitas eventuais;

VI – 50% (cinqüenta por cento) dos valores obtidos e aplicados na forma do parágrafo único do art. 243 da Constituição Federal;

VII – 40% (quarenta por cento) do resultado dos leilões dos bens apreendidos pelo Departamento da Receita Federal;

VIII – outras receitas previstas em legislação específica.

Parágrafo único. As companhias seguradoras que mantêm o seguro obrigatório de danos pessoais causados por veículos automotores de vias terrestres, de que trata a Lei nº 6.194, de dezembro de 1974, deverão repassar à Seguridade Social 50% (cinqüenta por cento) do valor total do prêmio recolhido e destinado ao Sistema Único de Saúde-SUS, para custeio da assistência médico-hospitalar dos segurados vitimados em acidentes de trânsito.

Capítulo IX
DO SALÁRIO-DE-CONTRIBUIÇÃO

Art. 28. Entende-se por salário-de-contribuição:

I – para o empregado e trabalhador avulso: a remuneração auferida em uma ou mais empresas, assim entendida a totalidade dos rendimentos pagos, devidos ou creditados a qualquer título, durante o mês, destinados a retribuir o trabalho, qualquer que seja a sua forma, inclusive as gorjetas, os ganhos habituais sob a forma de utilidades e os adiantamentos decorrentes de reajuste salarial, quer pelos serviços efetivamente prestados, quer pelo tempo à disposição do empregador ou tomador de serviços nos termos da lei ou do contrato ou, ainda, de convenção ou acordo coletivo de trabalho ou sentença normativa;

II – para o empregado doméstico: a remuneração registrada na Carteira de Trabalho e Previdência Social, observadas as normas a serem estabelecidas em regulamento para comprovação do vínculo empregatício e do valor da remuneração;

III – para o contribuinte individual: a remuneração auferida em uma ou mais empresas ou pelo exercício de sua atividade por conta própria, durante o mês, observado o limite máximo a que se refere o § 5°;

IV – para o segurado facultativo: o valor por ele declarado, observado o limite máximo a que se refere o § 5°.

§ 1° Quando a admissão, a dispensa, o afastamento ou a falta do empregado ocorrer no curso do mês, o salário-de-contribuição será proporcional ao número de dias de trabalho efetivo, na forma estabelecida em regulamento.

§ 2° O salário-maternidade é considerado salário-de-contribuição.

§ 3° O limite mínimo do salário-de-contribuição corresponde ao piso salarial, legal ou normativo, da categoria ou, inexistindo este, ao salário mínimo, tomado no seu valor mensal, diário ou horário, conforme o ajustado e o tempo de trabalho efetivo durante o mês.

§ 4° O limite mínimo do salário-de-contribuição do menor aprendiz corresponde à sua remuneração mínima definida em lei.

§ 5° O limite máximo do salário-de-contribuição é de Cr$ 170.000,00 (cento e setenta mil cruzeiros), reajustado a partir da data da entrada em vigor desta Lei, na mesma época e com os mesmos índices que os do reajustamento dos benefícios de prestação continuada da Previdência Social. [12]

§ 6° No prazo de 180 (cento e oitenta) dias, a contar da data de publicação desta Lei, o Poder Executivo encaminhará ao Congresso Nacional projeto de lei estabelecendo a previdência complementar, pública e privada, em especial para os que possam contribuir acima do limite máximo estipulado no parágrafo anterior deste artigo.

§ 7° O décimo-terceiro salário (gratificação natalina) integra o salário-de-contribuição, exceto para o cálculo de benefício, na forma estabelecida em regulamento.

§ 8° (Revogado).

a) (revogada);

b) (VETADO)

c) (Revogado pela Lei n° 9.711, de 1998).

§ 9° Não integram o salário-de-contribuição para os fins desta Lei, exclusivamente:

a) os benefícios da previdência social, nos termos e limites legais, salvo o salário-maternidade;

b) as ajudas de custo e o adicional mensal recebidos pelo aeronauta nos termos da Lei n° 5.929, de 30 de outubro de 1973;

c) a parcela "in natura" recebida de acordo com os programas de alimentação aprovados pelo Ministério do Trabalho e da Previdência Social, nos termos da Lei n° 6.321, de 14 de abril de 1976;

d) as importâncias recebidas a título de férias indenizadas e respectivo adicional constitucional, inclusive o valor correspondente à dobra da remuneração de férias de que trata o art. 137 da Consolidação das Leis do Trabalho-CLT;

e) as importâncias:

1. previstas no inciso I do art. 10 do Ato das Disposições Constitucionais Transitórias;

2. relativas à indenização por tempo de serviço, anterior a 5 de outubro de 1988, do empregado não optante pelo Fundo de Garantia do Tempo de Serviço-FGTS;

3. recebidas a título da indenização de que trata o art. 479 da CLT;

4. recebidas a título da indenização de que trata o art. 14 da Lei n° 5.889, de 8 de junho de 1973;

5. recebidas a título de incentivo à demissão;

6. recebidas a título de abono de férias na forma dos arts. 143 e 144 da CLT;

7. recebidas a título de ganhos eventuais e os abonos expressamente desvinculados do salário;

8. recebidas a título de licença-prêmio indenizada;

9. recebidas a título da indenização de que trata o art. 9° da Lei n° 7.238, de 29 de outubro de 1984;

f) a parcela recebida a título de vale-transporte, na forma da legislação própria;

g) a ajuda de custo, em parcela única, recebida exclusivamente em decorrência de mudança de local de trabalho do empregado, na forma do art. 470 da CLT;

h) as diárias para viagens;

i) a importância recebida a título de bolsa de complementação educacional de estagiário, quando paga nos termos da Lei nº 6.494, de 7 de dezembro de 1977;

j) a participação nos lucros ou resultados da empresa, quando paga ou creditada de acordo com lei específica;

l) o abono do Programa de Integração Social-PIS e do Programa de Assistência ao Servidor Público-PASEP;

m) os valores correspondentes a transporte, alimentação e habitação fornecidos pela empresa ao empregado contratado para trabalhar em localidade distante da de sua residência, em canteiro de obras ou local que, por força da atividade, exija deslocamento e estada, observadas as normas de proteção estabelecidas pelo Ministério do Trabalho;

n) a importância paga ao empregado a título de complementação ao valor do auxílio-doença, desde que este direito seja extensivo à totalidade dos empregados da empresa;

o) as parcelas destinadas à assistência ao trabalhador da agroindústria canavieira, de que trata o art. 36 da Lei nº 4.870, de 1º de dezembro de 1965;

p) o valor das contribuições efetivamente pago pela pessoa jurídica relativo a programa de previdência complementar, aberto ou fechado, desde que disponível à totalidade de seus empregados e dirigentes, observados, no que couber, os arts. 9º e 468 da CLT;

q) o valor relativo à assistência prestada por serviço médico ou odontológico, próprio da empresa ou por ela conveniado, inclusive o reembolso de despesas com medicamentos, óculos, aparelhos ortopédicos, próteses, órteses, despesas médico-hospitalares e outras similares;

r) o valor correspondente a vestuários, equipamentos e outros acessórios fornecidos ao empregado e utilizados no local do trabalho para prestação dos respectivos serviços;

s) o ressarcimento de despesas pelo uso de veículo do empregado e o reembolso creche pago em conformidade com a legislação trabalhista, observado o limite máximo de seis anos de idade, quando devidamente comprovadas as despesas realizadas;

t) o valor relativo a plano educacional, ou bolsa de estudo, que vise à educação básica de empregados e seus dependentes e, desde que vinculada às atividades desenvolvidas pela empresa, à educação profissional e tecnológica de empregados, nos termos da Lei nº 9.394, de 20 de dezembro de 1996, e:

1. não seja utilizado em substituição de parcela salarial; e

2. o valor mensal do plano educacional ou bolsa de estudo, considerado individualmente, não ultrapasse 5% (cinco por cento) da remuneração do segurado a que se destina ou o valor correspondente a uma vez e meia o valor do limite mínimo mensal do salário-de-contribuição, o que for maior;

u) a importância recebida a título de bolsa de aprendizagem garantida ao adolescente até quatorze anos de idade, de acordo com o disposto no art. 64 da Lei nº 8.069, de 13 de julho de 1990;

v) os valores recebidos em decorrência da cessão de direitos autorais;

x) o valor da multa prevista no § 8º do art. 477 da CLT.

y) o valor correspondente ao vale-cultura.

z) os prêmios e os abonos.

aa) os valores recebidos a título de bolsa-atleta, em conformidade com a Lei nº 10.891, de 9 de julho de 2004.

§ 10. Considera-se salário-de-contribuição, para o segurado empregado e trabalhador avulso, na condição prevista no § 5º do art. 12, a remuneração efetivamente auferida na entidade sindical ou empresa de origem.

§ 11. Considera-se remuneração do contribuinte individual que trabalha como condutor autônomo de veículo rodoviário, como auxiliar de condutor autônomo de veículo rodoviário, em automóvel cedido em regime de colaboração, nos termos da Lei nº 6.094, de 30 de agosto de 1974, como operador de trator, máquina de terraplenagem, colheitadeira e assemelhados, o montante correspondente a 20% (vinte por cento) do valor bruto do frete, carreto, transporte de passageiros ou do serviço prestado, observado o limite máximo a que se refere o § 5º.

Art. 29. (Revogado pela Lei nº 9.876, de 1999).

Capítulo X
DA ARRECADAÇÃO E RECOLHIMENTO DAS CONTRIBUIÇÕES

Art. 30. A arrecadação e o recolhimento das contribuições ou de outras importâncias devidas à Seguridade Social obedecem às seguintes normas:

I – a empresa é obrigada a:

a) arrecadar as contribuições dos segurados empregados e trabalhadores avulsos a seu serviço, descontando-as da respectiva remuneração;

b) recolher os valores arrecadados na forma da alínea *a* deste inciso, a contribuição a que se refere o inciso IV do art. 22 desta Lei, assim como as contribuições a seu cargo incidentes sobre as remunerações pagas, devidas ou creditadas, a qualquer título, aos segurados empregados, trabalhadores avulsos e contribuintes individuais a seu serviço até o dia 20 (vinte) do mês subsequente ao da competência;

c) recolher as contribuições de que tratam os incisos I e II do art. 23, na forma e prazos definidos pela legislação tributária federal vigente;

II – os segurados contribuinte individual e facultativo estão obrigados a recolher sua contribuição por iniciativa própria, até o dia quinze do mês seguinte ao da competência;

III – a empresa adquirente, consumidora ou consignatária ou a cooperativa são obrigadas a recolher a contribuição de que trata o art. 25 até o dia 20 (vinte) do mês subsequente ao da operação de venda ou consignação da produção, independentemente de essas operações terem sido realizadas diretamente com o produtor ou com intermediário pessoa física, na forma estabelecida em regulamento;

IV – a empresa adquirente, consumidora ou consignatária ou a cooperativa ficam sub-rogadas nas obrigações da pessoa física de que trata a alínea "a" do inciso V do art. 12 e do segurado especial pelo cumprimento das obrigações do art. 25 desta Lei, independentemente de as operações de venda ou consignação terem sido realizadas diretamente com o produtor ou com intermediário pessoa física, exceto no caso do inciso X deste artigo, na forma estabelecida em regulamento;

V – o empregador doméstico fica obrigado a arrecadar e a recolher a contribuição do segurado empregado a seu serviço e a parcela a seu cargo, até o vigésimo dia do mês seguinte ao da competência;

VI – o proprietário, o incorporador definido na Lei nº 4.591, de 16 de dezembro de 1964, o dono da obra ou condômino da unidade imobiliária, qualquer que seja a forma de contratação da construção, reforma ou acréscimo, são solidários com o construtor, e estes com a subempreiteira, pelo cumprimento das obrigações para com a Seguridade Social, ressalvado o seu direito regressivo contra o executor ou contratante da obra e admitida a retenção de importância a este devida para garantia do cumprimento dessas obrigações, não se aplicando, em qualquer hipótese, o benefício de ordem;

VII – exclui-se da responsabilidade solidária perante a Seguridade Social o adquirente de prédio ou unidade imobiliária que realizar a operação com empresa de comercialização ou incorporador de imóveis, ficando estes solidariamente responsáveis com o construtor;

VIII – nenhuma contribuição à Seguridade Social é devida se a construção residencial unifamiliar, destinada ao uso próprio, de tipo econômico, for executada sem mão-de-obra assalariada, observadas as exigências do regulamento;

IX – as empresas que integram grupo econômico de qualquer natureza respondem entre si, solidariamente, pelas obrigações decorrentes desta Lei;

X – a pessoa física de que trata a alínea "a" do inciso V do art. 12 e o segurado especial são obrigados a recolher a contribuição de que trata o art. 25 desta Lei no prazo estabelecido no inciso III deste artigo, caso comercializem a sua produção:

a) no exterior;

b) diretamente, no varejo, ao consumidor pessoa física;

c) à pessoa física de que trata a alínea "a" do inciso V do art. 12;

d) ao segurado especial;

XI – aplica-se o disposto nos incisos III e IV deste artigo à pessoa física não produtor rural que adquire produção para venda no varejo a consumidor pessoa física.

XII – sem prejuízo do disposto no inciso X do caput deste artigo, o produtor rural pessoa física e o segurado especial são obrigados a recolher, diretamente, a contribuição incidente sobre a receita bruta proveniente:

a) da comercialização de artigos de artesanato elaborados com matéria-prima produzida pelo respectivo grupo familiar;

b) de comercialização de artesanato ou do exercício de atividade artística, observado o disposto nos incisos VII e VIII do § 10 do art. 12 desta Lei; e

c) de serviços prestados, de equipamentos utilizados e de produtos comercializados no imóvel rural, desde que em atividades turísticas e de entretenimento desenvolvidas no próprio imóvel, inclusive hospedagem, alimentação, recepção, recreação e atividades pedagógicas, bem como taxa de visitação e serviços especiais;

XIII – o segurado especial é obrigado a arrecadar a contribuição de trabalhadores a seu serviço e a recolhê-la no prazo referido na alínea *b* do inciso I do caput deste artigo.

§ 1º Revogado pela Lei nº 9.032, de 28.4.95.

§ 2º Se não houver expediente bancário nas datas indicadas:

I – no inciso II do **caput**, o recolhimento deverá ser efetuado até o dia útil imediatamente posterior; e

II – na alínea *b* do inciso I e nos incisos III, V, X e XIII do **caput**, até o dia útil imediatamente anterior.

§ 3º Aplica-se à entidade sindical e à empresa de origem o disposto nas alíneas "a" e "b" do inciso I, relativamente à remuneração do segurado referido no § 5º do art. 12.

§ 4º Na hipótese de o contribuinte individual prestar serviço a uma ou mais empresas, poderá deduzir, da sua contribuição mensal, quarenta e cinco por cento da contribuição da empresa, efetivamente recolhida ou declarada, incidente sobre a remuneração que esta lhe tenha pago ou creditado, limitada a dedução a nove por cento do respectivo salário-de-contribuição.

§ 5º Aplica-se o disposto no § 4º ao cooperado que prestar serviço a empresa por intermédio de cooperativa de trabalho.

§ 6º (Revogado).

§ 7º A empresa ou cooperativa adquirente, consumidora ou consignatária da produção fica obrigada a fornecer ao segurado especial cópia do documento fiscal de entrada da mercadoria, para fins de comprovação da operação e da respectiva contribuição previdenciária.

§ 8º Quando o grupo familiar a que o segurado especial estiver vinculado não tiver obtido, no ano, por qualquer motivo, receita proveniente de comercialização de produção deverá comunicar a ocorrência à Previdência Social, na forma do regulamento.

§ 9º Quando o segurado especial tiver comercializado sua produção do ano anterior exclusivamente com empresa adquirente, consignatária ou cooperativa, tal fato deverá ser comunicado à Previdência Social pelo respectivo grupo familiar.

Art. 31. A empresa contratante de serviços executados mediante cessão de mão de obra, inclusive em regime de trabalho temporário, deverá reter 11% (onze por cento) do valor bruto da nota fiscal ou fatura de prestação de serviços e recolher, em nome da empresa cedente da mão de obra, a importância retida até o dia 20 (vinte) do mês subsequente ao da emissão da respectiva nota fiscal ou fatura, ou até o dia útil imediatamente anterior se não houver expediente bancário naquele dia, observado o disposto no § 5º do art. 33 desta Lei.

§ 1º O valor retido de que trata o caput deste artigo, que deverá ser destacado na nota fiscal ou fatura de prestação de serviços, poderá ser compensado por qualquer estabelecimento da empresa cedente da mão de obra, por ocasião do recolhimento das contribuições destinadas à Seguridade Social devidas sobre a folha de pagamento dos seus segurados.

§ 2º Na impossibilidade de haver compensação integral na forma do parágrafo anterior, o saldo remanescente será objeto de restituição.

§ 3º Para os fins desta Lei, entende-se como cessão de mão-de-obra a colocação à disposição do contratante, em suas dependências ou nas de terceiros, de segurados que realizem serviços contínuos, relacionados ou não com a atividade-fim da empresa, quaisquer que sejam a natureza e a forma de contratação.

§ 4º Enquadram-se na situação prevista no parágrafo anterior, além de outros estabelecidos em regulamento, os seguintes serviços:

I – limpeza, conservação e zeladoria;

II – vigilância e segurança;

III – empreitada de mão-de-obra;

IV – contratação de trabalho temporário na forma da Lei nº 6.019, de 3 de janeiro de 1974.

§ 5º O cedente da mão-de-obra deverá elaborar folhas de pagamento distintas para cada contratante.

§ 6º Em se tratando de retenção e recolhimento realizados na forma do caput deste artigo, em nome de consórcio, de que tratam os arts. 278 e 279 da Lei nº 6.404, de 15 de dezembro de 1976, aplica-se o disposto em todo este artigo, observada a participação de cada uma das empresas consorciadas, na forma do respectivo ato constitutivo.

Art. 32. A empresa é também obrigada a:

I – preparar folhas-de-pagamento das remunerações pagas ou creditadas a todos os segurados a seu serviço, de acordo com os padrões e normas estabelecidos pelo órgão competente da Seguridade Social;

II – lançar mensalmente em títulos próprios de sua contabilidade, de forma discriminada, os fatos geradores de todas as contribuições, o montante das quantias descontadas, as contribuições da empresa e os totais recolhidos;

III – prestar à Secretaria da Receita Federal do Brasil todas as informações cadastrais, financeiras e contábeis de seu interesse, na forma por ela estabelecida, bem como os esclarecimentos necessários à fiscalização;

IV – declarar à Secretaria da Receita Federal do Brasil e ao Conselho Curador do Fundo de Garantia do Tempo de Serviço – FGTS, na forma, prazo e condições estabelecidos por esses órgãos, dados relacionados a fatos geradores, base de cálculo e valores devidos da contribuição previdenciária e outras informações de interesse do INSS ou do Conselho Curador do FGTS;

V – (VETADO)

VI – comunicar, mensalmente, aos empregados, por intermédio de documento a ser definido em regulamento, os valores recolhidos sobre o total de sua remuneração ao INSS.

§ 1º (Revogado).

§ 2º A declaração de que trata o inciso IV do caput deste artigo constitui instrumento hábil e suficiente para a exigência do crédito tributário, e suas informações comporão a base de dados para fins de cálculo e concessão dos benefícios previdenciários.

§ 3º (Revogado).

§ 4º (Revogado).

§ 5º (Revogado).

§ 6º (Revogado).

§ 7º (Revogado).

§ 8º (Revogado).

§ 9º A empresa deverá apresentar o documento a que se refere o inciso IV do caput deste artigo ainda que não ocorram fatos geradores de contribuição previdenciária, aplicando-se, quando couber, a penalidade prevista no art. 32-A desta Lei.

§ 10. O descumprimento do disposto no inciso IV do caput deste artigo impede a expedição da certidão de prova de regularidade fiscal perante a Fazenda Nacional.

§ 11. Em relação aos créditos tributários, os documentos comprobatórios do cumprimento das obrigações de que trata este artigo devem ficar arquivados na empresa até que ocorra a prescrição relativa aos créditos decorrentes das operações a que se refiram.

§ 12. (VETADO).

Art. 32-A. O contribuinte que deixar de apresentar a declaração de que trata o inciso IV do caput do art. 32 desta Lei no prazo fixado ou que a apresentar com incorreções ou omissões será intimado a apresentá-la ou a prestar esclarecimentos e sujeitar-se-á às seguintes multas:

I – de R$ 20,00 (vinte reais) para cada grupo de 10 (dez) informações incorretas ou omitidas; e

II – de 2% (dois por cento) ao mês-calendário ou fração, incidentes sobre o montante das contribuições informadas, ainda que integralmente pagas, no caso de falta de entrega da declaração ou entrega após o prazo, limitada a 20% (vinte por cento), observado o disposto no § 3º deste artigo.

§ 1º Para efeito de aplicação da multa prevista no inciso II do caput deste artigo, será considerado como termo inicial o dia seguinte ao término do prazo fixado para entrega da declaração e como termo final a data da efetiva entrega ou, no caso de não-apresentação, a data da lavratura do auto de infração ou da notificação de lançamento.

§ 2º Observado o disposto no § 3º deste artigo, as multas serão reduzidas:

I – à metade, quando a declaração for apresentada após o prazo, mas antes de qualquer procedimento de ofício; ou

II – a 75% (setenta e cinco por cento), se houver apresentação da declaração no prazo fixado em intimação.

§ 3º A multa mínima a ser aplicada será de:

I – R$ 200,00 (duzentos reais), tratando-se de omissão de declaração sem ocorrência de fatos geradores de contribuição previdenciária; e

II – R$ 500,00 (quinhentos reais), nos demais casos.

Art. 32-B. Os órgãos da administração direta, as autarquias, as fundações e as empresas públicas da União, dos Estados, do Distrito Federal e dos Municípios, cujas Normas Gerais de Direito Financeiro para elaboração e controle dos orçamentos estão definidas pela Lei nº 4.320, de 17 de março de 1964, e pela Lei Complementar nº 101, de 4 de maio de 2000, ficam obrigados, na forma estabelecida pela Secretaria da Receita Federal do Brasil do Ministério da Fazenda, a apresentar:

I – a contabilidade entregue ao Tribunal de Controle Externo; e

II – a folha de pagamento.

Parágrafo único. As informações de que trata o caput deverão ser apresentadas até o dia 30 de abril do ano seguinte ao encerramento do exercício.

Art. 32-C. O segurado especial responsável pelo grupo familiar que contratar na forma do § 8º do art. 12 apresentará as informações relacionadas ao registro de trabalhadores, aos fatos geradores, à base de cálculo e aos valores das contribuições devidas à Previdência Social e ao Fundo de Garantia do Tempo de Serviço – FGTS e outras informações de interesse da Secretaria da Receita Federal do Brasil, do Ministério da Previdência Social, do Ministério do Trabalho e Emprego e do Conselho Curador do FGTS, por meio de sistema eletrônico com entrada única de dados, e efetuará os recolhimentos por meio de documento único de arrecadação.

§ 1º Os Ministros de Estado da Fazenda, da Previdência Social e do Trabalho e Emprego disporão, em ato conjunto, sobre a prestação das informações, a apuração, o recolhimento e a distribuição dos recursos recolhidos e sobre as informações geradas por meio do sistema eletrônico e da guia de recolhimento de que trata o caput.

§ 2º As informações prestadas no sistema eletrônico de que trata o caput têm caráter declaratório, constituem instrumento hábil e suficiente para a exigência dos tributos e encargos apurados e substituirão, na forma regulamentada pelo ato conjunto que prevê o § 1º, a obrigatoriedade de entrega de todas as informações, formulários e declarações a que está sujeito o grupo familiar, inclusive as relativas ao recolhimento do FGTS.

§ 3º O segurado especial de que trata o **caput** fica obrigado a arrecadar, até o vigésimo dia do mês seguinte ao da competência:

I – as contribuições previstas nos incisos X, XII e XIII do **caput** do art. 30;

II – os valores referentes ao FGTS; e

III – os encargos trabalhistas sob a sua responsabilidade.

§ 4º Os recolhimentos devidos, nos termos do § 3º, deverão ser pagos por meio de documento único de arrecadação.

§ 5º Se não houver expediente bancário na data indicada no § 3º, o recolhimento deverá ser antecipado para o dia útil imediatamente anterior.

§ 6º Os valores não pagos até a data do vencimento sujeitar-se-ão à incidência de acréscimos e encargos legais na forma prevista na legislação do Imposto sobre a Renda e Proventos de Qualquer Natureza para as contribuições de caráter tributário, e conforme o art. 22 da Lei nº 8.036, de 11 de maio de 1990, para os depósitos do FGTS, inclusive no que se refere às multas por atraso.

§ 7º O recolhimento do valor do FGTS na forma deste artigo será creditado diretamente em conta vinculada do trabalhador, assegurada a transferência dos elementos identificadores do recolhimento ao agente operador do fundo.

§ 8º O ato de que trata o § 1º regulará a compensação e a restituição dos valores dos tributos e dos encargos trabalhistas recolhidos, no documento único de arrecadação, indevidamente ou em montante superior ao devido.

§ 9º A devolução de valores do FGTS, depositados na conta vinculada do trabalhador, será objeto de norma regulamentar do Conselho Curador e do Agente Operador do Fundo de Garantia do Tempo de Serviço.

§ 10. O produto da arrecadação de que trata o § 3º será centralizado na Caixa Econômica Federal.

§ 11. A Caixa Econômica Federal, com base nos elementos identificadores do recolhimento, disponíveis no sistema de que trata o caput deste artigo, transferirá para a Conta Única do Tesouro Nacional os valores arrecadados dos tributos e das contribuições previstas nos incisos X, XII e XIII do caput do art. 30.

§ 12. A impossibilidade de utilização do sistema eletrônico referido no caput será objeto de regulamento, a ser editado pelo Ministério da Fazenda e pelo Agente Operador do FGTS.

§ 13. A sistemática de entrega das informações e recolhimentos de que trata o caput poderá ser estendida pelas autoridades previstas no § 1º para o produtor rural pessoa física de que trata a alínea *a* do inciso V do caput do art. 12.

§ 14. Aplica-se às informações entregues na forma deste artigo o disposto no §2º do art. 32 e no art. 32-A.

Art. 33. À Secretaria da Receita Federal do Brasil compete planejar, executar, acompanhar e avaliar as atividades relativas à tributação, à fiscalização, à arrecadação, à cobrança e ao recolhimento das contribuições sociais previstas no parágrafo único do art. 11 desta Lei, das contribuições incidentes a título de substituição e das devidas a outras entidades e fundos.

§ 1º É prerrogativa da Secretaria da Receita Federal do Brasil, por intermédio dos Auditores-Fiscais da Receita Federal do Brasil, o exame da contabilidade das empresas, ficando obrigados a prestar todos os esclarecimentos e informações solicitados o segurado e os terceiros responsáveis pelo recolhimento das contribuições previdenciárias e das contribuições devidas a outras entidades e fundos.

§ 2º A empresa, o segurado da Previdência Social, o serventuário da Justiça, o síndico ou seu representante, o comissário e o liquidante de empresa em liquidação judicial ou extrajudicial são obrigados a exibir todos os documentos e livros relacionados com as contribuições previstas nesta Lei.

§ 3º Ocorrendo recusa ou sonegação de qualquer documento ou informação, ou sua apresentação deficiente, a Secretaria da Receita Federal do Brasil pode, sem prejuízo da penalidade cabível, lançar de ofício a importância devida.

§ 4º Na falta de prova regular e formalizada pelo sujeito passivo, o montante dos salários pagos pela execução de obra de construção civil pode ser obtido mediante cálculo da mão de obra empregada, proporcional à área construída, de acordo com critérios estabelecidos pela Secretaria da Receita Federal do Brasil, cabendo ao proprietário, dono da obra, condômino da unidade imobiliária ou empresa corresponsável o ônus da prova em contrário.

§ 5º O desconto de contribuição e de consignação legalmente autorizadas sempre se presume feito oportuna e regularmente pela empresa a isso obrigada, não lhe sendo lícito alegar omissão para se eximir do recolhimento, ficando diretamente responsável pela importância que deixou de receber ou arrecadou em desacordo com o disposto nesta Lei.

§ 6º Se, no exame da escrituração contábil e de qualquer outro documento da empresa, a fiscalização constatar que a contabilidade não registra o movimento real de remuneração dos segurados a seu serviço, do faturamento e do lucro, serão apuradas, por aferição indireta, as contribuições efetivamente devidas, cabendo à empresa o ônus da prova em contrário.

§ 7º O crédito da seguridade social é constituído por meio de notificação de lançamento, de auto de infração e de confissão de valores devidos e não recolhidos pelo contribuinte.

§ 8º Aplicam-se às contribuições sociais mencionadas neste artigo as presunções legais de omissão de receita previstas nos §§ 2º e 3º do art. 12 do Decreto-Lei nº 1.598, de 26 de dezembro de 1977, e nos arts. 40, 41 e 42 da Lei nº 9.430, de 27 de dezembro de 1996.

Art. 34. (Revogado pela Lei nº 11.941, de 2009)

Art. 35. Os débitos com a União decorrentes das contribuições sociais previstas nas alíneas *a*, *b* e *c* do parágrafo único do art. 11 desta Lei, das contribuições instituídas a título de substituição e das contribuições devidas a terceiros, assim entendidas outras entidades e fundos, não pagos nos prazos previstos em legislação, serão acrescidos de multa de mora e juros de mora, nos termos do art. 61 da Lei nº 9.430, de 27 de dezembro de 1996.

I – (revogado): .
a) (revogada);
b) (revogada);
c) (revogada);
II – (revogado): .
a) (revogada);
b) (revogada);
c) (revogada);
III – (revogado): .
a) (revogada);
b) (revogada);
c) (revogada);
d) (revogada).
§ 1º (Revogado).
§ 2º (Revogado).
§ 3º (Revogado).
§ 4º (Revogado).

Art. 35-A. Nos casos de lançamento de ofício relativos às contribuições referidas no art. 35 desta Lei, aplica-se o disposto no art. 44 da Lei nº 9.430, de 27 de dezembro de 1996.

Art. 36. (Revogado pela Lei nº 8.218, de 29.8.91).

Art. 37. Constatado o não-recolhimento total ou parcial das contribuições tratadas nesta Lei, não declaradas na forma do art. 32 desta Lei, a falta de pagamento de benefício reembolsado ou o descumprimento de obrigação acessória, será lavrado auto de infração ou notificação de lançamento.

§ 1º (Revogado).
§ 2º (Revogado).

Art. 38. (Revogado pela Lei nº 11.941, de 2009)

Art. 39. O débito original e seus acréscimos legais, bem como outras multas previstas em lei, constituem dívida ativa da União, promovendo-se a inscrição em livro próprio daquela resultante das contribuições de que tratam as alíneas *a*, *b* e *c* do parágrafo único do art. 11 desta Lei.

§ 1º (Revogado pela Lei nº 11.501, de 2007).

§ 2º É facultado aos órgãos competentes, antes de ajuizar a cobrança da dívida ativa de que trata o **caput** deste artigo, promover o protesto de título dado em garantia, que será recebido **pro solvendo**.

§ 3º Serão inscritas como dívida ativa da União as contribuições que não tenham sido recolhidas ou parceladas resultantes das informações prestadas no documento a que se refere o inciso IV do art. 32 desta Lei.

Art. 40. (VETADO).

Art. 41. (Revogado pela Lei nº 11.941, de 2009)

Art. 42. Os administradores de autarquias e fundações públicas, criadas e mantidas pelo Poder Público, de empresas públicas e de sociedades de economia mista sujeitas ao controle da União, dos Estados, do Distrito Federal ou dos Municípios, que se encontrarem em mora, por mais de 30 (trinta) dias, no recolhimento das contribuições previstas nesta Lei, tornam-se solidariamente responsáveis pelo respectivo pagamento, ficando ainda sujeitos às proibições do art. 1º e às sanções dos arts. 4º e 7º do Decreto-lei nº 368, de 19 de dezembro de 1968.

Art. 43. Nas ações trabalhistas de que resultar o pagamento de direitos sujeitos à incidência de contribuição previdenciária, o juiz, sob pena de responsabilidade, determinará o imediato recolhimento das importâncias devidas à Seguridade Social.

§ 1º Nas sentenças judiciais ou nos acordos homologados em que não figurarem, discriminadamente, as parcelas legais relativas às contribuições sociais, estas incidirão sobre o valor total apurado em liquidação de sentença ou sobre o valor do acordo homologado.

§ 2º Considera-se ocorrido o fato gerador das contribuições sociais na data da prestação do serviço.

§ 3º As contribuições sociais serão apuradas mês a mês, com referência ao período da prestação de serviços, mediante a aplicação de alíquotas, limites máximos do salário-de-contribuição e acréscimos legais moratórios vigentes relativamente a cada uma das competências abrangidas, devendo o recolhimento ser efetuado no mesmo prazo em que devam ser pagos os créditos encontrados em liquidação de sentença ou em acordo homologado, sendo que nesse último caso o recolhimento será feito em tantas parcelas quantas as previstas no acordo, nas mesmas datas em que sejam exigíveis e proporcionalmente a cada uma delas.

§ 4º No caso de reconhecimento judicial da prestação de serviços em condições que permitam a aposentadoria especial após 15 (quinze), 20 (vinte) ou 25 (vinte e cinco) anos de contribuição, serão devidos os acréscimos de contribuição de que trata o § 6º do art. 57 da Lei nº 8.213, de 24 de julho de 1991.

§ 5º Na hipótese de acordo celebrado após ter sido proferida decisão de mérito, a contribuição será calculada com base no valor do acordo.

§ 6º Aplica-se o disposto neste artigo aos valores devidos ou pagos nas Comissões de Conciliação Prévia de que trata a Lei nº 9.958, de 12 de janeiro de 2000.

Art. 44. (Revogado pela Lei nº 11.501, de 2007).

Art. 45. (Revogado pela Lei Complementar nº 128, de 2008)

Art. 45-A. O contribuinte individual que pretenda contar como tempo de contribuição, para fins de obtenção de benefício no Regime Geral de Previdência Social ou de contagem recíproca do tempo de contribuição, período de atividade remunerada alcançada pela decadência deverá indenizar o INSS.

§ 1º O valor da indenização a que se refere o caput deste artigo e o § 1º do art. 55 da Lei nº 8.213, de 24 de julho de 1991, corresponderá a 20% (vinte por cento):

I – da média aritmética simples dos maiores salários-de-contribuição, reajustados, correspondentes a 80% (oitenta por cento) de todo o período contributivo decorrido desde a competência julho de 1994; ou

II – da remuneração sobre a qual incidem as contribuições para o regime próprio de previdência social a que estiver filiado o interessado, no caso de indenização para fins da contagem recíproca de que tratam os arts. 94 a 99 da Lei nº 8.213, de 24 de julho de 1991, observados o limite máximo previsto no art. 28 e o disposto em regulamento.

§ 2º Sobre os valores apurados na forma do § 1º deste artigo incidirão juros moratórios de 0,5% (cinco décimos por cento) ao mês, capitalizados anualmente, limitados ao percentual máximo de 50% (cinqüenta por cento), e multa de 10% (dez por cento).

§ 3º O disposto no § 1º deste artigo não se aplica aos casos de contribuições em atraso não alcançadas pela decadência do direito de a Previdência constituir o respectivo crédito, obedecendo-se, em relação a elas, as disposições aplicadas às empresas em geral.

Art. 46. (Revogado pela Lei Complementar nº 128, de 2008)

Capítulo XI
DA PROVA DE INEXISTÊNCIA DE DÉBITO

Art. 47. É exigida Certidão Negativa de Débito-CND, fornecida pelo órgão competente, nos seguintes casos:

I – da empresa:

a) na contratação com o Poder Público e no recebimento de benefícios ou incentivo fiscal ou creditício concedido por ele;

b) na alienação ou oneração, a qualquer título, de bem imóvel ou direito a ele relativo;

c) na alienação ou oneração, a qualquer título, de bem móvel de valor superior a Cr$ 2.500.000,00 (dois milhões e quinhentos mil cruzeiros) incorporado ao ativo permanente da empresa; 19

d) no registro ou arquivamento, no órgão próprio, de ato relativo a baixa ou redução de capital de firma individual, redução de capital social, cisão total ou parcial, transformação ou extinção de entidade ou sociedade comercial ou civil e transferência de controle de cotas de sociedades de responsabilidade limitada;

II – do proprietário, pessoa física ou jurídica, de obra de construção civil, quando de sua averbação no registro de imóveis, salvo no caso do inciso VIII do art. 30.

§ 1º A prova de inexistência de débito deve ser exigida da empresa em relação a todas as suas dependências, estabelecimentos e obras de construção civil, independentemente do local onde se encontrem, ressalvado aos órgãos competentes o direito de cobrança de qualquer débito apurado posteriormente.

§ 2º A prova de inexistência de débito, quando exigível ao incorporador, independe da apresentada no registro de imóveis por ocasião da inscrição do memorial de incorporação.

§ 3º Fica dispensada a transcrição, em instrumento público ou particular, do inteiro teor do documento comprobatório de inexistência de débito, bastando a referência ao seu número de série e data da emissão, bem como a guarda do documento comprobatório à disposição dos órgãos competentes.

§ 4º O documento comprobatório de inexistência de débito poderá ser apresentado por cópia autenticada, dispensada a indicação de sua finalidade, exceto no caso do inciso II deste artigo.

§ 5º O prazo de validade da certidão expedida conjuntamente pela Secretaria Especial da Receita Federal do Brasil e pela Procuradoria-Geral da Fazenda Nacional do Ministério da Economia, referente aos tributos federais e à dívida ativa da União por elas administrados, será de até 180 (cento e oitenta) dias, contado da data de emissão da certidão, prorrogável, excepcionalmente, pelo prazo determinado em ato conjunto dos referidos órgãos.

§ 6º Independe de prova de inexistência de débito:

a) a lavratura ou assinatura de instrumento, ato ou contrato que constitua retificação, ratificação ou efetivação de outro anterior para o qual já foi feita a prova;

b) a constituição de garantia para concessão de crédito rural, em qualquer de suas modalidades, por instituição de crédito pública ou privada, desde que o contribuinte referido no art. 25, não seja responsável direto pelo recolhimento de contribuições sobre a sua produção para a Seguridade Social;

c) a averbação prevista no inciso II deste artigo, relativa a imóvel cuja construção tenha sido concluída antes de 22 de novembro de 1966.

d) o recebimento pelos Municípios de transferência de recursos destinados a ações de assistência social, educação, saúde e em caso de calamidade pública.

e) a verbação da construção civil localizada em área objeto de regularização fundiária de interesse social, na forma da Lei nº 11.977, de 7 de julho de 2009.

§ 7º O condômino adquirente de unidades imobiliárias de obra de construção civil não incorporada na forma da Lei nº 4.591, de 16 de dezembro de 1964, poderá obter documento comprobatório de inexistência de débito, desde que comprove o pagamento das contribuições relativas à sua unidade, conforme dispuser o regulamento.

§ 8º

Art. 48. A prática de ato com inobservância do disposto no artigo anterior, ou o seu registro, acarretará a responsabilidade solidária dos contratantes e do oficial que lavrar ou registrar o instrumento, sendo o ato nulo para todos os efeitos.

§ 1º Os órgãos competentes podem intervir em instrumento que depender de prova de inexistência de débito, a fim de autorizar sua lavratura, desde que o débito seja pago no ato ou o seu pagamento fique assegurado mediante confissão de dívida fiscal com o oferecimento de garantias reais suficientes, na forma estabelecida em regulamento.

§ 2º Em se tratando de alienação de bens do ativo de empresa em regime de liquidação extrajudicial, visando à obtenção de recursos necessários ao pagamento dos credores, independentemente do pagamento ou da confissão de dívida fiscal, o Instituto Nacional do Seguro Social-INSS poderá autorizar a lavratura do respectivo instrumento, desde que o valor do crédito previdenciário conste, regularmente, do quadro geral de credores, observada a ordem de preferência legal.

§ 3º O servidor, o serventuário da Justiça, o titular de serventia extrajudicial e a autoridade ou órgão que infringirem o disposto no artigo anterior incorrerão em multa aplicada na forma estabelecida no art. 92, sem prejuízo da responsabilidade administrativa e penal cabível.

TÍTULO VII
DAS DISPOSIÇÕES GERAIS

Art. 49. A matrícula da empresa será efetuada nos termos e condições estabelecidos pela Secretaria da Receita Federal do Brasil.

I – (revogado);

II – (revogado).

§ 1º No caso de obra de construção civil, a matrícula deverá ser efetuada mediante comunicação obrigatória do responsável por sua execução, no prazo de 30 (trinta) dias, contado do início de suas atividades, quando obterá número cadastral básico, de caráter permanente.

a) (revogada);

b) (revogada).

§ 2º (Revogado).

§ 3º O não cumprimento do disposto no § 1º deste artigo sujeita o responsável a multa na forma estabelecida no art. 92 desta Lei.

§ 4º O Departamento Nacional de Registro do Comércio (DNRC), por intermédio das Juntas Comerciais, e os Cartórios de Registro Civil de Pessoas Jurídicas prestarão, obrigatoriamente, ao Ministério da Economia, ao INSS e à Secretaria da Receita

Federal do Brasil todas as informações referentes aos atos constitutivos e alterações posteriores relativos a empresas e entidades neles registradas.

§ 5° A matrícula atribuída pela Secretaria da Receita Federal do Brasil ao produtor rural pessoa física ou segurado especial é o documento de inscrição do contribuinte, em substituição à inscrição no Cadastro Nacional de Pessoa Jurídica – CNPJ, a ser apresentado em suas relações com o Poder Público, inclusive para licenciamento sanitário de produtos de origem animal ou vegetal submetidos a processos de beneficiamento ou industrialização artesanal, com as instituições financeiras, para fins de contratação de operações de crédito, e com os adquirentes de sua produção ou fornecedores de sementes, insumos, ferramentas e demais implementos agrícolas.

§ 6° O disposto no § 5° deste artigo não se aplica ao licenciamento sanitário de produtos sujeitos à incidência de Imposto sobre Produtos Industrializados ou ao contribuinte cuja inscrição no Cadastro Nacional de Pessoa Jurídica – CNPJ seja obrigatória.

Art. 50. Para fins de fiscalização do INSS, o Município, por intermédio do órgão competente, fornecerá relação de alvarás para construção civil e documentos de "habite-se" concedidos.

Art. 51. O crédito relativo a contribuições, cotas e respectivos adicionais ou acréscimos de qualquer natureza arrecadados pelos órgãos competentes, bem como a atualização monetária e os juros de mora, estão sujeitos, nos processos de falência, concordata ou concurso de credores, às disposições atinentes aos créditos da União, aos quais são equiparados.

Parágrafo único. O Instituto Nacional do Seguro Social-INSS reivindicará os valores descontados pela empresa de seus empregados e ainda não recolhidos.

Art. 52. Às empresas, enquanto estiverem em débito não garantido com a União, aplica-se o disposto no art. 32 da Lei n° 4.357, de 16 de julho de 1964.

I – (revogado);

II – (revogado).

Parágrafo único. (Revogado).

Art. 53. Na execução judicial da dívida ativa da União, suas autarquias e fundações públicas, será facultado ao exeqüente indicar bens à penhora, a qual será efetivada concomitantemente com a citação inicial do devedor.

§ 1° Os bens penhorados nos termos deste artigo ficam desde logo indisponíveis.

§ 2° Efetuado o pagamento integral da dívida executada, com seus acréscimos legais, no prazo de 2 (dois) dias úteis contados da citação, independentemente da juntada aos autos do respectivo mandado, poderá ser liberada a penhora, desde que não haja outra execução pendente.

§ 3° O disposto neste artigo aplica-se também às execuções já processadas.

§ 4° Não sendo opostos embargos, no caso legal, ou sendo eles julgados improcedentes, os autos serão conclusos ao juiz do feito, para determinar o prosseguimento da execução.

Art. 54. Os órgãos competentes estabelecerão critério para a dispensa de constituição ou exigência de crédito de valor inferior ao custo dessa medida.

Art. 55. (Revogado pela Lei n° 12.101, de 2009)

Art. 56. A inexistência de débitos em relação às contribuições devidas ao Instituto Nacional do Seguro Social-INSS, a partir da publicação desta Lei, é condição necessária para que os Estados, o Distrito Federal e os Municípios possam receber as transferências dos recursos do Fundo de Participação dos Estados e do Distrito Federal-FPE e do Fundo de Participação dos Municípios-FPM, celebrar acordos, contratos, convênios ou ajustes, bem como receber empréstimos, financiamentos, avais e subvenções em geral de órgãos ou entidades da administração direta e indireta da União.

§ 1° (Revogado pela Medida Provisória n° 2187-13, de 2001).

§ 2° Os recursos do FPE e do FPM não transferidos em decorrência da aplicação do caput deste artigo poderão ser utilizados para quitação, total ou parcial, dos débitos relativos às contribuições de que tratam as alíneas *a* e *c* do parágrafo único do art. 11 desta Lei, a pedido do representante legal do Estado, Distrito Federal ou Município.

Art. 57. Os Estados, o Distrito Federal e os Municípios serão, igualmente, obrigados a apresentar, a partir de 1° de junho de 1992, para os fins do disposto no artigo anterior, comprovação de pagamento da parcela mensal referente aos débitos com o Instituto Nacional do Seguro Social-INSS, existentes até 1° de setembro de 1991, renegociados nos termos desta Lei.

Art. 58. Os débitos dos Estados, do Distrito Federal e dos Municípios para com o Instituto Nacional do Seguro Social-INSS, existentes até 1° de setembro de 1991, poderão ser liquidados em até 240 (duzentos e quarenta) parcelas mensais.

§ 1° Para apuração dos débitos será considerado o valor original atualizado pelo índice oficial utilizado pela Seguridade Social para correção de seus créditos.

§ 2º As contribuições descontadas até 30 de junho de 1992 dos segurados que tenham prestado serviços aos Estados, ao Distrito Federal e aos Municípios poderão ser objeto de acordo para parcelamento em até doze meses, não se lhes aplicando o disposto no § 1º do artigo 38 desta Lei.

Art. 59. O Instituto Nacional do Seguro Social-INSS implantará, no prazo de 90 (noventa) dias a contar da data da publicação desta Lei, sistema próprio e informatizado de cadastro dos pagamentos e débitos dos Governos Estaduais, do Distrito Federal e das Prefeituras Municipais, que viabilize o permanente acompanhamento e fiscalização do disposto nos arts. 56, 57 e 58 e permita a divulgação periódica dos devedores da Previdência Social.

Art. 60. O pagamento dos benefícios da Seguridade Social será realizado por intermédio da rede bancária ou por outras formas definidas pelo Ministério da Previdência Social.

Parágrafo único.

Art. 61. As receitas provenientes da cobrança de débitos dos Estados e Municípios e da alienação, arrendamento ou locação de bens móveis ou imóveis pertencentes ao patrimônio do Instituto Nacional do Seguro Social-INSS, deverão constituir reserva técnica, de longo prazo, que garantirá o seguro social estabelecido no Plano de Benefícios da Previdência Social.

Parágrafo único. É vedada a utilização dos recursos de que trata este artigo, para cobrir despesas de custeio em geral, inclusive as decorrentes de criação, majoração ou extensão dos benefícios ou serviços da Previdência Social, admitindo-se sua utilização, excepcionalmente, em despesas de capital, na forma da lei de orçamento.

Art. 62. A contribuição estabelecida na Lei nº 5.161, de 21 de outubro de 1966, em favor da Fundação Jorge Duprat Figueiredo de Segurança e Medicina do Trabalho-FUNDACENTRO, será de 2% (dois por cento) da receita proveniente da contribuição a cargo da empresa, a título de financiamento da complementação das prestações por acidente do trabalho, estabelecida no inciso II do art. 22.

Parágrafo único. Os recursos referidos neste artigo poderão contribuir para o financiamento das despesas com pessoal e administração geral da Fundação Jorge Duprat Figueiredo de Segurança e Medicina do Trabalho-Fundacentro.

TÍTULO VIII
DAS DISPOSIÇÕES FINAIS E TRANSITÓRIAS

Capítulo I
DA MODERNIZAÇÃO DA PREVIDÊNCIA SOCIAL

Art. 63. (Revogado pela Medida Provisória nº 2.216-37, de 2001).

Art. 64. (Revogado pela Medida Provisória nº 2.216-37, de 2001).

Art. 65. (Revogado pela Medida Provisória nº 2.216-37, de 2001).

Art. 66. (Revogado pela Medida Provisória nº 2.216-37, de 2001).

Art. 67. Até que seja implantado o Cadastro Nacional do Trabalhador-CNT, as instituições e órgãos federais, estaduais, do Distrito Federal e municipais, detentores de cadastros de empresas e de contribuintes em geral, deverão colocar à disposição do Instituto Nacional do Seguro Social-INSS, mediante a realização de convênios, todos os dados necessários à permanente atualização dos cadastros da Previdência Social.

Art. 68. O Titular do Cartório de Registro Civil de Pessoas Naturais remeterá ao INSS, em até 1 (um) dia útil, pelo Sistema Nacional de Informações de Registro Civil (Sirc) ou por outro meio que venha a substituí-lo, a relação dos nascimentos, dos natimortos, dos casamentos, dos óbitos, das averbações, das anotações e das retificações registradas na serventia.

§ 1º Para os Municípios que não dispõem de provedor de conexão à internet ou de qualquer meio de acesso à internet, fica autorizada a remessa da relação em até 5 (cinco) dias úteis.

§ 2º Para os registros de nascimento e de natimorto, constarão das informações, obrigatoriamente, a inscrição no Cadastro de Pessoas Físicas (CPF), o sexo, a data e o local de nascimento do registrado, bem como o nome completo, o sexo, a data e o local de nascimento e a inscrição no CPF da filiação.

§ 3º Para os registros de casamento e de óbito, constarão das informações, obrigatoriamente, a inscrição no CPF, o sexo, a data e o local de nascimento do registrado, bem como, acaso disponíveis, os seguintes dados:

I – número do cadastro perante o Programa de Integração Social (PIS) ou o Programa de Formação do Patrimônio do Servidor Público (Pasep);

II – Número de Identificação do Trabalhador (NIT);

III – número de benefício previdenciário ou assistencial, se a pessoa falecida for titular de qualquer benefício pago pelo INSS;

IV – número de registro da Carteira de Identidade e respectivo órgão emissor;

V – número do título de eleitor;

VI – número e série da Carteira de Trabalho e Previdência Social (CTPS).

§ 4º No caso de não haver sido registrado nenhum nascimento, natimorto, casamento, óbito ou averbações, anotações e retificações no mês, deverá o Titular do Cartório de Registro Civil de Pessoas Naturais comunicar este fato ao INSS até o 5º (quinto) dia útil do mês subsequente.

§ 5º O descumprimento de qualquer obrigação imposta neste artigo e o fornecimento de informação inexata sujeitarão o Titular do Cartório de Registro Civil de Pessoas Naturais, além de outras penalidades previstas, à penalidade prevista no art. 92 desta Lei e à ação regressiva proposta pelo INSS, em razão dos danos sofridos.

Art. 68-A. A lavratura de procuração pública e a emissão de sua primeira via para fins exclusivos de recebimento de benefícios previdenciários ou assistenciais administrados pelo INSS são isentas do pagamento das custas e dos emolumentos.

Art. 69. O INSS manterá programa permanente de revisão da concessão e da manutenção dos benefícios por ele administrados, a fim de apurar irregularidades ou erros materiais.

§ 1º Na hipótese de haver indícios de irregularidade ou erros materiais na concessão, na manutenção ou na revisão do benefício, o INSS notificará o beneficiário, o seu representante legal ou o seu procurador para apresentar defesa, provas ou documentos dos quais dispuser, no prazo de:

I – 30 (trinta) dias, no caso de trabalhador urbano;

II – 60 (sessenta) dias, no caso de trabalhador rural individual e avulso, agricultor familiar ou segurado especial.

§ 2º A notificação a que se refere o § 1º deste artigo será feita:

I – preferencialmente por rede bancária ou por meio eletrônico, conforme previsto em regulamento;

II – por via postal, por carta simples, considerado o endereço constante do cadastro do benefício, hipótese em que o aviso de recebimento será considerado prova suficiente da notificação;

III – pessoalmente, quando entregue ao interessado em mãos; ou

IV – por edital, nos casos de retorno com a não localização do segurado, referente à comunicação indicada no inciso II deste parágrafo.

§ 3º A defesa poderá ser apresentada pelo canal de atendimento eletrônico do INSS ou na Agência da Previdência Social do domicílio do beneficiário, na forma do regulamento.

§ 4º O benefício será suspenso nas seguintes hipóteses:

I – não apresentação da defesa no prazo estabelecido no § 1º deste artigo;

II – defesa considerada insuficiente ou improcedente pelo INSS.

§ 5º O INSS deverá notificar o beneficiário quanto à suspensão do benefício de que trata o § 4º deste artigo e conceder-lhe prazo de 30 (trinta) dias para interposição de recurso.

§ 6º Decorrido o prazo de 30 (trinta) dias após a suspensão a que se refere o § 4º deste artigo, sem que o beneficiário, o seu representante legal ou o seu procurador apresente recurso administrativo aos canais de atendimento do INSS ou a outros canais autorizados, o benefício será cessado.

§ 7º Para fins do disposto no caput deste artigo, o INSS poderá realizar recenseamento para atualização do cadastro dos beneficiários, abrangidos os benefícios administrados pelo INSS, observado o disposto no § 8º deste artigo.

§ 8º Aquele que receber benefício realizará anualmente, no mês de aniversário do titular do benefício, a comprovação de vida, preferencialmente por meio de atendimento eletrônico com uso de biometria, ou outro meio definido pelo INSS que assegure a identificação inequívoca do beneficiário, implementado pelas instituições financeiras pagadoras dos benefícios, observadas as seguintes disposições:

I – a prova de vida e a renovação de senha serão efetuadas pelo beneficiário, preferencialmente no mesmo ato, mediante identificação por funcionário da instituição financeira responsável pelo pagamento, quando não realizadas por atendimento eletrônico com uso de biometria;

II – a prova de vida poderá ser realizada por representante legal ou por procurador do beneficiário, legalmente cadastrado no INSS;

III – (revogado);

IV – os órgãos competentes deverão dispor de meios alternativos que garantam a realização da prova de vida do beneficiário com idade igual ou superior a 80 (oitenta) anos ou com dificuldade de locomoção, inclusive por meio de atendimento domiciliar quando necessário;

IV-A – as instituições financeiras deverão, obrigatoriamente, envidar esforços a fim de facilitar e auxiliar o beneficiário com idade igual ou superior a 80 (oitenta) anos ou com dificuldade de locomoção, de forma a evitar ao máximo o seu deslocamento até a agência bancária e, caso isso ocorra, dar-lhe preferência máxima de atendimento, para diminuir o tempo de permanência do idoso no recinto e evitar sua exposição a aglomeração;

IV-B – a instituição financeira, quando a prova de vida for nela realizada, deverá enviar as informações ao INSS, bem como divulgar aos beneficiários, de forma ampla, todos os meios existentes para efetuar o procedimento, especialmente os remotos, a fim de evitar o deslocamento dos beneficiários; e

V – o INSS poderá bloquear o pagamento do benefício encaminhado às instituições financeiras até que o beneficiário realize a prova de vida, permitida a liberação do pagamento automaticamente pela instituição financeira.

§ 9º O recurso de que trata o § 5º deste artigo não terá efeito suspensivo.

§ 10. Apurada irregularidade recorrente ou fragilidade nos procedimentos, reconhecida na forma prevista no **caput** deste artigo ou pelos órgãos de controle, os procedimentos de análise e concessão de benefícios serão revistos, de modo a reduzir o risco de fraude e concessão irregular.

§ 11. Para fins do disposto no § 8º deste artigo, preservados a integridade dos dados e o sigilo eventualmente existente, o INSS:

I – terá acesso a todos os dados biométricos mantidos e administrados pelos órgãos públicos federais; e

II – poderá ter, por meio de convênio, acesso aos dados biométricos:

a) da Justiça Eleitoral; e

b) de outros entes federativos.

Art. 70. Os beneficiários da Previdência Social, aposentados por invalidez, ficam obrigados, sob pena de sustação do pagamento do benefício, a submeterem-se a exames médico-periciais, estabelecidos na forma do regulamento, que definirá sua periodicidade e os mecanismos de fiscalização e auditoria.

Art. 71. O Instituto Nacional do Seguro Social--INSS deverá rever os benefícios, inclusive os concedidos por acidente do trabalho, ainda que concedidos judicialmente, para avaliar a persistência, atenuação ou agravamento da incapacidade para o trabalho alegada como causa para a sua concessão.

Parágrafo único. Será cabível a concessão de liminar nas ações rescisórias e revisional, para suspender a execução do julgado rescindendo ou revisando, em caso de fraude ou erro material comprovado.

Art. 72. O Instituto Nacional do Seguro Social-INSS promoverá, no prazo de 180 (cento e oitenta) dias a contar da publicação desta Lei, a revisão das indenizações associadas a benefícios por acidentes do trabalho, cujos valores excedam a Cr$ 1.700.000,00 (um milhão e setecentos mil cruzeiros).

Art. 73. O setor encarregado pela área de benefícios no âmbito do Instituto Nacional do Seguro Social-INSS deverá estabelecer indicadores qualitativos e quantitativos para acompanhamento e avaliação das concessões de benefícios realizadas pelos órgãos locais de atendimento.

Art. 74. Os postos de benefícios deverão adotar como prática o cruzamento das informações declaradas pelos segurados com os dados de cadastros de empresas e de contribuintes em geral quando da concessão de benefícios.

Art. 75. (Revogado pela Lei nº 9.711, de 1998).

Art. 76. O Instituto Nacional do Seguro Social--INSS deverá proceder ao recadastramento de todos aqueles que, por intermédio de procuração, recebem benefícios da Previdência Social.

§ 1º O documento de procuração deverá ser revalidado, anualmente, nos termos de norma definida pelo INSS.

§ 2º Na hipótese de pagamento indevido de benefício a pessoa não autorizada, ou após o óbito do titular do benefício, a instituição financeira é responsável pela devolução dos valores ao INSS, em razão do descumprimento das obrigações a ela impostas por lei ou por força contratual.

Art. 77. (Revogado pela Medida Provisória nº 2.216-37, de 2001).

Art. 78. O Instituto Nacional do Seguro Social--INSS, na forma da legislação específica, fica autorizado a contratar auditorias externas, periodicamente, para analisar e emitir parecer sobre demonstrativos econômico-financeiros e contábeis, arrecadação, cobrança e fiscalização das contribuições, bem como pagamento dos benefícios, submetendo os resultados obtidos à apreciação do Conselho Nacional da Seguridade Social.

Art. 79. (Revogado pela Lei nº 9.711, de 1998).

Art. 80. Fica o Instituto Nacional do Seguro Social-INSS obrigado a:

I – enviar às empresas e aos seus segurados, quando solicitado, extrato relativo ao recolhimento das suas contribuições;

II – (Revogado pela Lei nº 11.941, de 2009)

III – emitir e enviar aos beneficiários o Aviso de Concessão de Benefício, além da memória de cálculo do valor dos benefícios concedidos;

IV – reeditar versão atualizada, nos termos do Plano de Benefícios, da Carta dos Direitos dos Segurados;

V – divulgar, com a devida antecedência, através dos meios de comunicação, alterações porventura realizadas na forma de contribuição das empresas e segurados em geral;

VI – descentralizar, progressivamente, o processamento eletrônico das informações, mediante extensão dos programas de informatização de postos de atendimento e de Regiões Fiscais.

VII – disponibilizará ao público, inclusive por meio de rede pública de transmissão de dados, informações atualizadas sobre as receitas e despesas do regime geral de previdência social, bem como os critérios e parâmetros adotados para garantir o equilíbrio financeiro e atuarial do regime.

§ 1º O Ministério do Trabalho e Previdência divulgará, mensalmente, o resultado financeiro do Regime Geral de Previdência Social, no qual considerará:

I – para fins de aferição do equilíbrio financeiro do regime, as renúncias previdenciárias em adição às receitas realizadas; e

II – para os demais fins, apenas as receitas efetivamente arrecadadas e as despesas orçamentárias e financeiras efetivamente liquidadas e pagas.

§ 2º Para fins de apuração das renúncias previdenciárias de que trata o inciso I do § 1º deste artigo, serão consideradas as informações prestadas pela Secretaria Especial da Receita Federal do Brasil do Ministério da Economia.

Art. 81. (Revogado pela Lei nº 11.941, de 2009)

Art. 82. A Auditoria e a Procuradoria do Instituto Nacional do Seguro Social-INSS deverão, a cada trimestre, elaborar relação das auditorias realizadas e dos trabalhos executados, bem como dos resultados obtidos, enviando-a a apreciação do Conselho Nacional da Seguridade Social.

Art. 83. O Instituto Nacional do Seguro Social-INSS deverá implantar um programa de qualificação e treinamento sistemático de pessoal, bem como promover a reciclagem e redistribuição de funcionários conforme as demandas dos órgãos regionais e locais, visando a melhoria da qualidade do atendimento e o controle e a eficiência dos sistemas de arrecadação e fiscalização de contribuições, bem como de pagamento de benefícios.

Art. 84. (Revogado pela Medida Provisória nº 2.216-37, de 2001).

Capítulo II
DAS DEMAIS DISPOSIÇÕES

Art. 85. O Conselho Nacional da Seguridade Social será instalado no prazo de 30 (trinta) dias após a promulgação desta Lei.

Art. 85-A. Os tratados, convenções e outros acordos internacionais de que Estado estrangeiro ou organismo internacional e o Brasil sejam partes, e que versem sobre matéria previdenciária, serão interpretados como lei especial.

Art. 86. (Revogado pela Medida Provisória nº 2.216-37, de 2001).

Art. 87. Os orçamentos das pessoas jurídicas de direito público e das entidades da administração pública indireta devem consignar as dotações necessárias ao pagamento das contribuições da Seguridade Social, de modo a assegurar a sua regular liquidação dentro do exercício.

Art. 88. Os prazos de prescrição de que goza a União aplicam-se à Seguridade Social, ressalvado o disposto no art. 46.

Art. 89. As contribuições sociais previstas nas alíneas *a*, *b* e *c* do parágrafo único do art. 11 desta Lei, as contribuições instituídas a título de substituição e as contribuições devidas a terceiros somente poderão ser restituídas ou compensadas nas hipóteses de pagamento ou recolhimento indevido ou maior que o devido, nos termos e condições estabelecidos pela Secretaria da Receita Federal do Brasil.

§ 1º (Revogado).

§ 2º (Revogado).

§ 3º (Revogado).

§ 4º O valor a ser restituído ou compensado será acrescido de juros obtidos pela aplicação da taxa referencial do Sistema Especial de Liquidação e de Custódia – SELIC para títulos federais, acumulada mensalmente, a partir do mês subsequente ao do pagamento indevido ou a maior que o devido até o mês anterior ao da compensação ou restituição e de 1% (um por cento) relativamente ao mês em que estiver sendo efetuada.

§ 5º (Revogado).

§ 6º (Revogado).

§ 7º (Revogado).

§ 8º Verificada a existência de débito em nome do sujeito passivo, o valor da restituição será utilizado para extingui-lo, total ou parcialmente, mediante compensação.

§ 9º Os valores compensados indevidamente serão exigidos com os acréscimos moratórios de que trata o art. 35 desta Lei.

§ 10. Na hipótese de compensação indevida, quando se comprove falsidade da declaração apresentada pelo sujeito passivo, o contribuinte estará sujeito à multa isolada aplicada no percentual previsto no inciso I do caput do art. 44 da Lei nº 9.430, de 27 de dezembro de 1996, aplicado em dobro, e terá como base de cálculo o valor total do débito indevidamente compensado.

§ 11. Aplica-se aos processos de restituição das contribuições de que trata este artigo e de reembolso de salário-família e salário-maternidade o rito previsto no Decreto nº 70.235, de 6 de março de 1972.

§ 12. O disposto no § 10 deste artigo não se aplica à compensação efetuada nos termos do art. 74 da Lei nº 9.430, de 27 de dezembro de 1996.

Art. 90. O Conselho Nacional da Seguridade Social, dentro de 180 (cento e oitenta) dias da sua instalação, adotará as providências necessárias ao levantamento das dívidas da União para com a Seguridade Social.

Art. 91. Mediante requisição da Seguridade Social, a empresa é obrigada a descontar, da remuneração paga aos segurados a seu serviço, a importância proveniente de dívida ou responsabilidade por eles contraída junto à Seguridade Social, relativa a benefícios pagos indevidamente.

Art. 92. A infração de qualquer dispositivo desta Lei para a qual não haja penalidade expressamente cominada sujeita o responsável, conforme a gravidade da infração, a multa variável de Cr$ 100.000,00 (cem mil cruzeiros) a Cr$ 10.000.000,00 (dez milhões de cruzeiros), conforme dispuser o regulamento. ²⁴

Art. 93. (Revogado o caput pela Lei nº 9.639, de 25.5.98.)

Parágrafo único. (Revogado pela Lei nº 11.941, de 2009)

Art. 94. (Revogado pela Lei nº 11.501, de 2007).

Art. 95. *Caput*. Revogado. (Redação dada pela Lei nº 9.983, de 2000).

a) revogada; (Redação dada pela Lei nº 9.983, de 2000).

b) revogada; (Redação dada pela Lei nº 9.983, de 2000).

c) revogada; (Redação dada pela Lei nº 9.983, de 2000).

d) revogada; (Redação dada pela Lei nº 9.983, de 2000).

e) revogada; (Redação dada pela Lei nº 9.983, de 2000).

f) revogada; (Redação dada pela Lei nº 9.983, de 2000).

g) revogada; (Redação dada pela Lei nº 9.983, de 2000).

h) revogada; (Redação dada pela Lei nº 9.983, de 2000).

i) revogada; (Redação dada pela Lei nº 9.983, de 2000).

j) revogada. (Redação dada pela Lei nº 9.983, de 2000).

§ 1º Revogado. (Redação dada pela Lei nº 9.983, de 2000).

§ 2º A empresa que transgredir as normas desta Lei, além das outras sanções previstas, sujeitar-se-á, nas condições em que dispuser o regulamento:

a) à suspensão de empréstimos e financiamentos, por instituições financeiras oficiais;

b) à revisão de incentivos fiscais de tratamento tributário especial;

c) à inabilitação para licitar e contratar com qualquer órgão ou entidade da administração pública direta ou indireta federal, estadual, do Distrito Federal ou municipal;

d) à interdição para o exercício do comércio, se for sociedade mercantil ou comerciante individual;

e) à desqualificação para impetrar concordata;

f) à cassação de autorização para funcionar no país, quando for o caso.

§ 3º Revogado. (Redação dada pela Lei nº 9.983, de 2000).

§ 4º Revogado. (Redação dada pela Lei nº 9.983, de 2000).

§ 5º Revogado. (Redação dada pela Lei nº 9.983, de 2000).

Art. 96. O Poder Executivo enviará ao Congresso Nacional, anualmente, acompanhando a Proposta Orçamentária da Seguridade Social, projeções atuariais relativas à Seguridade Social, abrangendo um horizonte temporal de, no mínimo, 20 (vinte) anos, considerando hipóteses alternativas quanto às variáveis demográficas, econômicas e institucionais relevantes.

Art. 97. Fica o Instituto Nacional do Seguro Social-INSS autorizado a proceder a alienação ou permuta, por ato da autoridade competente, de bens imóveis de sua propriedade considerados desnecessários ou não vinculados às suas atividades operacionais.

§ 1º Na alienação a que se refere este artigo será observado o disposto no art. 18 e nos incisos I, II e III do art. 19, da Lei nº 8.666, de 21 de junho de 1993, alterada pelas Leis nºs 8.883, de 8 de junho de 1994, e 9.032, de 28 de abril de 1995.

§ 2º (VETADO na Lei nº 9.528, de 10.12.97).

Art. 98. Nas execuções fiscais da dívida ativa do INSS, o leilão judicial dos bens penhorados realizar-se-á por leiloeiro oficial, indicado pelo credor, que procederá à hasta pública:

I – no primeiro leilão, pelo valor do maior lance, que não poderá ser inferior ao da avaliação;

II – no segundo leilão, por qualquer valor, excetuado o vil.

§ 1º Poderá o juiz, a requerimento do credor, autorizar seja parcelado o pagamento do valor da arrematação, na forma prevista para os parcelamentos administrativos de débitos previdenciários.

§ 2º Todas as condições do parcelamento deverão constar do edital de leilão.

§ 3º O débito do executado será quitado na proporção do valor de arrematação.

§ 4º O arrematante deverá depositar, no ato, o valor da primeira parcela.

§ 5º Realizado o depósito, será expedida carta de arrematação, contendo as seguintes disposições:

a) valor da arrematação, valor e número de parcelas mensais em que será pago;

b) constituição de hipoteca do bem adquirido, ou de penhor, em favor do credor, servindo a carta de título hábil para registro da garantia;

c) indicação do arrematante como fiel depositário do bem móvel, quando constituído penhor;

d) especificação dos critérios de reajustamento do saldo e das parcelas, que será sempre o mesmo vigente para os parcelamentos de débitos previdenciários.

§ 6º Se o arrematante não pagar, no vencimento, qualquer das parcelas mensais, o saldo devedor remanescente vencerá antecipadamente, que será acrescido em cinqüenta por cento de seu valor a título de multa, e, imediatamente inscrito em dívida ativa e executado.

§ 7º Se no primeiro ou no segundo leilões a que se refere o caput não houver licitante, o INSS poderá adjudicar o bem por cinqüenta por cento do valor da avaliação.

§ 8º Se o bem adjudicado não puder ser utilizado pelo INSS, e for de difícil venda, poderá ser negociado ou doado a outro órgão ou entidade pública que demonstre interesse na sua utilização.

§ 9º Não havendo interesse na adjudicação, poderá o juiz do feito, de ofício ou a requerimento do credor, determinar sucessivas repetições da hasta pública.

§ 10. O leiloeiro oficial, a pedido do credor, poderá ficar como fiel depositário dos bens penhorados e realizar a respectiva remoção.

§ 11. O disposto neste artigo aplica-se às execuções fiscais da Dívida Ativa da União.

Art. 99. O Instituto Nacional do Seguro Social-INSS poderá contratar leiloeiros oficiais para promover a venda administrativa dos bens, adjudicados judicialmente ou que receber em dação de pagamento.

Parágrafo único. O INSS, no prazo de sessenta dias, providenciará alienação do bem por intermédio do leiloeiro oficial.

Art. 100. (Revogado pela Lei nº 9.528, de 10.12.97)

Art. 101. (Revogado pela Medida Provisória nº 2.187-13, de 2001).

Art. 102. Os valores expressos em moeda corrente nesta Lei serão reajustados nas mesmas épocas e com os mesmos índices utilizados para o reajustamento dos benefícios de prestação continuada da Previdência Social.

§ 1º O disposto neste artigo não se aplica às penalidades previstas no art. 32-A desta Lei.

§ 2º O reajuste dos valores dos salários-de-contribuição em decorrência da alteração do salário-mínimo será descontado por ocasião da aplicação dos índices a que se refere o caput deste artigo.

Art. 103. O Poder Executivo regulamentará esta Lei no prazo de 60 (sessenta) dias a partir da data de sua publicação.

Art. 104. Esta Lei entrará em vigor na data de sua publicação.

Art. 105. Revogam-se as disposições em contrário.

Brasília, em 24 de julho de 1991; 170º da Independência e 103º da República.

FERNANDO COLLOR
Antonio Magri

Lei nº 8.213, de 24 de julho de 1991

Dispõe sobre os Planos de Benefícios da Previdência Social e dá outras providências.

O PRESIDENTE DA REPÚBLICA Faço saber que o Congresso Nacional decreta e eu sanciono a seguinte Lei:

TÍTULO I
DA FINALIDADE E DOS PRINCÍPIOS BÁSICOS DA PREVIDÊNCIA SOCIAL

Art. 1º A Previdência Social, mediante contribuição, tem por fim assegurar aos seus beneficiários meios indispensáveis de manutenção, por motivo de incapacidade, desemprego involuntário, idade avançada, tempo de serviço, encargos familiares e prisão ou morte daqueles de quem dependiam economicamente.

Art. 2º A Previdência Social rege-se pelos seguintes princípios e objetivos:

I – universalidade de participação nos planos previdenciários;

II – uniformidade e equivalência dos benefícios e serviços às populações urbanas e rurais;

III – seletividade e distributividade na prestação dos benefícios;

IV – cálculo dos benefícios considerando-se os salários-de-contribuição corrigidos monetariamente;

V – irredutibilidade do valor dos benefícios de forma a preservar-lhes o poder aquisitivo;

VI – valor da renda mensal dos benefícios substitutos do salário-de-contribuição ou do rendimento do trabalho do segurado não inferior ao do salário mínimo;

VII – previdência complementar facultativa, custeada por contribuição adicional;

VIII – caráter democrático e descentralizado da gestão administrativa, com a participação do governo e da comunidade, em especial de trabalhadores em atividade, empregadores e aposentados.

Parágrafo único. A participação referida no inciso VIII deste artigo será efetivada a nível federal, estadual e municipal.

Art. 3º Fica instituído o Conselho Nacional de Previdência Social–CNPS, órgão superior de deliberação colegiada, que terá como membros:

I – seis representantes do Governo Federal;

II – nove representantes da sociedade civil, sendo:

a) três representantes dos aposentados e pensionistas;

b) três representantes dos trabalhadores em atividade;

c) três representantes dos empregadores.

§ 1º Os membros do CNPS e seus respectivos suplentes serão nomeados pelo Presidente da República, tendo os representantes titulares da sociedade civil mandato de 2 (dois) anos, podendo ser reconduzidos, de imediato, uma única vez.

§ 2º Os representantes dos trabalhadores em atividade, dos aposentados, dos empregadores e seus respectivos suplentes serão indicados pelas centrais sindicais e confederações nacionais.

§ 3º O CNPS reunir-se-á, ordinariamente, uma vez por mês, por convocação de seu Presidente, não podendo ser adiada a reunião por mais de 15 (quinze) dias se houver requerimento nesse sentido da maioria dos conselheiros.

§ 4º Poderá ser convocada reunião extraordinária por seu Presidente ou a requerimento de um terço de seus membros, conforme dispuser o regimento interno do CNPS.

§ 5º (Revogado pela Lei nº 9.528, de 1997)

§ 6º As ausências ao trabalho dos representantes dos trabalhadores em atividade, decorrentes das atividades do Conselho, serão abonadas, computando-se uma jornada efetivamente trabalhada para todos os fins e efeitos legais.

§ 7º Aos membros do CNPS, enquanto representantes dos trabalhadores em atividade, titulares e suplentes, é assegurada a estabilidade no emprego, da nomeação até um ano após o término do mandato de representação, somente podendo ser demitidos por motivo de falta grave, regularmente comprovada através de processo judicial.

§ 8º Competirá ao Ministério do Trabalho e da Previdência Social proporcionar ao CNPS os meios necessários ao exercício de suas competências, para o que contará com uma Secretaria-Executiva do Conselho Nacional de Previdência Social.

§ 9º O CNPS deverá se instalar no prazo de 30 (trinta) dias a contar da publicação desta Lei.

Art. 4º Compete ao Conselho Nacional de Previdência Social–CNPS:

I – estabelecer diretrizes gerais e apreciar as decisões de políticas aplicáveis à Previdência Social;

II – participar, acompanhar e avaliar sistematicamente a gestão previdenciária;

III – apreciar e aprovar os planos e programas da Previdência Social;

IV – apreciar e aprovar as propostas orçamentárias da Previdência Social, antes de sua consolidação na proposta orçamentária da Seguridade Social;

V – acompanhar e apreciar, através de relatórios gerenciais por ele definidos, a execução dos planos, programas e orçamentos no âmbito da Previdência Social;

VI – acompanhar a aplicação da legislação pertinente à Previdência Social;

VII – apreciar a prestação de contas anual a ser remetida ao Tribunal de Contas da União, podendo, se for necessário, contratar auditoria externa;

VIII – estabelecer os valores mínimos em litígio, acima dos quais será exigida a anuência prévia do Procurador-Geral ou do Presidente do INSS para formalização de desistência ou transigência judiciais, conforme o disposto no art. 132;

IX – elaborar e aprovar seu regimento interno.

Parágrafo único. As decisões proferidas pelo CNPS deverão ser publicadas no Diário Oficial da União.

Art. 5º Compete aos órgãos governamentais:

I – prestar toda e qualquer informação necessária ao adequado cumprimento das competências do CNPS, fornecendo inclusive estudos técnicos;

II – encaminhar ao CNPS, com antecedência mínima de 2 (dois) meses do seu envio ao Congresso Nacional, a proposta orçamentária da Previdência Social, devidamente detalhada.

Art. 6º Haverá, no âmbito da Previdência Social, uma Ouvidoria-Geral, cujas atribuições serão definidas em regulamento.

Art. 7º (Revogado pela Medida Provisória nº 2.216-37, de 31.8.01)

Art. 8º (Revogado pela Medida Provisória nº 2.216-37, de 31.8.01)

TÍTULO II
DO PLANO DE BENEFÍCIOS DA PREVIDÊNCIA SOCIAL

Capítulo Único
DOS REGIMES DE PREVIDÊNCIA SOCIAL

Art. 9º A Previdência Social compreende:

I – o Regime Geral de Previdência Social;

II – o Regime Facultativo Complementar de Previdência Social.

§ 1º O Regime Geral de Previdência Social – RGPS garante a cobertura de todas as situações expressas no art. 1º desta Lei, exceto as de desemprego involuntário, objeto de lei específica, e de aposentadoria por tempo de contribuição para o trabalhador de que trata o § 2º do art. 21 da Lei nº 8.212, de 24 de julho de 1991.

§ 2º O Regime Facultativo Complementar de Previdência Social será objeto de lei específica.

TÍTULO III
DO REGIME GERAL DE PREVIDÊNCIA SOCIAL

Capítulo I
DOS BENEFICIÁRIOS

Art. 10. Os beneficiários do Regime Geral de Previdência Social classificam-se como segurados e dependentes, nos termos das Seções I e II deste capítulo.

Seção I
Dos Segurados

Art. 11. São segurados obrigatórios da Previdência Social as seguintes pessoas físicas:

I – como empregado:

a) aquele que presta serviço de natureza urbana ou rural à empresa, em caráter não eventual, sob sua subordinação e mediante remuneração, inclusive como diretor empregado;

b) aquele que, contratado por empresa de trabalho temporário, definida em legislação específica, presta serviço para atender a necessidade transitória de substituição de pessoal regular e permanente ou a acréscimo extraordinário de serviços de outras empresas;

c) o brasileiro ou o estrangeiro domiciliado e contratado no Brasil para trabalhar como empregado em sucursal ou agência de empresa nacional no exterior;

d) aquele que presta serviço no Brasil a missão diplomática ou a repartição consular de carreira estrangeira e a órgãos a elas subordinados, ou a membros dessas missões e repartições, excluídos o não-brasileiro sem residência permanente no Brasil e o brasileiro amparado pela legislação previdenciária do país da respectiva missão diplomática ou repartição consular;

e) o brasileiro civil que trabalha para a União, no exterior, em organismos oficiais brasileiros ou internacionais dos quais o Brasil seja membro efetivo, ainda que lá domiciliado e contratado, salvo se segurado na forma da legislação vigente do país do domicílio;

f) o brasileiro ou estrangeiro domiciliado e contratado no Brasil para trabalhar como empregado em empresa domiciliada no exterior, cuja maioria do capital votante pertença a empresa brasileira de capital nacional;

g) o servidor público ocupante de cargo em comissão, sem vínculo efetivo com a União, Autarquias, inclusive em regime especial, e Fundações Públicas Federais.

h) o exercente de mandato eletivo federal, estadual ou municipal, desde que não vinculado a regime próprio de previdência social ;

i) o empregado de organismo oficial internacional ou estrangeiro em funcionamento no Brasil, salvo quando coberto por regime próprio de previdência social;

II – como empregado doméstico: aquele que presta serviço de natureza contínua a pessoa ou família, no âmbito residencial desta, em atividades sem fins lucrativos;

III – (Revogado pela Lei nº 9.876, de 26.11.1999)

IV – (Revogado pela Lei nº 9.876, de 26.11.1999)

a) ; (Revogado pela Lei nº 9.876, de 26.11.1999)

b) (Revogado pela Lei nº 9.876, de 26.11.1999)

V – como contribuinte individual:

a) a pessoa física, proprietária ou não, que explora atividade agropecuária, a qualquer título, em caráter permanente ou temporário, em área superior a 4 (quatro) módulos fiscais; ou, quando em área igual ou inferior a 4 (quatro) módulos fiscais ou atividade pesqueira, com auxílio de empregados ou por intermédio de prepostos; ou ainda nas hipóteses dos §§ 9º e 10 deste artigo;

b) a pessoa física, proprietária ou não, que explora atividade de extração mineral – garimpo, em caráter permanente ou temporário, diretamente ou por intermédio de prepostos, com ou sem o auxílio de empregados, utilizados a qualquer título, ainda que de forma não contínua;

c) o ministro de confissão religiosa e o membro de instituto de vida consagrada, de congregação ou de ordem religiosa;

d) (Revogado pela Lei nº 9.876, de 26.11.1999)

e) o brasileiro civil que trabalha no exterior para organismo oficial internacional do qual o Brasil é membro efetivo, ainda que lá domiciliado e contratado, salvo quando coberto por regime próprio de previdência social;

f) o titular de firma individual urbana ou rural, o diretor não empregado e o membro de conselho de administração de sociedade anônima, o sócio solidário, o sócio de indústria, o sócio gerente e o sócio cotista que recebam remuneração decorrente de seu trabalho em empresa urbana ou rural, e o associado eleito para cargo de direção em cooperativa, associação ou entidade de qualquer natureza ou finalidade, bem como o síndico ou administrador eleito para exercer atividade de direção condominial, desde que recebam remuneração;

g) quem presta serviço de natureza urbana ou rural, em caráter eventual, a uma ou mais empresas, sem relação de emprego;

h) a pessoa física que exerce, por conta própria, atividade econômica de natureza urbana, com fins lucrativos ou não;

VI – como trabalhador avulso: quem presta, a diversas empresas, sem vínculo empregatício, serviço de natureza urbana ou rural definidos no Regulamento;

VII – como segurado especial: a pessoa física residente no imóvel rural ou em aglomerado urbano ou rural próximo a ele que, individualmente ou em regime de economia familiar, ainda que com o auxílio eventual de terceiros, na condição de:

a) produtor, seja proprietário, usufrutuário, possuidor, assentado, parceiro ou meeiro outorgados, comodatário ou arrendatário rurais, que explore atividade:

1. agropecuária em área de até 4 (quatro) módulos fiscais;

2. de seringueiro ou extrativista vegetal que exerça suas atividades nos termos do inciso XII do caput do art. 2º da Lei nº 9.985, de 18 de julho de 2000, e faça dessas atividades o principal meio de vida;

b) pescador artesanal ou a este assemelhado que faça da pesca profissão habitual ou principal meio de vida; e

c) cônjuge ou companheiro, bem como filho maior de 16 (dezesseis) anos de idade ou a este equiparado, do segurado de que tratam as alíneas a e *b* deste inciso, que, comprovadamente, trabalhem com o grupo familiar respectivo.

§ 1º Entende-se como regime de economia familiar a atividade em que o trabalho dos membros da família é indispensável à própria subsistência e ao desenvolvimento socioeconômico do núcleo familiar e é exercido em condições de mútua dependência e colaboração, sem a utilização de empregados permanentes.

§ 2º Todo aquele que exercer, concomitantemente, mais de uma atividade remunerada sujeita ao Regime Geral de Previdência Social é obrigatoriamente filiado em relação a cada uma delas.

§ 3º O aposentado pelo Regime Geral de Previdência Social–RGPS que estiver exercendo ou que voltar a exercer atividade abrangida por este Regime é segurado obrigatório em relação a essa atividade, ficando sujeito às contribuições de que trata a Lei nº 8.212, de 24 de julho de 1991, para fins de custeio da Seguridade Social.

§ 4º O dirigente sindical mantém, durante o exercício do mandato eletivo, o mesmo enquadramento no Regime Geral de Previdência Social-RGPS de antes da investidura.

§ 5º Aplica-se o disposto na alínea *g* do inciso I do *caput* ao ocupante de cargo de Ministro de Estado, de Secretário Estadual, Distrital ou Municipal, sem vínculo efetivo com a União, Estados, Distrito Federal e Municípios, suas autarquias, ainda que em regime especial, e fundações.

§ 6º Para serem considerados segurados especiais, o cônjuge ou companheiro e os filhos maiores de 16 (dezesseis) anos ou os a estes equiparados deverão ter participação ativa nas atividades rurais do grupo familiar.

§ 7º O grupo familiar poderá utilizar-se de empregados contratados por prazo determinado ou de trabalhador de que trata a alínea *g* do inciso V do caput, à razão de no máximo 120 (cento e vinte) pessoas por dia no ano civil, em períodos corridos ou intercalados ou, ainda, por tempo equivalente em horas de trabalho, não sendo computado nesse prazo o período de afastamento em decorrência da percepção de auxílio-doença.

§ 8º Não descaracteriza a condição de segurado especial:

I – a outorga, por meio de contrato escrito de parceria, meação ou comodato, de até 50% (cinquenta por cento) de imóvel rural cuja área total não seja superior a 4 (quatro) módulos fiscais, desde que outorgante e outorgado continuem a exercer a respectiva atividade, individualmente ou em regime de economia familiar;

II – a exploração da atividade turística da propriedade rural, inclusive com hospedagem, por não mais de 120 (cento e vinte) dias ao ano;

III – a participação em plano de previdência complementar instituído por entidade classista a que seja associado em razão da condição de trabalhador rural ou de produtor rural em regime de economia familiar; e

IV – ser beneficiário ou fazer parte de grupo familiar que tem algum componente que seja beneficiário de programa assistencial oficial de governo;

V – a utilização pelo próprio grupo familiar, na exploração da atividade, de processo de beneficiamento ou industrialização artesanal, na forma do § 11 do art. 25 da Lei nº 8.212, de 24 de julho de 1991; e

VI – a associação em cooperativa agropecuária ou de crédito rural; e

VII – a incidência do Imposto Sobre Produtos Industrializados – IPI sobre o produto das atividades desenvolvidas nos termos do § 12.

§ 9º Não é segurado especial o membro de grupo familiar que possuir outra fonte de rendimento, exceto se decorrente de:

I – benefício de pensão por morte, auxílio-acidente ou auxílio-reclusão, cujo valor não supere o do menor benefício de prestação continuada da Previdência Social;

II – benefício previdenciário pela participação em plano de previdência complementar instituído nos termos do inciso IV do § 8º deste artigo;

III – exercício de atividade remunerada em período não superior a 120 (cento e vinte) dias, corridos ou intercalados, no ano civil, observado o disposto no § 13 do art. 12 da Lei nº 8.212, de 24 de julho de 1991;

IV – exercício de mandato eletivo de dirigente sindical de organização da categoria de trabalhadores rurais;

V – exercício de mandato de vereador do Município em que desenvolve a atividade rural ou de dirigente de cooperativa rural constituída, exclusivamente, por segurados especiais, observado o disposto no § 13 do art. 12 da Lei nº 8.212, de 24 de julho de 1991;

VI – parceria ou meação outorgada na forma e condições estabelecidas no inciso I do § 8º deste artigo;

VII – atividade artesanal desenvolvida com matéria-prima produzida pelo respectivo grupo familiar, podendo ser utilizada matéria-prima de outra origem, desde que a renda mensal obtida na atividade não exceda ao menor benefício de prestação continuada da Previdência Social; e

VIII – atividade artística, desde que em valor mensal inferior ao menor benefício de prestação continuada da Previdência Social.

§ 10. O segurado especial fica excluído dessa categoria:

I – a contar do primeiro dia do mês em que:

a) deixar de satisfazer as condições estabelecidas no inciso VII do caput deste artigo, sem prejuízo do disposto no art. 15 desta Lei, ou exceder qualquer dos limites estabelecidos no inciso I do § 8º deste artigo;

b) enquadrar-se em qualquer outra categoria de segurado obrigatório do Regime Geral de Previdência Social, ressalvado o disposto nos incisos III, V, VII e VIII do § 9º e no § 12, sem prejuízo do disposto no art. 15;

c) tornar-se segurado obrigatório de outro regime previdenciário; e

d) participar de sociedade empresária, de sociedade simples, como empresário individual ou como titular de empresa individual de responsabilidade limitada em desacordo com as limitações impostas pelo § 12;

II – a contar do primeiro dia do mês subseqüente ao da ocorrência, quando o grupo familiar a que pertence exceder o limite de:

a) utilização de terceiros na exploração da atividade a que se refere o § 7º deste artigo;

b) dias em atividade remunerada estabelecidos no inciso III do § 9º deste artigo; e

c) dias de hospedagem a que se refere o inciso II do § 8º deste artigo.

§ 11. Aplica-se o disposto na alínea *a* do inciso V do caput deste artigo ao cônjuge ou companheiro do produtor que participe da atividade rural por este explorada.

§ 12. A participação do segurado especial em sociedade empresária, em sociedade simples, como empresário individual ou como titular de empresa individual de responsabilidade limitada de objeto ou âmbito agrícola, agroindustrial ou agroturístico, considerada microempresa nos termos da Lei Complementar nº 123, de 14 de dezembro de 2006, não o exclui de tal categoria previdenciária, desde que, mantido o exercício da sua atividade rural na forma do inciso VII do caput e do § 1º, a pessoa jurídica componha-se apenas de segurados de igual natureza e sedie-se no mesmo Município ou em Município limítrofe àquele em que eles desenvolvam suas atividades.

§ 13. (VETADO).

Art. 12. O servidor civil ocupante de cargo efetivo ou o militar da União, dos Estados, do Distrito Federal ou dos Municípios, bem como o das respectivas autarquias e fundações, são excluídos do Regime Geral de Previdência Social consubstanciado nesta Lei, desde que amparados por regime próprio de previdência social.

§ 1º Caso o servidor ou o militar venham a exercer, concomitantemente, uma ou mais atividades abrangidas pelo Regime Geral de Previdência Social, tornar-se-ão segurados obrigatórios em relação a essas atividades.

§ 2º Caso o servidor ou o militar, amparados por regime próprio de previdência social, sejam requisitados para outro órgão ou entidade cujo regime previdenciário não permita a filiação, nessa condição, permanecerão vinculados ao regime de origem, obedecidas as regras que cada ente estabeleça acerca de sua contribuição.

Art. 13. É segurado facultativo o maior de 14 (quatorze) anos que se filiar ao Regime Geral de Previdência Social, mediante contribuição, desde que não incluído nas disposições do art. 11.

Art. 14. Consideram-se:

I – empresa – a firma individual ou sociedade que assume o risco de atividade econômica urbana ou rural, com fins lucrativos ou não, bem como os órgãos e entidades da administração pública direta, indireta ou fundacional;

II – empregador doméstico – a pessoa ou família que admite a seu serviço, sem finalidade lucrativa, empregado doméstico.

Parágrafo único. Equiparam-se a empresa, para os efeitos desta Lei, o contribuinte individual e a pessoa física na condição de proprietário ou dono de obra de construção civil, em relação a segurado que lhe presta serviço, bem como a cooperativa, a associação ou entidade de qualquer natureza ou finalidade, a missão diplomática e a repartição consular de carreira estrangeiras.

Art. 15. Mantém a qualidade de segurado, independentemente de contribuições:

I – sem limite de prazo, quem está em gozo de benefício, exceto do auxílio-acidente;

II – até 12 (doze) meses após a cessação das contribuições, o segurado que deixar de exercer atividade remunerada abrangida pela Previdência Social ou estiver suspenso ou licenciado sem remuneração;

III – até 12 (doze) meses após cessar a segregação, o segurado acometido de doença de segregação compulsória;

IV – até 12 (doze) meses após o livramento, o segurado retido ou recluso;

V – até 3 (três) meses após o licenciamento, o segurado incorporado às Forças Armadas para prestar serviço militar;

VI – até 6 (seis) meses após a cessação das contribuições, o segurado facultativo.

§ 1º O prazo do inciso II será prorrogado para até 24 (vinte e quatro) meses se o segurado já tiver pago mais de 120 (cento e vinte) contribuições mensais sem interrupção que acarrete a perda da qualidade de segurado.

§ 2º Os prazos do inciso II ou do § 1º serão acrescidos de 12 (doze) meses para o segurado desempregado, desde que comprovada essa situação pelo registro no órgão próprio do Ministério do Trabalho e da Previdência Social.

§ 3º Durante os prazos deste artigo, o segurado conserva todos os seus direitos perante a Previdência Social.

§ 4° A perda da qualidade de segurado ocorrerá no dia seguinte ao do término do prazo fixado no Plano de Custeio da Seguridade Social para recolhimento da contribuição referente ao mês imediatamente posterior ao do final dos prazos fixados neste artigo e seus parágrafos.

Seção II
Dos Dependentes

Art. 16. São beneficiários do Regime Geral de Previdência Social, na condição de dependentes do segurado:

I – o cônjuge, a companheira, o companheiro e o filho não emancipado, de qualquer condição, menor de 21 (vinte e um) anos ou inválido ou que tenha deficiência intelectual ou mental ou deficiência grave;

II – os pais;

III – o irmão não emancipado, de qualquer condição, menor de 21 (vinte e um) anos ou inválido ou que tenha deficiência intelectual ou mental ou deficiência grave;

IV – (Revogada pela Lei n° 9.032, de 1995)

§ 1° A existência de dependente de qualquer das classes deste artigo exclui do direito às prestações os das classes seguintes.

§ 2° .O enteado e o menor tutelado equiparam-se a filho mediante declaração do segurado e desde que comprovada a dependência econômica na forma estabelecida no Regulamento.

§ 3° Considera-se companheira ou companheiro a pessoa que, sem ser casada, mantém união estável com o segurado ou com a segurada, de acordo com o § 3° do art. 226 da Constituição Federal.

§ 4° A dependência econômica das pessoas indicadas no inciso I é presumida e a das demais deve ser comprovada.

§ 5° As provas de união estável e de dependência econômica exigem início de prova material contemporânea dos fatos, produzido em período não superior a 24 (vinte e quatro) meses anterior à data do óbito ou do recolhimento à prisão do segurado, não admitida a prova exclusivamente testemunhal, exceto na ocorrência de motivo de força maior ou caso fortuito, conforme disposto no regulamento.

§ 6° Na hipótese da alínea *c* do inciso V do § 2° do art. 77 desta Lei, a par da exigência do § 5° deste artigo, deverá ser apresentado, ainda, início de prova material que comprove união estável por pelo menos 2 (dois) anos antes do óbito do segurado.

§ 7° Será excluído definitivamente da condição de dependente quem tiver sido condenado criminalmente por sentença com trânsito em julgado, como autor, coautor ou partícipe de homicídio doloso, ou de tentativa desse crime, cometido contra a pessoa do segurado, ressalvados os absolutamente incapazes e os inimputáveis.

Seção III
Das Inscrições

Art. 17. O Regulamento disciplinará a forma de inscrição do segurado e dos dependentes.

§ 1° Incumbe ao dependente promover a sua inscrição quando do requerimento do benefício a que estiver habilitado.

§ 2° (Revogado pela Lei n° 13.135, de 2015)

§ 3° (Revogado pela Lei n° 11.718, de 2008)

§ 4° A inscrição do segurado especial será feita de forma a vinculá-lo ao respectivo grupo familiar e conterá, além das informações pessoais, a identificação da propriedade em que desenvolve a atividade e a que título, se nela reside ou o Município onde reside e, quando for o caso, a identificação e inscrição da pessoa responsável pelo grupo familiar.

§ 5° O segurado especial integrante de grupo familiar que não seja proprietário ou dono do imóvel rural em que desenvolve sua atividade deverá informar, no ato da inscrição, conforme o caso, o nome do parceiro ou meeiro outorgante, arrendador, comodante ou assemelhado.

§ 6° (Revogado pela Lei n° 12.873, de 2013)

§ 7° Não será admitida a inscrição **post mortem** de segurado contribuinte individual e de segurado facultativo.)

Capítulo II
DAS PRESTAÇÕES EM GERAL

Seção I
Das Espécies de Prestações

Art. 18. O Regime Geral de Previdência Social compreende as seguintes prestações, devidas inclusive em razão de eventos decorrentes de acidente do trabalho, expressas em benefícios e serviços:

I – quanto ao segurado:

a) aposentadoria por invalidez;

b) aposentadoria por idade;

c) aposentadoria por tempo de contribuição;

d) aposentadoria especial;

e) auxílio-doença;

f) salário-família;

g) salário-maternidade;

h) auxílio-acidente;

i) (Revogada pela Lei n° 8.870, de 1994)

II – quanto ao dependente:

a) pensão por morte;

b) auxílio-reclusão;

III – quanto ao segurado e dependente:

a) (Revogada pela Lei nº 9.032, de 1995)

b) serviço social;

c) reabilitação profissional.

§ 1º Somente poderão beneficiar-se do auxílio-acidente os segurados incluídos nos incisos I, II, VI e VII do art. 11 desta Lei.

§ 2º O aposentado pelo Regime Geral de Previdência Social–RGPS que permanecer em atividade sujeita a este Regime, ou a ele retornar, não fará jus a prestação alguma da Previdência Social em decorrência do exercício dessa atividade, exceto ao salário-família e à reabilitação profissional, quando empregado.

§ 3º O segurado contribuinte individual, que trabalhe por conta própria, sem relação de trabalho com empresa ou equiparado, e o segurado facultativo que contribuam na forma do § 2º do art. 21 da Lei nº 8.212, de 24 de julho de 1991, não farão jus à aposentadoria por tempo de contribuição.

§ 4º Os benefícios referidos no **caput** deste artigo poderão ser solicitados, pelos interessados, aos Oficiais de Registro Civil das Pessoas Naturais, que encaminharão, eletronicamente, requerimento e respectiva documentação comprobatória de seu direito para deliberação e análise do Instituto Nacional do Seguro Social (INSS), nos termos do regulamento.

Art. 19. Acidente do trabalho é o que ocorre pelo exercício do trabalho a serviço de empresa ou de empregador doméstico ou pelo exercício do trabalho dos segurados referidos no inciso VII do art. 11 desta Lei, provocando lesão corporal ou perturbação funcional que cause a morte ou a perda ou redução, permanente ou temporária, da capacidade para o trabalho.

§ 1º A empresa é responsável pela adoção e uso das medidas coletivas e individuais de proteção e segurança da saúde do trabalhador.

§ 2º Constitui contravenção penal, punível com multa, deixar a empresa de cumprir as normas de segurança e higiene do trabalho.

§ 3º É dever da empresa prestar informações pormenorizadas sobre os riscos da operação a executar e do produto a manipular.

§ 4º O Ministério do Trabalho e da Previdência Social fiscalizará e os sindicatos e entidades representativas de classe acompanharão o fiel cumprimento do disposto nos parágrafos anteriores, conforme dispuser o Regulamento.

Art. 20. Consideram-se acidente do trabalho, nos termos do artigo anterior, as seguintes entidades mórbidas:

I – doença profissional, assim entendida a produzida ou desencadeada pelo exercício do trabalho peculiar a determinada atividade e constante da respectiva relação elaborada pelo Ministério do Trabalho e da Previdência Social;

II – doença do trabalho, assim entendida a adquirida ou desencadeada em função de condições especiais em que o trabalho é realizado e com ele se relacione diretamente, constante da relação mencionada no inciso I.

§ 1º Não são consideradas como doença do trabalho:

a) a doença degenerativa;

b) a inerente a grupo etário;

c) a que não produza incapacidade laborativa;

d) a doença endêmica adquirida por segurado habitante de região em que ela se desenvolva, salvo comprovação de que é resultante de exposição ou contato direto determinado pela natureza do trabalho.

§ 2º Em caso excepcional, constatando-se que a doença não incluída na relação prevista nos incisos I e II deste artigo resultou das condições especiais em que o trabalho é executado e com ele se relaciona diretamente, a Previdência Social deve considerá-la acidente do trabalho.

Art. 21. Equiparam-se também ao acidente do trabalho, para efeitos desta Lei:

I – o acidente ligado ao trabalho que, embora não tenha sido a causa única, haja contribuído diretamente para a morte do segurado, para redução ou perda da sua capacidade para o trabalho, ou produzido lesão que exija atenção médica para a sua recuperação;

II – o acidente sofrido pelo segurado no local e no horário do trabalho, em conseqüência de:

a) ato de agressão, sabotagem ou terrorismo praticado por terceiro ou companheiro de trabalho;

b) ofensa física intencional, inclusive de terceiro, por motivo de disputa relacionada ao trabalho;

c) ato de imprudência, de negligência ou de imperícia de terceiro ou de companheiro de trabalho;

d) ato de pessoa privada do uso da razão;

e) desabamento, inundação, incêndio e outros casos fortuitos ou decorrentes de força maior;

III – a doença proveniente de contaminação acidental do empregado no exercício de sua atividade;

IV – o acidente sofrido pelo segurado ainda que fora do local e horário de trabalho:

a) na execução de ordem ou na realização de serviço sob a autoridade da empresa;

b) na prestação espontânea de qualquer serviço à empresa para lhe evitar prejuízo ou proporcionar proveito;

c) em viagem a serviço da empresa, inclusive para estudo quando financiada por esta dentro de seus planos para melhor capacitação da mão-de-obra, independentemente do meio de locomoção utilizado, inclusive veículo de propriedade do segurado;

d) no percurso da residência para o local de trabalho ou deste para aquela, qualquer que seja o meio de locomoção, inclusive veículo de propriedade do segurado.

§ 1º Nos períodos destinados a refeição ou descanso, ou por ocasião da satisfação de outras necessidades fisiológicas, no local do trabalho ou durante este, o empregado é considerado no exercício do trabalho.

§ 2º Não é considerada agravação ou complicação de acidente do trabalho a lesão que, resultante de acidente de outra origem, se associe ou se superponha às conseqüências do anterior.

Art. 21-A. A perícia médica do Instituto Nacional do Seguro Social (INSS) considerará caracterizada a natureza acidentária da incapacidade quando constatar ocorrência de nexo técnico epidemiológico entre o trabalho e o agravo, decorrente da relação entre a atividade da empresa ou do empregado doméstico e a entidade mórbida motivadora da incapacidade elencada na Classificação Internacional de Doenças (CID), em conformidade com o que dispuser o regulamento.

§ 1º A perícia médica do INSS deixará de aplicar o disposto neste artigo quando demonstrada a inexistência do nexo de que trata o caput deste artigo.

§ 2º A empresa ou o empregador doméstico poderão requerer a não aplicação do nexo técnico epidemiológico, de cuja decisão caberá recurso, com efeito suspensivo, da empresa, do empregador doméstico ou do segurado ao Conselho de Recursos da Previdência Social.

Art. 22. A empresa ou o empregador doméstico deverão comunicar o acidente do trabalho à Previdência Social até o primeiro dia útil seguinte ao da ocorrência e, em caso de morte, de imediato, à autoridade competente, sob pena de multa variável entre o limite mínimo e o limite máximo do salário de contribuição, sucessivamente aumentada nas reincidências, aplicada e cobrada pela Previdência Social.

§ 1º Da comunicação a que se refere este artigo receberão cópia fiel o acidentado ou seus dependentes, bem como o sindicato a que corresponda a sua categoria.

§ 2º Na falta de comunicação por parte da empresa, podem formalizá-la o próprio acidentado, seus dependentes, a entidade sindical competente, o médico que o assistiu ou qualquer autoridade pública, não prevalecendo nestes casos o prazo previsto neste artigo.

§ 3º A comunicação a que se refere o § 2º não exime a empresa de responsabilidade pela falta do cumprimento do disposto neste artigo.

§ 4º Os sindicatos e entidades representativas de classe poderão acompanhar a cobrança, pela Previdência Social, das multas previstas neste artigo.

§ 5º A multa de que trata este artigo não se aplica na hipótese do caput do **art. 21-A**.

Art. 23. Considera-se como dia do acidente, no caso de doença profissional ou do trabalho, a data do início da incapacidade laborativa para o exercício da atividade habitual, ou o dia da segregação compulsória, ou o dia em que for realizado o diagnóstico, valendo para este efeito o que ocorrer primeiro.

Seção II
Dos Períodos de Carência

Art. 24. Período de carência é o número mínimo de contribuições mensais indispensáveis para que o beneficiário faça jus ao benefício, consideradas a partir do transcurso do primeiro dia dos meses de suas competências.

Parágrafo único. (Revogado pela lei nº 13.457, de 2017)

Art. 25. A concessão das prestações pecuniárias do Regime Geral de Previdência Social depende dos seguintes períodos de carência, ressalvado o disposto no art. 26:

I – auxílio-doença e aposentadoria por invalidez: 12 (doze) contribuições mensais;

II – aposentadoria por idade, aposentadoria por tempo de serviço e aposentadoria especial: 180 contribuições mensais.

III – salário-maternidade para as seguradas de que tratam os incisos V e VII do **caput** do art. 11 e o art. 13 desta Lei: 10 (dez) contribuições mensais, respeitado o disposto no parágrafo único do art. 39 desta Lei; e

IV – auxílio-reclusão: 24 (vinte e quatro) contribuições mensais.

Parágrafo único. Em caso de parto antecipado, o período de carência a que se refere o inciso III será reduzido em número de contribuições equivalente ao número de meses em que o parto foi antecipado.

Art. 26. Independe de carência a concessão das seguintes prestações:

I – pensão por morte, salário-família e auxílio-acidente;

II – auxílio-doença e aposentadoria por invalidez nos casos de acidente de qualquer natureza ou causa e de doença profissional ou do trabalho, bem como nos casos de segurado que, após filiar-se ao RGPS, for acometido de alguma das doenças e afecções especificadas em lista elaborada pelos Ministérios da Saúde e da Previdência Social, atualizada a cada 3 (três) anos, de acordo com os critérios de estigma, deformação, mutilação, deficiência ou outro fator que lhe confira especificidade e gravidade que mereçam tratamento particularizado;

III – os benefícios concedidos na forma do inciso I do art. 39, aos segurados especiais referidos no inciso VII do art. 11 desta Lei;

IV – serviço social;

V – reabilitação profissional.

VI – salário-maternidade para as seguradas empregada, trabalhadora avulsa e empregada doméstica.

Art. 27. Para cômputo do período de carência, serão consideradas as contribuições:

I – referentes ao período a partir da data de filiação ao Regime Geral de Previdência Social (RGPS), no caso dos segurados empregados, inclusive os domésticos, e dos trabalhadores avulsos;

II – realizadas a contar da data de efetivo pagamento da primeira contribuição sem atraso, não sendo consideradas para este fim as contribuições recolhidas com atraso referentes a competências anteriores, no caso dos segurados contribuinte individual, especial e facultativo, referidos, respectivamente, nos incisos V e VII do art. 11 e no art. 13.

Art. 27-A Na hipótese de perda da qualidade de segurado, para fins da concessão dos benefícios de auxílio-doença, de aposentadoria por invalidez, de salário-maternidade e de auxílio-reclusão, o segurado deverá contar, a partir da data da nova filiação à Previdência Social, com metade dos períodos previstos nos incisos I, III e IV do caput do art. 25 desta Lei.

Seção III
Do Cálculo do Valor dos Benefícios

Subseção I
Do Salário-de- Benefício

Art. 28. O valor do benefício de prestação continuada, inclusive o regido por norma especial e o decorrente de acidente do trabalho, exceto o salário-família e o salário-maternidade, será calculado com base no salário-de-benefício.

§ 1° (Revogado pela Lei n° 9.032, de 1995)

§ 2° (Revogado pela Lei n° 9.032, de 1995)

§ 3° (Revogado pela Lei n° 9.032, de 1995)

§ 4° (Revogado pela Lei n° 9.032, de 1995)

Art. 29. O salário-de-benefício consiste:

I – para os benefícios de que tratam as alíneas *b* e *c* do inciso I do art. 18, na média aritmética simples dos maiores salários-de-contribuição correspondentes a oitenta por cento de todo o período contributivo, multiplicada pelo fator previdenciário;

II – para os benefícios de que tratam as alíneas *a*, *d*, *e* e *h* do inciso I do art. 18, na média aritmética simples dos maiores salários-de-contribuição correspondentes a oitenta por cento de todo o período contributivo.

§ 1° (Revogado pela Lei n° 9.876, de 26.11.1999)

§ 2° O valor do salário-de-benefício não será inferior ao de um salário mínimo, nem superior ao do limite máximo do salário-de-contribuição na data de início do benefício.

§ 3° Serão considerados para cálculo do salário-de-benefício os ganhos habituais do segurado empregado, a qualquer título, sob forma de moeda corrente ou de utilidades, sobre os quais tenha incidido contribuições previdenciárias, exceto o décimo-terceiro salário (gratificação natalina).

§ 4° Não será considerado, para o cálculo do salário-de-benefício, o aumento dos salários-de-contribuição que exceder o limite legal, inclusive o voluntariamente concedido nos 36 (trinta e seis) meses imediatamente anteriores ao início do benefício, salvo se homologado pela Justiça do Trabalho, resultante de promoção regulada por normas gerais da empresa, admitida pela legislação do trabalho, de sentença normativa ou de reajustamento salarial obtido pela categoria respectiva.

§ 5° Se, no período básico de cálculo, o segurado tiver recebido benefícios por incapacidade, sua duração será contada, considerando-se como salário-de-contribuição, no período, o salário-de-benefício que serviu de base para o cálculo da renda mensal, reajustado nas mesmas épocas e bases dos benefícios em geral, não podendo ser inferior ao valor de 1 (um) salário mínimo.

§ 6° O salário-de-benefício do segurado especial consiste no valor equivalente ao salário-mínimo, ressalvado o disposto no inciso II do art. 39 e nos §§ 3° e 4° do art. 48 desta Lei.

I – (Revogado pela Lei n° 11.718, de 2008)

II – (Revogado pela Lei n° 11.718, de 2008)

§ 7º O fator previdenciário será calculado considerando-se a idade, a expectativa de sobrevida e o tempo de contribuição do segurado ao se aposentar, segundo a fórmula constante do Anexo desta Lei.

§ 8º Para efeito do disposto no § 7º, a expectativa de sobrevida do segurado na idade da aposentadoria será obtida a partir da tábua completa de mortalidade construída pela Fundação Instituto Brasileiro de Geografia e Estatística – IBGE, considerando-se a média nacional única para ambos os sexos.

§ 9º Para efeito da aplicação do fator previdenciário, ao tempo de contribuição do segurado serão adicionados:

I – cinco anos, quando se tratar de mulher;

II – cinco anos, quando se tratar de professor que comprove exclusivamente tempo de efetivo exercício das funções de magistério na educação infantil e no ensino fundamental e médio;

III – dez anos, quando se tratar de professora que comprove exclusivamente tempo de efetivo exercício das funções de magistério na educação infantil e no ensino fundamental e médio.

§ 10. O auxílio-doença não poderá exceder a média aritmética simples dos últimos 12 (doze) salários-de-contribuição, inclusive em caso de remuneração variável, ou, se não alcançado o número de 12 (doze), a média aritmética simples dos salários-de-contribuição existentes.

§ 11. (VETADO).

§ 12. (VETADO).

§ 13. (VETADO).

Art. 29-A. O INSS utilizará as informações constantes no Cadastro Nacional de Informações Sociais – CNIS sobre os vínculos e as remunerações dos segurados, para fins de cálculo do salário-de-benefício, comprovação de filiação ao Regime Geral de Previdência Social, tempo de contribuição e relação de emprego.

§ 1º O INSS terá até 180 (cento e oitenta) dias, contados a partir da solicitação do pedido, para fornecer ao segurado as informações previstas no *caput* deste artigo.

§ 2º O segurado poderá solicitar, a qualquer momento, a inclusão, exclusão ou retificação de informações constantes do CNIS, com a apresentação de documentos comprobatórios dos dados divergentes, conforme critérios definidos pelo INSS.

§ 3º A aceitação de informações relativas a vínculos e remunerações inseridas extemporaneamente no CNIS, inclusive retificações de informações anteriormente inseridas, fica condicionada à comprovação dos dados ou das divergências apontadas, conforme critérios definidos em regulamento.

§ 4º Considera-se extemporânea a inserção de dados decorrentes de documento inicial ou de retificação de dados anteriormente informados, quando o documento ou a retificação, ou a informação retificadora, forem apresentados após os prazos estabelecidos em regulamento.

§ 5º Havendo dúvida sobre a regularidade do vínculo incluído no CNIS e inexistência de informações sobre remunerações e contribuições, o INSS exigirá a apresentação dos documentos que serviram de base à anotação, sob pena de exclusão do período.

Art. 29-B. Os salários-de-contribuição considerados no cálculo do valor do benefício serão corrigidos mês a mês de acordo com a variação integral do Índice Nacional de Preços ao Consumidor – INPC, calculado pela Fundação Instituto Brasileiro de Geografia e Estatística – IBGE.

Art. 29-C. O segurado que preencher o requisito para a aposentadoria por tempo de contribuição poderá optar pela não incidência do fator previdenciário no cálculo de sua aposentadoria, quando o total resultante da soma de sua idade e de seu tempo de contribuição, incluídas as frações, na data de requerimento da aposentadoria, for:

I – igual ou superior a noventa e cinco pontos, se homem, observando o tempo mínimo de contribuição de trinta e cinco anos; ou

II – igual ou superior a oitenta e cinco pontos, se mulher, observado o tempo mínimo de contribuição de trinta anos.

§ 1º Para os fins do disposto no caput, serão somadas as frações em meses completos de tempo de contribuição e idade.

§ 2º As somas de idade e de tempo de contribuição previstas no caput serão majoradas em um ponto em:

I – 31 de dezembro de 2018;

II – 31 de dezembro de 2020;

III – 31 de dezembro de 2022;

IV – 31 de dezembro de 2024; e

V – 31 de dezembro de 2026.

§ 3º Para efeito de aplicação do disposto no caput e no § 2º, o tempo mínimo de contribuição do professor e da professora que comprovarem exclusivamente tempo de efetivo exercício de magistério na educação infantil e no ensino fundamental e médio será de, respectivamente, trinta e vinte e cinco anos, e serão acrescidos cinco pontos à soma da idade com o tempo de contribuição.

§ 4º Ao segurado que alcançar o requisito necessário ao exercício da opção de que trata o caput e deixar de requerer aposentadoria será assegurado o direito à opção com a aplicação da pontuação exigida na data do cumprimento do requisito nos termos deste artigo.

§ 5º (VETADO).

Art. 30. (Revogado pela Lei nº 9.032, de 1995)

Art. 31. O valor mensal do auxílio-acidente integra o salário-de-contribuição, para fins de cálculo do salário-de-benefício de qualquer aposentadoria, observado, no que couber, o disposto no art. 29 e no art. 86, § 5º.

Art. 32. O salário de benefício do segurado que contribuir em razão de atividades concomitantes será calculado com base na soma dos salários de contribuição das atividades exercidas na data do requerimento ou do óbito, ou no período básico de cálculo, observado o disposto no art. 29 desta Lei.

I – (revogado);

II – (revogado);

a) (revogada);

b) (revogada);

III – (revogado).

§ 1º O disposto neste artigo não se aplica ao segurado que, em obediência ao limite máximo do salário de contribuição, contribuiu apenas por uma das atividades concomitantes.

§ 2º Não se aplica o disposto neste artigo ao segurado que tenha sofrido redução do salário de contribuição das atividades concomitantes em respeito ao limite máximo desse salário.

Subseção II
Da Renda Mensal do Benefício

Art. 33. A renda mensal do benefício de prestação continuada que substituir o salário-de-contribuição ou o rendimento do trabalho do segurado não terá valor inferior ao do salário-mínimo, nem superior ao do limite máximo do salário-de-contribuição, ressalvado o disposto no art. 45 desta Lei.

Art. 34. No cálculo do valor da renda mensal do benefício, inclusive o decorrente de acidente do trabalho, serão computados:

I – para o segurado empregado, inclusive o doméstico, e o trabalhador avulso, os salários de contribuição referentes aos meses de contribuições devidas, ainda que não recolhidas pela empresa ou pelo empregador doméstico, sem prejuízo da respectiva cobrança e da aplicação das penalidades cabíveis, observado o disposto no § 5º do art. 29-A;

II – para o segurado empregado, inclusive o doméstico, o trabalhador avulso e o segurado especial, o valor mensal do auxílio-acidente, considerado como salário de contribuição para fins de concessão de qualquer aposentadoria, nos termos do art. 31;

III – para os demais segurados, os salários-de-contribuição referentes aos meses de contribuições efetivamente recolhidas.

Art. 35. Ao segurado empregado, inclusive o doméstico, e ao trabalhador avulso que tenham cumprido todas as condições para a concessão do benefício pleiteado, mas não possam comprovar o valor de seus salários de contribuição no período básico de cálculo, será concedido o benefício de valor mínimo, devendo esta renda ser recalculada quando da apresentação de prova dos salários de contribuição.

Art. 36. Para o segurado empregado doméstico que, tendo satisfeito as condições exigidas para a concessão do benefício requerido, não comprovar o efetivo recolhimento das contribuições devidas, será concedido o benefício de valor mínimo, devendo sua renda ser recalculada quando da apresentação da prova do recolhimento das contribuições.

Art. 37. A renda mensal inicial, recalculada de acordo com o disposto no art. 35, deve ser reajustada como a dos benefícios correspondentes com igual data de início e substituirá, a partir da data do requerimento de revisão do valor do benefício, a renda mensal que prevalecia até então.

Art. 38. Sem prejuízo do disposto no art. 35, cabe à Previdência Social manter cadastro dos segurados com todos os informes necessários para o cálculo da renda mensal dos benefícios.

Art. 38-A. O Ministério da Economia manterá sistema de cadastro dos segurados especiais no Cadastro Nacional de Informações Sociais (CNIS), observado o disposto nos §§ 4º e 5º do art. 17 desta Lei, e poderá firmar acordo de cooperação com o Ministério da Agricultura, Pecuária e Abastecimento e com outros órgãos da administração pública federal, estadual, distrital e municipal para a manutenção e a gestão do sistema de cadastro.

§ 1º O sistema de que trata o **caput** deste artigo preverá a manutenção e a atualização anual do cadastro e conterá as informações necessárias à caracterização da condição de segurado especial, nos termos do disposto no regulamento.

§ 2º Da aplicação do disposto neste artigo não poderá resultar nenhum ônus para os segurados, sem prejuízo do disposto no § 4º deste artigo.

§ 3º O INSS, no ato de habilitação ou de concessão de benefício, deverá verificar a condição de segurado especial e, se for o caso, o pagamento da contribuição previdenciária, nos termos da Lei nº 8.212, de 24 de julho de 1991, considerando, dentre outros, o que consta do Cadastro Nacional de Informações Sociais (CNIS) de que trata o art. 29-A desta Lei.

§ 4º A atualização anual de que trata o § 1º deste artigo será feita até 30 de junho do ano subsequente.

§ 5º É vedada a atualização de que trata o § 1º deste artigo após o prazo de 5 (cinco) anos, contado da data estabelecida no § 4º deste artigo.

§ 6º Decorrido o prazo de 5 (cinco) anos de que trata o § 5º deste artigo, o segurado especial só poderá computar o período de trabalho rural se efetuados em época própria a comercialização da produção e o recolhimento da contribuição prevista no art. 25 da Lei nº 8.212, de 24 de julho de 1991.

Art. 38-B. O INSS utilizará as informações constantes do cadastro de que trata o art. 38-A para fins de comprovação do exercício da atividade e da condição do segurado especial e do respectivo grupo familiar.

§ 1º A partir de 1º de janeiro de 2023, a comprovação da condição e do exercício da atividade rural do segurado especial ocorrerá, exclusivamente, pelas informações constantes do cadastro a que se refere o art. 38-A desta Lei.

§ 2º Para o período anterior a 1º de janeiro de 2023, o segurado especial comprovará o tempo de exercício da atividade rural por meio de autodeclaração ratificada por entidades públicas credenciadas, nos termos do art. 13 da Lei nº 12.188, de 11 de janeiro de 2010, e por outros órgãos públicos, na forma prevista no regulamento.

§ 3º Até 1º de janeiro de 2025, o cadastro de que trata o art. 38-A poderá ser realizado, atualizado e corrigido, sem prejuízo do prazo de que trata o § 1º deste artigo e da regra permanente prevista nos §§ 4º e 5º do art. 38-A desta Lei.

§ 4º Na hipótese de divergência de informações entre o cadastro e outras bases de dados, para fins de reconhecimento do direito ao benefício, o INSS poderá exigir a apresentação dos documentos referidos no art. 106 desta Lei.

§ 5º O cadastro e os prazos de que tratam este artigo e o art. 38-A desta Lei deverão ser amplamente divulgados por todos os meios de comunicação cabíveis para que todos os cidadãos tenham acesso à informação sobre a existência do referido cadastro e a obrigatoriedade de registro.

Art. 39. Para os segurados especiais, referidos no inciso VII do **caput** do art. 11 desta Lei, fica garantida a concessão:

I – de aposentadoria por idade ou por invalidez, de auxílio-doença, de auxílio-reclusão ou de pensão, no valor de 1 (um) salário mínimo, e de auxílio-acidente, conforme disposto no art. 86 desta Lei, desde que comprovem o exercício de atividade rural, ainda que de forma descontínua, no período imediatamente anterior ao requerimento do benefício, igual ao número de meses correspondentes à carência do benefício requerido, observado o disposto nos arts. 38-A e 38-B desta Lei; ou

II – dos benefícios especificados nesta Lei, observados os critérios e a forma de cálculo estabelecidos, desde que contribuam facultativamente para a Previdência Social, na forma estipulada no Plano de Custeio da Seguridade Social.

Parágrafo único. Para a segurada especial fica garantida a concessão do salário-maternidade no valor de 1 (um) salário mínimo, desde que comprove o exercício de atividade rural, ainda que de forma descontínua, nos 12 (doze) meses imediatamente anteriores ao do início do benefício.

Art. 40. É devido abono anual ao segurado e ao dependente da Previdência Social que, durante o ano, recebeu auxílio-doença, auxílio-acidente ou aposentadoria, pensão por morte ou auxílio-reclusão.

Parágrafo único. O abono anual será calculado, no que couber, da mesma forma que a Gratificação de Natal dos trabalhadores, tendo por base o valor da renda mensal do benefício do mês de dezembro de cada ano.

Seção IV
Do Reajustamento do Valor dos Benefícios

Art. 41. (Revogado pela lei nº 11.430, de 2006)

Art. 41-A. O valor dos benefícios em manutenção será reajustado, anualmente, na mesma data do reajuste do salário mínimo, pro rata, de acordo com suas respectivas datas de início ou do último reajustamento, com base no Índice Nacional de Preços ao Consumidor – INPC, apurado pela Fundação Instituto Brasileiro de Geografia e Estatística – IBGE.

§ 1º Nenhum benefício reajustado poderá exceder o limite máximo do salário-de-benefício na data do reajustamento, respeitados os direitos adquiridos.

§ 2º Os benefícios com renda mensal superior a um salário mínimo serão pagos do primeiro ao quinto dia útil do mês subseqüente ao de sua competência, observada a distribuição proporcional do número de beneficiários por dia de pagamento.

§ 3º Os benefícios com renda mensal no valor de até um salário mínimo serão pagos no período compreendido entre o quinto dia útil que anteceder o final do mês de sua competência e o quinto dia útil do mês subseqüente, observada a distribuição proporcional dos beneficiários por dia de pagamento.

§ 4° Para os efeitos dos §§ 2° e 3° deste artigo, considera-se dia útil aquele de expediente bancário com horário normal de atendimento.

§ 5° O primeiro pagamento do benefício será efetuado até quarenta e cinco dias após a data da apresentação, pelo segurado, da documentação necessária a sua concessão.

§ 6° Para os benefícios que tenham sido majorados devido à elevação do salário mínimo, o referido aumento deverá ser compensado no momento da aplicação do disposto no **caput** deste artigo, de acordo com normas a serem baixadas pelo Ministério da Previdência Social.

Seção V
Dos Benefícios

Subseção I
Da Aposentadoria por Invalidez

Art. 42. A aposentadoria por invalidez, uma vez cumprida, quando for o caso, a carência exigida, será devida ao segurado que, estando ou não em gozo de auxílio-doença, for considerado incapaz e insusceptível de reabilitação para o exercício de atividade que lhe garanta a subsistência, e ser-lhe-á paga enquanto permanecer nesta condição.

§ 1° A concessão de aposentadoria por invalidez dependerá da verificação da condição de incapacidade mediante exame médico-pericial a cargo da Previdência Social, podendo o segurado, às suas expensas, fazer-se acompanhar de médico de sua confiança.

§ 2° A doença ou lesão de que o segurado já era portador ao filiar-se ao Regime Geral de Previdência Social não lhe conferirá direito à aposentadoria por invalidez, salvo quando a incapacidade sobrevier por motivo de progressão ou agravamento dessa doença ou lesão.

Art. 43. A aposentadoria por invalidez será devida a partir do dia imediato ao da cessação do auxílio-doença, ressalvado o disposto nos §§ 1°, 2° e 3° deste artigo.

§ 1° Concluindo a perícia médica inicial pela existência de incapacidade total e definitiva para o trabalho, a aposentadoria por invalidez será devida:

a) ao segurado empregado, a contar do décimo sexto dia do afastamento da atividade ou a partir da entrada do requerimento, se entre o afastamento e a entrada do requerimento decorrerem mais de trinta dias;

b) ao segurado empregado doméstico, trabalhador avulso, contribuinte individual, especial e facultativo, a contar da data do início da incapacidade ou da data da entrada do requerimento, se entre essas datas decorrerem mais de trinta dias.

§ 2° Durante os primeiros quinze dias de afastamento da atividade por motivo de invalidez, caberá à empresa pagar ao segurado empregado o salário.

§ 3° (Revogado pela Lei n° 9.032, de 1995)

§ 4° O segurado aposentado por invalidez poderá ser convocado a qualquer momento para avaliação das condições que ensejaram o afastamento ou a aposentadoria, concedida judicial ou administrativamente, observado o disposto no art. 101 desta Lei.

§ 5° A pessoa com HIV/aids é dispensada da avaliação referida no § 4° deste artigo.

Art. 44. A aposentadoria por invalidez, inclusive a decorrente de acidente do trabalho, consistirá numa renda mensal correspondente a 100% (cem por cento) do salário-de-benefício, observado o disposto na Seção III, especialmente no art. 33 desta Lei.

§ 1° (Revogado pela Lei n° 9.528, de 1997)

§ 2° Quando o acidentado do trabalho estiver em gozo de auxílio-doença, o valor da aposentadoria por invalidez será igual ao do auxílio-doença se este, por força de reajustamento, for superior ao previsto neste artigo.

Art. 45. O valor da aposentadoria por invalidez do segurado que necessitar da assistência permanente de outra pessoa será acrescido de 25% (vinte e cinco por cento).

Parágrafo único. O acréscimo de que trata este artigo:

a) será devido ainda que o valor da aposentadoria atinja o limite máximo legal;

b) será recalculado quando o benefício que lhe deu origem for reajustado;

c) cessará com a morte do aposentado, não sendo incorporável ao valor da pensão.

Art. 46. O aposentado por invalidez que retornar voluntariamente à atividade terá sua aposentadoria automaticamente cancelada, a partir da data do retorno.

Art. 47. Verificada a recuperação da capacidade de trabalho do aposentado por invalidez, será observado o seguinte procedimento:

I – quando a recuperação ocorrer dentro de 5 (cinco) anos, contados da data do início da aposentadoria por invalidez ou do auxílio-doença que a antecedeu sem interrupção, o benefício cessará:

a) de imediato, para o segurado empregado que tiver direito a retornar à função que desempenhava na empresa quando se aposentou, na forma da legislação trabalhista, valendo como documento, para tal fim, o certificado de capacidade fornecido pela Previdência Social; ou

b) após tantos meses quantos forem os anos de duração do auxílio-doença ou da aposentadoria por invalidez, para os demais segurados;

II – quando a recuperação for parcial, ou ocorrer após o período do inciso I, ou ainda quando o segurado for declarado apto para o exercício de trabalho diverso do qual habitualmente exerça, a aposentadoria será mantida, sem prejuízo da volta à atividade:

a) no seu valor integral, durante 6 (seis) meses contados da data em que for verificada a recuperação da capacidade;

b) com redução de 50% (cinqüenta por cento), no período seguinte de 6 (seis) meses;

c) com redução de 75% (setenta e cinco por cento), também por igual período de 6 (seis) meses, ao término do qual cessará definitivamente.

Subseção II
Da Aposentadoria por Idade

Art. 48. A aposentadoria por idade será devida ao segurado que, cumprida a carência exigida nesta Lei, completar 65 (sessenta e cinco) anos de idade, se homem, e 60 (sessenta), se mulher.

§ 1º Os limites fixados no *caput* são reduzidos para sessenta e cinqüenta e cinco anos no caso de trabalhadores rurais, respectivamente homens e mulheres, referidos na alínea *a* do inciso I, na alínea *g* do inciso V e nos incisos VI e VII do art. 11.

§ 2º Para os efeitos do disposto no § 1º deste artigo, o trabalhador rural deve comprovar o efetivo exercício de atividade rural, ainda que de forma descontínua, no período imediatamente anterior ao requerimento do benefício, por tempo igual ao número de meses de contribuição correspondente à carência do benefício pretendido, computado o período a que se referem os incisos III a VIII do § 9º do art. 11 desta Lei.

§ 3º Os trabalhadores rurais de que trata o § 1º deste artigo que não atendam ao disposto no § 2º deste artigo, mas que satisfaçam essa condição, se forem considerados períodos de contribuição sob outras categorias do segurado, farão jus ao benefício ao completarem 65 (sessenta e cinco) anos de idade, se homem, e 60 (sessenta) anos, se mulher.

§ 4º Para efeito do § 3º deste artigo, o cálculo da renda mensal do benefício será apurado de acordo com o disposto no inciso II do caput do art. 29 desta Lei, considerando-se como salário-de-contribuição mensal do período como segurado especial o limite mínimo de salário-de-contribuição da Previdência Social.

Art. 49. A aposentadoria por idade será devida:

I – ao segurado empregado, inclusive o doméstico, a partir:

a) da data do desligamento do emprego, quando requerida até essa data ou até 90 (noventa) dias depois dela; ou

b) da data do requerimento, quando não houver desligamento do emprego ou quando for requerida após o prazo previsto na alínea "a";

II – para os demais segurados, da data da entrada do requerimento.

Art. 50. A aposentadoria por idade, observado o disposto na Seção III deste Capítulo, especialmente no art. 33, consistirá numa renda mensal de 70% (setenta por cento) do salário-de-benefício, mais 1% (um por cento) deste, por grupo de 12 (doze) contribuições, não podendo ultrapassar 100% (cem por cento) do salário-de-benefício.

Art. 51. A aposentadoria por idade pode ser requerida pela empresa, desde que o segurado empregado tenha cumprido o período de carência e completado 70 (setenta) anos de idade, se do sexo masculino, ou 65 (sessenta e cinco) anos, se do sexo feminino, sendo compulsória, caso em que será garantida ao empregado a indenização prevista na legislação trabalhista, considerada como data da rescisão do contrato de trabalho a imediatamente anterior à do início da aposentadoria.

Subseção III
Da Aposentadoria por Tempo de Serviço

Art. 52. A aposentadoria por tempo de serviço será devida, cumprida a carência exigida nesta Lei, ao segurado que completar 25 (vinte e cinco) anos de serviço, se do sexo feminino, ou 30 (trinta) anos, se do sexo masculino.

Art. 53. A aposentadoria por tempo de serviço, observado o disposto na Seção III deste Capítulo, especialmente no art. 33, consistirá numa renda mensal de:

I – para a mulher: 70% (setenta por cento) do salário-de-benefício aos 25 (vinte e cinco) anos de serviço, mais 6% (seis por cento) deste, para cada novo ano completo de atividade, até o máximo de 100% (cem por cento) do salário-de-benefício aos 30 (trinta) anos de serviço;

II – para o homem: 70% (setenta por cento) do salário-de-benefício aos 30 (trinta) anos de serviço, mais 6% (seis por cento) deste, para cada novo ano completo de atividade, até o máximo de 100% (cem por cento) do salário-de-benefício aos 35 (trinta e cinco) anos de serviço.

Art. 54. A data do início da aposentadoria por tempo de serviço será fixada da mesma forma que a da aposentadoria por idade, conforme o disposto no art. 49.

Art. 55. O tempo de serviço será comprovado na forma estabelecida no Regulamento, compreendendo, além do correspondente às atividades de qualquer das categorias de segurados de que trata o art. 11 desta Lei, mesmo que anterior à perda da qualidade de segurado:

I – o tempo de serviço militar, inclusive o voluntário, e o previsto no § 1º do art. 143 da Constituição Federal, ainda que anterior à filiação ao Regime Geral de Previdência Social, desde que não tenha sido contado para inatividade remunerada nas Forças Armadas ou aposentadoria no serviço público;

II – o tempo intercalado em que esteve em gozo de auxílio-doença ou aposentadoria por invalidez;

III – o tempo de contribuição efetuada como segurado facultativo;

IV – o tempo de serviço referente ao exercício de mandato eletivo federal, estadual ou municipal, desde que não tenha sido contado para efeito de aposentadoria por outro regime de previdência social;

V – o tempo de contribuição efetuado por segurado depois de ter deixado de exercer atividade remunerada que o enquadrava no art. 11 desta Lei;

VI – o tempo de contribuição efetuado com base nos artigos 8º e 9º da Lei nº 8.162, de 8 de janeiro de 1991, pelo segurado definido no artigo 11, inciso I, alínea "g", desta Lei, sendo tais contribuições computadas para efeito de carência.

§ 1º A averbação de tempo de serviço durante o qual o exercício da atividade não determinava filiação obrigatória ao anterior Regime de Previdência Social Urbana só será admitida mediante o recolhimento das contribuições correspondentes, conforme dispuser o Regulamento, observado o disposto no § 2º.

§ 2º O tempo de serviço do segurado trabalhador rural, anterior à data de início de vigência desta Lei, será computado independentemente do recolhimento das contribuições a ele correspondentes, exceto para efeito de carência, conforme dispuser o Regulamento.

§ 3º A comprovação do tempo de serviço para os fins desta Lei, inclusive mediante justificativa administrativa ou judicial, observado o disposto no art. 108 desta Lei, só produzirá efeito quando for baseada em início de prova material contemporânea dos fatos, não admitida a prova exclusivamente testemunhal, exceto na ocorrência de motivo de força maior ou caso fortuito, na forma prevista no regulamento.

§ 4º Não será computado como tempo de contribuição, para efeito de concessão do benefício de que trata esta subseção, o período em que o segurado contribuinte individual ou facultativo tiver contribuído na forma do § 2º do art. 21 da Lei nº 8.212, de 24 de julho de 1991, salvo se tiver complementado as contribuições na forma do § 3º do mesmo artigo.

Art. 56. O professor, após 30 (trinta) anos, e a professora, após 25 (vinte e cinco) anos de efetivo exercício em funções de magistério poderão aposentar-se por tempo de serviço, com renda mensal correspondente a 100% (cem por cento) do salário-de-benefício, observado o disposto na Seção III deste Capítulo.

Subseção IV
Da Aposentadoria Especial

Art. 57. A aposentadoria especial será devida, uma vez cumprida a carência exigida nesta Lei, ao segurado que tiver trabalhado sujeito a condições especiais que prejudiquem a saúde ou a integridade física, durante 15 (quinze), 20 (vinte) ou 25 (vinte e cinco) anos, conforme dispuser a lei.

§ 1º A aposentadoria especial, observado o disposto no art. 33 desta Lei, consistirá numa renda mensal equivalente a 100% (cem por cento) do salário-de-benefício.

§ 2º A data de início do benefício será fixada da mesma forma que a da aposentadoria por idade, conforme o disposto no art. 49.

§ 3º A concessão da aposentadoria especial dependerá de comprovação pelo segurado, perante o Instituto Nacional do Seguro Social–INSS, do tempo de trabalho permanente, não ocasional nem intermitente, em condições especiais que prejudiquem a saúde ou a integridade física, durante o período mínimo fixado.

§ 4º O segurado deverá comprovar, além do tempo de trabalho, exposição aos agentes nocivos químicos, físicos, biológicos ou associação de agentes prejudiciais à saúde ou à integridade física, pelo período equivalente ao exigido para a concessão do benefício.

§ 5º O tempo de trabalho exercido sob condições especiais que sejam ou venham a ser consideradas prejudiciais à saúde ou à integridade física será somado, após a respectiva conversão ao tempo de trabalho exercido em atividade comum, segundo critérios estabelecidos pelo Ministério da Previdência e Assistência Social, para efeito de concessão de qualquer benefício.

§ 6º O benefício previsto neste artigo será financiado com os recursos provenientes da contribuição de que trata o inciso II do art. 22 da Lei nº 8.212, de 24 de julho de 1991, cujas alíquotas serão acrescidas de doze, nove ou seis pontos percentuais, conforme a atividade exercida pelo segurado a serviço da empresa permita a concessão de aposentadoria especial após quinze, vinte ou vinte e cinco anos de contribuição, respectivamente.

§ 7º O acréscimo de que trata o parágrafo anterior incide exclusivamente sobre a remuneração do segurado sujeito às condições especiais referidas no **caput**.

§ 8º Aplica-se o disposto no art. 46 ao segurado aposentado nos termos deste artigo que continuar no exercício de atividade ou operação que o sujeite aos agentes nocivos constantes da relação referida no art. 58 desta Lei.

Art. 58. A relação dos agentes nocivos químicos, físicos e biológicos ou associação de agentes prejudiciais à saúde ou à integridade física considerados para fins de concessão da aposentadoria especial de que trata o artigo anterior será definida pelo Poder Executivo.

§ 1º A comprovação da efetiva exposição do segurado aos agentes nocivos será feita mediante formulário, na forma estabelecida pelo Instituto Nacional do Seguro Social – INSS, emitido pela empresa ou seu preposto, com base em laudo técnico de condições ambientais do trabalho expedido por médico do trabalho ou engenheiro de segurança do trabalho nos termos da legislação trabalhista.

§ 2º Do laudo técnico referido no parágrafo anterior deverão constar informação sobre a existência de tecnologia de proteção coletiva ou individual que diminua a intensidade do agente agressivo a limites de tolerância e recomendação sobre a sua adoção pelo estabelecimento respectivo.

§ 3º A empresa que não mantiver laudo técnico atualizado com referência aos agentes nocivos existentes no ambiente de trabalho de seus trabalhadores ou que emitir documento de comprovação de efetiva exposição em desacordo com o respectivo laudo estará sujeita à penalidade prevista no art. 133 desta Lei.

§ 4º A empresa deverá elaborar e manter atualizado perfil profissiográfico abrangendo as atividades desenvolvidas pelo trabalhador e fornecer a este, quando da rescisão do contrato de trabalho, cópia autêntica desse documento.

Subseção V
Do Auxílio-Doença

Art. 59. O auxílio-doença será devido ao segurado que, havendo cumprido, quando for o caso, o período de carência exigido nesta Lei, ficar incapacitado para o seu trabalho ou para a sua atividade habitual por mais de 15 (quinze) dias consecutivos.

§ 1º Não será devido o auxílio-doença ao segurado que se filiar ao Regime Geral de Previdência Social já portador da doença ou da lesão invocada como causa para o benefício, exceto quando a incapacidade sobrevier por motivo de progressão ou agravamento da doença ou da lesão.

§ 2º Não será devido o auxílio-doença para o segurado recluso em regime fechado.

§ 3º O segurado em gozo de auxílio-doença na data do recolhimento à prisão terá o benefício suspenso.

§ 4º A suspensão prevista no § 3º deste artigo será de até 60 (sessenta) dias, contados da data do recolhimento à prisão, cessado o benefício após o referido prazo.

§ 5º Na hipótese de o segurado ser colocado em liberdade antes do prazo previsto no § 4º deste artigo, o benefício será restabelecido a partir da data da soltura.

§ 6º Em caso de prisão declarada ilegal, o segurado terá direito à percepção do benefício por todo o período devido.

§ 7º O disposto nos §§ 2º, 3º, 4º, 5º e 6º deste artigo aplica-se somente aos benefícios dos segurados que forem recolhidos à prisão a partir da data de publicação desta Lei.

§ 8º O segurado recluso em cumprimento de pena em regime aberto ou semiaberto terá direito ao auxílio-doença.

Art. 60. O auxílio-doença será devido ao segurado empregado a contar do décimo sexto dia do afastamento da atividade, e, no caso dos demais segurados, a contar da data do início da incapacidade e enquanto ele permanecer incapaz.

§ 1º Quando requerido por segurado afastado da atividade por mais de 30 (trinta) dias, o auxílio-doença será devido a contar da data da entrada do requerimento.

§ 2º (Revogado pela Lei nº 9.032, de 1995)

§ 3º Durante os primeiros quinze dias consecutivos ao do afastamento da atividade por motivo de doença, incumbirá à empresa pagar ao segurado empregado o seu salário integral.

§ 4º A empresa que dispuser de serviço médico, próprio ou em convênio, terá a seu cargo o exame médico e o abono das faltas correspondentes ao período referido no § 3º, somente devendo encaminhar o segurado à perícia médica da Previdência Social quando a incapacidade ultrapassar 15 (quinze) dias.

§ 5º (Revogado pela Lei nº 13.846, de 2019)

§ 6º O segurado que durante o gozo do auxílio-doença vier a exercer atividade que lhe garanta subsistência poderá ter o benefício cancelado a partir do retorno à atividade.

§ 7º Na hipótese do § 6º, caso o segurado, durante o gozo do auxílio-doença, venha a exercer atividade diversa daquela que gerou o benefício, deverá ser verificada a incapacidade para cada uma das atividades exercidas.

§ 8º Sempre que possível, o ato de concessão ou de reativação de auxílio-doença, judicial ou administrativo, deverá fixar o prazo estimado para a duração do benefício.

§ 9º Na ausência de fixação do prazo de que trata o § 8º deste artigo, o benefício cessará após o prazo de cento e vinte dias, contado da data de concessão ou de reativação do auxílio-doença, exceto se o segurado requerer a sua prorrogação perante o INSS, na forma do regulamento, observado o disposto no art. 62 desta Lei.

§ 10. O segurado em gozo de auxílio-doença, concedido judicial ou administrativamente, poderá ser convocado a qualquer momento para avaliação das condições que ensejaram sua concessão ou manutenção, observado o disposto no art. 101 desta Lei.

§ 11. (Revogado pela Medida Provisória nº 1.113, de 2022)

§ 12. (Vide Medida Provisória nº 767, de 2017)

§ 13. (Vide Medida Provisória nº 767, de 2017)

§ 14. Ato do Ministro de Estado do Trabalho e Previdência poderá estabelecer as condições de dispensa da emissão de parecer conclusivo da perícia médica federal quanto à incapacidade laboral, hipótese na qual a concessão do benefício de que trata este artigo será feita por meio de análise documental, incluídos atestados ou laudos médicos, realizada pelo INSS.

Art. 61. O auxílio-doença, inclusive o decorrente de acidente do trabalho, consistirá numa renda mensal correspondente a 91% (noventa e um por cento) do salário-de-benefício, observado o disposto na Seção III, especialmente no art. 33 desta Lei.

Art. 62. O segurado em gozo de auxílio-doença, insuscetível de recuperação para sua atividade habitual, deverá submeter-se a processo de reabilitação profissional para o exercício de outra atividade.

§ 1º. O benefício a que se refere o caput deste artigo será mantido até que o segurado seja considerado reabilitado para o desempenho de atividade que lhe garanta a subsistência ou, quando considerado não recuperável, seja aposentado por invalidez.

§ 2º A alteração das atribuições e responsabilidades do segurado compatíveis com a limitação que tenha sofrido em sua capacidade física ou mental não configura desvio de cargo ou função do segurado reabilitado ou que estiver em processo de reabilitação profissional a cargo do INSS.

Art. 63. O segurado empregado, inclusive o doméstico, em gozo de auxílio-doença será considerado pela empresa e pelo empregador doméstico como licenciado.

Parágrafo único. A empresa que garantir ao segurado licença remunerada ficará obrigada a pagar-lhe durante o período de auxílio-doença a eventual diferença entre o valor deste e a importância garantida pela licença.

Art. 64. (Revogado pela Lei nº 9.032, de 1995)

Subseção VI
Do Salário-Família

Art. 65. O salário-família será devido, mensalmente, ao segurado empregado, inclusive o doméstico, e ao segurado trabalhador avulso, na proporção do respectivo número de filhos ou equiparados nos termos do § 2º do art. 16 desta Lei, observado o disposto no art. 66.

Parágrafo único. O aposentado por invalidez ou por idade e os demais aposentados com 65 (sessenta e cinco) anos ou mais de idade, se do sexo masculino, ou 60 (sessenta) anos ou mais, se do feminino, terão direito ao salário-família, pago juntamente com a aposentadoria.

Art. 66. O valor da cota do salário-família por filho ou equiparado de qualquer condição, até 14 (quatorze) anos de idade ou inválido de qualquer idade é de:

I – Cr$ 1.360,00 (um mil trezentos e sessenta cruzeiros), para o segurado com remuneração mensal não superior a Cr$ 51.000,00 (cinqüenta e um mil cruzeiros);

II – Cr$ 170,00 (cento e setenta cruzeiros), para o segurado com remuneração mensal superior a Cr$ 51.000,00 (cinqüenta e um mil cruzeiros).

Art. 67. O pagamento do salário-família é condicionado à apresentação da certidão de nascimento do filho ou da documentação relativa ao equiparado ou ao inválido, e à apresentação anual de atestado de vacinação obrigatória e de comprovação de freqüência à escola do filho ou equiparado, nos termos do regulamento.

Parágrafo único. O empregado doméstico deve apresentar apenas a certidão de nascimento referida no caput.

Art. 68. As cotas do salário-família serão pagas pela empresa ou pelo empregador doméstico, mensalmente, junto com o salário, efetivando-se a compensação quando do recolhimento das contribuições, conforme dispuser o Regulamento.

§ 1º A empresa ou o empregador doméstico conservarão durante 10 (dez) anos os comprovantes de pagamento e as cópias das certidões correspondentes, para fiscalização da Previdência Social.

§ 2º Quando o pagamento do salário não for mensal, o salário-família será pago juntamente com o último pagamento relativo ao mês.

Art. 69. O salário-família devido ao trabalhador avulso poderá ser recebido pelo sindicato de classe respectivo, que se incumbirá de elaborar as folhas correspondentes e de distribuí-lo.

Art. 70. A cota do salário-família não será incorporada, para qualquer efeito, ao salário ou ao benefício.

Subseção VII
Do Salário-Maternidade

Art. 71. O salário-maternidade é devido à segurada da Previdência Social, durante 120 (cento e vinte) dias, com início no período entre 28 (vinte e oito) dias antes do parto e a data de ocorrência deste, observadas as situações e condições previstas na legislação no que concerne à proteção à maternidade.

Parágrafo único. (Revogado pela Lei nº 9.528, de 1997)

Art. 71-A. Ao segurado ou segurada da Previdência Social que adotar ou obtiver guarda judicial para fins de adoção de criança é devido salário-maternidade pelo período de 120 (cento e vinte) dias.

§ 1º O salário-maternidade de que trata este artigo será pago diretamente pela Previdência Social.

§ 2º Ressalvado o pagamento do salário-maternidade à mãe biológica e o disposto no art. 71-B, não poderá ser concedido o benefício a mais de um segurado, decorrente do mesmo processo de adoção ou guarda, ainda que os cônjuges ou companheiros estejam submetidos a Regime Próprio de Previdência Social.

Art. 71-B. No caso de falecimento da segurada ou segurado que fizer jus ao recebimento do salário-maternidade, o benefício será pago, por todo o período ou pelo tempo restante a que teria direito, ao cônjuge ou companheiro sobrevivente que tenha a qualidade de segurado, exceto no caso do falecimento do filho ou de seu abandono, observadas as normas aplicáveis ao salário-maternidade.

§ 1º O pagamento do benefício de que trata o caput deverá ser requerido até o último dia do prazo previsto para o término do salário-maternidade originário.

§ 2º O benefício de que trata o caput será pago diretamente pela Previdência Social durante o período entre a data do óbito e o último dia do término do salário-maternidade originário e será calculado sobre:

I – a remuneração integral, para o empregado e trabalhador avulso;

II – o último salário-de-contribuição, para o empregado doméstico;

III – 1/12 (um doze avos) da soma dos 12 (doze) últimos salários de contribuição, apurados em um período não superior a 15 (quinze) meses, para o contribuinte individual, facultativo e desempregado; e

IV – o valor do salário mínimo, para o segurado especial.

§ 3º Aplica-se o disposto neste artigo ao segurado que adotar ou obtiver guarda judicial para fins de adoção.

Art. 71-C. A percepção do salário-maternidade, inclusive o previsto no art. 71-B, está condicionada ao afastamento do segurado do trabalho ou da atividade desempenhada, sob pena de suspensão do benefício.

Art. 72. O salário-maternidade para a segurada empregada ou trabalhadora avulsa consistirá numa renda mensal igual a sua remuneração integral.

§ 1º Cabe à empresa pagar o salário-maternidade devido à respectiva empregada gestante, efetivando-se a compensação, observado o disposto no art. 248 da Constituição Federal, quando do recolhimento das contribuições incidentes sobre a folha de salários e demais rendimentos pagos ou creditados, a qualquer título, à pessoa física que lhe preste serviço.

§ 2º A empresa deverá conservar durante 10 (dez) anos os comprovantes dos pagamentos e os atestados correspondentes para exame pela fiscalização da Previdência Social.

§ 3º O salário-maternidade devido à trabalhadora avulsa e à empregada do microempreendedor individual de que trata o art. 18-A da Lei Complementar nº 123, de 14 de dezembro de 2006, será pago diretamente pela Previdência Social.

Art. 73. Assegurado o valor de um salário-mínimo, o salário-maternidade para as demais seguradas, pago diretamente pela Previdência Social, consistirá:

I – em um valor correspondente ao do seu último salário-de-contribuição, para a segurada empregada doméstica;

II – em um doze avos do valor sobre o qual incidiu sua última contribuição anual, para a segurada especial;

III – em um doze avos da soma dos doze últimos salários-de-contribuição, apurados em um período não superior a quinze meses, para as demais seguradas.

Parágrafo único. Aplica-se à segurada desempregada, desde que mantida a qualidade de segurada, na forma prevista no art. 15 desta Lei, o disposto no inciso III do **caput** deste artigo.)

Subseção VIII
Da Pensão por Morte

Art. 74. A pensão por morte será devida ao conjunto dos dependentes do segurado que falecer, aposentado ou não, a contar da data:

I – do óbito, quando requerida em até 180 (cento e oitenta) dias após o óbito, para os filhos menores de 16 (dezesseis) anos, ou em até 90 (noventa) dias após o óbito, para os demais dependentes;

II – do requerimento, quando requerida após o prazo previsto no inciso anterior;

III – da decisão judicial, no caso de morte presumida.

§ 1º Perde o direito à pensão por morte o condenado criminalmente por sentença com trânsito em julgado, como autor, coautor ou partícipe de homicídio doloso, ou de tentativa desse crime, cometido contra a pessoa do segurado, ressalvados os absolutamente incapazes e os inimputáveis.

§ 2º Perde o direito à pensão por morte o cônjuge, o companheiro ou a companheira se comprovada, a qualquer tempo, simulação ou fraude no casamento ou na união estável, ou a formalização desses com o fim exclusivo de constituir benefício previdenciário, apuradas em processo judicial no qual será assegurado o direito ao contraditório e à ampla defesa.

§ 3º Ajuizada a ação judicial para reconhecimento da condição de dependente, este poderá requerer a sua habilitação provisória ao benefício de pensão por morte, exclusivamente para fins de rateio dos valores com outros dependentes, vedado o pagamento da respectiva cota até o trânsito em julgado da respectiva ação, ressalvada a existência de decisão judicial em contrário.

§ 4º Nas ações em que o INSS for parte, este poderá proceder de ofício à habilitação excepcional da referida pensão, apenas para efeitos de rateio, descontando-se os valores referentes a esta habilitação das demais cotas, vedado o pagamento da respectiva cota até o trânsito em julgado da respectiva ação, ressalvada a existência de decisão judicial em contrário.

§ 5º Julgada improcedente a ação prevista no § 3º ou § 4º deste artigo, o valor retido será corrigido pelos índices legais de reajustamento e será pago de forma proporcional aos demais dependentes, de acordo com as suas cotas e o tempo de duração de seus benefícios.

§ 6º Em qualquer caso, fica assegurada ao INSS a cobrança dos valores indevidamente pagos em função de nova habilitação.

Art. 75. O valor mensal da pensão por morte será de cem por cento do valor da aposentadoria que o segurado recebia ou daquela a que teria direito se estivesse aposentado por invalidez na data de seu falecimento, observado o disposto no art. 33 desta lei.

Art. 76. A concessão da pensão por morte não será protelada pela falta de habilitação de outro possível dependente, e qualquer inscrição ou habilitação posterior que importe em exclusão ou inclusão de dependente só produzirá efeito a contar da data da inscrição ou habilitação.

§ 1º O cônjuge ausente não exclui do direito à pensão por morte o companheiro ou a companheira, que somente fará jus ao benefício a partir da data de sua habilitação e mediante prova de dependência econômica.

§ 2º O cônjuge divorciado ou separado judicialmente ou de fato que recebia pensão de alimentos concorrerá em igualdade de condições com os dependentes referidos no inciso I do art. 16 desta Lei.

§ 3º Na hipótese de o segurado falecido estar, na data de seu falecimento, obrigado por determinação judicial a pagar alimentos temporários a ex-cônjuge, ex-companheiro ou ex-companheira, a pensão por morte será devida pelo prazo remanescente na data do óbito, caso não incida outra hipótese de cancelamento anterior do benefício.

Art. 77. A pensão por morte, havendo mais de um pensionista, será rateada entre todos em parte iguais.

§ 1º Reverterá em favor dos demais a parte daquele cujo direito à pensão cessar.

§ 2º O direito à percepção da cota individual cessará:

I – pela morte do pensionista;

II – para o filho, a pessoa a ele equiparada ou o irmão, de ambos os sexos, ao completar vinte e um anos de idade, salvo se for inválido ou tiver deficiência intelectual ou mental ou deficiência grave;

III – para filho ou irmão inválido, pela cessação da invalidez;

IV – para filho ou irmão que tenha deficiência intelectual ou mental ou deficiência grave, pelo afastamento da deficiência, nos termos do regulamento;

V – para cônjuge ou companheiro:

a) se inválido ou com deficiência, pela cessação da invalidez ou pelo afastamento da deficiência, respeitados os períodos mínimos decorrentes da aplicação das alíneas "b" e "c";

b) em 4 (quatro) meses, se o óbito ocorrer sem que o segurado tenha vertido 18 (dezoito) contribuições mensais ou se o casamento ou a união estável tiverem sido iniciados em menos de 2 (dois) anos antes do óbito do segurado;

c) transcorridos os seguintes períodos, estabelecidos de acordo com a idade do beneficiário na data do óbito do segurado, se o óbito ocorrer depois de vertidas 18 (dezoito) contribuições mensais e pelo menos 2 (dois) anos após o início do casamento ou da união estável:

1) 3 (três) anos, com menos de 21 (vinte e um) anos de idade;

2) 6 (seis) anos, entre 21 (vinte e um) e 26 (vinte e seis) anos de idade;

3) 10 (dez) anos, entre 27 (vinte e sete) e 29 (vinte e nove) anos de idade;

4) 15 (quinze) anos, entre 30 (trinta) e 40 (quarenta) anos de idade;

5) 20 (vinte) anos, entre 41 (quarenta e um) e 43 (quarenta e três) anos de idade;

6) vitalícia, com 44 (quarenta e quatro) ou mais anos de idade.

VI – pela perda do direito, na forma do § 1º do art. 74 desta Lei.

§ 2º-A. Serão aplicados, conforme o caso, a regra contida na alínea "a" ou os prazos previstos na alínea "c", ambas do inciso V do § 2º, se o óbito do segurado decorrer de acidente de qualquer natureza ou de doença profissional ou do trabalho, independentemente do recolhimento de 18 (dezoito) contribuições mensais ou da comprovação de 2 (dois) anos de casamento ou de união estável.

§ 2º-B. Após o transcurso de pelo menos 3 (três) anos e desde que nesse período se verifique o incremento mínimo de um ano inteiro na média nacional única, para ambos os sexos, correspondente à expectativa de sobrevida da população brasileira ao nascer, poderão ser fixadas, em números inteiros, novas idades para os fins previstos na alínea "c" do inciso V do § 2º, em ato do Ministro de Estado da Previdência Social, limitado o acréscimo na comparação com as dados anteriores ao referido incremento.

§ 3º Com a extinção da parte do último pensionista a pensão extinguir-se-á.

§ 4º (Revogado).

§ 5º O tempo de contribuição a Regime Próprio de Previdência Social (RPPS) será considerado na contagem das 18 (dezoito) contribuições mensais de que tratam as alíneas "b" e "c" do inciso V do § 2º.

§ 6º O exercício de atividade remunerada, inclusive na condição de microempreendedor individual, não impede a concessão ou manutenção da parte individual da pensão do dependente com deficiência intelectual ou mental ou com deficiência grave.

§ 7º Se houver fundados indícios de autoria, coautoria ou participação de dependente, ressalvados os absolutamente incapazes e os inimputáveis, em homicídio, ou em tentativa desse crime, cometido contra a pessoa do segurado, será possível a suspensão provisória de sua parte no benefício de pensão por morte, mediante processo administrativo próprio, respeitados a ampla defesa e o contraditório, e serão devidas, em caso de absolvição, todas as parcelas corrigidas desde a data da suspensão, bem como a reativação imediata do benefício.

Art. 78. Por morte presumida do segurado, declarada pela autoridade judicial competente, depois de 6 (seis) meses de ausência, será concedida pensão provisória, na forma desta Subseção.

§ 1º Mediante prova do desaparecimento do segurado em conseqüência de acidente, desastre ou catástrofe, seus dependentes farão jus à pensão provisória independentemente da declaração e do prazo deste artigo.

§ 2º Verificado o reaparecimento do segurado, o pagamento da pensão cessará imediatamente, desobrigados os dependentes da reposição dos valores recebidos, salvo má-fé.

Art. 79. (Revogado pela Lei nº 13.846, de 2019)

Subseção IX
Do Auxílio-Reclusão

Art. 80. O auxílio-reclusão, cumprida a carência prevista no inciso IV do **caput** do art. 25 desta Lei, será devido, nas condições da pensão por morte, aos dependentes do segurado de baixa renda recolhido à prisão em regime fechado que não receber remuneração da empresa nem estiver em gozo de auxílio-doença, de pensão por morte, de salário-maternidade, de aposentadoria ou de abono de permanência em serviço.

§ 1º O requerimento do auxílio-reclusão será instruído com certidão judicial que ateste o recolhimento efetivo à prisão, e será obrigatória a apresentação de prova de permanência na condição de presidiário para a manutenção do benefício.

§ 2º O INSS celebrará convênios com os órgãos públicos responsáveis pelo cadastro dos presos para obter informações sobre o recolhimento à prisão.

§ 3º Para fins do disposto nesta Lei, considera-se segurado de baixa renda aquele que, no mês de competência de recolhimento à prisão, tenha renda, apurada nos termos do disposto no § 4º deste artigo, de valor igual ou inferior àquela prevista no art. 13 da Emenda Constitucional nº 20, de 15 de dezembro de 1998, corrigido pelos índices de reajuste aplicados aos benefícios do RGPS.

§ 4º A aferição da renda mensal bruta para enquadramento do segurado como de baixa renda ocorrerá pela média dos salários de contribuição apurados no período de 12 (doze) meses anteriores ao mês do recolhimento à prisão.

§ 5º A certidão judicial e a prova de permanência na condição de presidiário poderão ser substituídas pelo acesso à base de dados, por meio eletrônico, a ser disponibilizada pelo Conselho Nacional de Justiça, com dados cadastrais que assegurem a identificação plena do segurado e da sua condição de presidiário.

§ 6º Se o segurado tiver recebido benefícios por incapacidade no período previsto no § 4º deste artigo, sua duração será contada considerando-se como salário de contribuição no período o salário de benefício que serviu de base para o cálculo da renda mensal, reajustado na mesma época e com a mesma base dos benefícios em geral, não podendo ser inferior ao valor de 1 (um) salário mínimo.

§ 7º O exercício de atividade remunerada do segurado recluso, em cumprimento de pena em regime fechado, não acarreta a perda do direito ao recebimento do auxílio-reclusão para seus dependentes.

§ 8º Em caso de morte de segurado recluso que tenha contribuído para a previdência social durante o período de reclusão, o valor da pensão por morte será calculado levando-se em consideração o tempo de contribuição adicional e os correspondentes salários de contribuição, facultada a opção pelo valor do auxílio-reclusão.

Subseção X
Dos Pecúlios

Art. 81. (Revogado dada pela Lei nº 9.129, de 1995)

I – (Revogado dada pela Lei nº 9.129, de 1995)

II – (Revogado pela Lei nº 8.870, de 1994)

III – (Revogado dada pela Lei nº 9.129, de 1995)

Art. 82. (Revogado pela Lei nº 9.032, de 1995)

Art. 83. (Revogado pela Lei nº 9.032, de 1995)

Art. 84. (Revogado pela Lei nº 8.870, de 1994)

Art. 85. (Revogado pela Lei nº 9.032, de 1995)

Subseção XI
Do Auxílio-Acidente

Art. 86. O auxílio-acidente será concedido, como indenização, ao segurado quando, após consolidação das lesões decorrentes de acidente de qualquer natureza, resultarem seqüelas que impliquem redução da capacidade para o trabalho que habitualmente exerça.

§ 1º O auxílio-acidente mensal corresponderá a cinqüenta por cento do salário-de-benefício e será devido, observado o disposto no § 5º, até a véspera do início de qualquer aposentadoria ou até a data do óbito do segurado.

§ 2º O auxílio-acidente será devido a partir do dia seguinte ao da cessação do auxílio-doença, independentemente de qualquer remuneração ou rendimento auferido pelo acidentado, vedada sua acumulação com qualquer aposentadoria.

§ 3º O recebimento de salário ou concessão de outro benefício, exceto de aposentadoria, observado o disposto no § 5º, não prejudicará a continuidade do recebimento do auxílio-acidente.

§ 4º A perda da audição, em qualquer grau, somente proporcionará a concessão do auxílio-acidente, quando, além do reconhecimento de causalidade entre o trabalho e a doença, resultar, comprovadamente, na redução ou perda da capacidade para o trabalho que habitualmente exerça.

§ 5º . (Revogado pela Lei nº 9.032, de 1995)

Subseção XII
Do Abono de Permanência em Serviço

Art. 87. (Revogado pela Lei nº 8.870, de 1994)

Parágrafo único. (Revogado pela Lei nº 8.870, de 1994)

Seção VI
Dos Serviços

Subseção I
Do Serviço Social

Art. 88. Compete ao Serviço Social esclarecer junto aos beneficiários seus direitos sociais e os meios de exercê-los e estabelecer conjuntamente com eles o processo de solução dos problemas que emergirem da sua relação com a Previdência

Social, tanto no âmbito interno da instituição como na dinâmica da sociedade.

§ 1º Será dada prioridade aos segurados em benefício por incapacidade temporária e atenção especial aos aposentados e pensionistas.

§ 2º Para assegurar o efetivo atendimento dos usuários serão utilizadas intervenção técnica, assistência de natureza jurídica, ajuda material, recursos sociais, intercâmbio com empresas e pesquisa social, inclusive mediante celebração de convênios, acordos ou contratos.

§ 3º O Serviço Social terá como diretriz a participação do beneficiário na implementação e no fortalecimento da política previdenciária, em articulação com as associações e entidades de classe.

§ 4º O Serviço Social, considerando a universalização da Previdência Social, prestará assessoramento técnico aos Estados e Municípios na elaboração e implantação de suas propostas de trabalho.

Subseção II
Da Habilitação e da Reabilitação Profissional

Art. 89. A habilitação e a reabilitação profissional e social deverão proporcionar ao beneficiário incapacitado parcial ou totalmente para o trabalho, e às pessoas portadoras de deficiência, os meios para a (re)educação e de (re)adaptação profissional e social indicados para participar do mercado de trabalho e do contexto em que vive.

Parágrafo único. A reabilitação profissional compreende:

a) o fornecimento de aparelho de prótese, órtese e instrumentos de auxílio para locomoção quando a perda ou redução da capacidade funcional puder ser atenuada por seu uso e dos equipamentos necessários à habilitação e reabilitação social e profissional;

b) a reparação ou a substituição dos aparelhos mencionados no inciso anterior, desgastados pelo uso normal ou por ocorrência estranha à vontade do beneficiário;

c) o transporte do acidentado do trabalho, quando necessário.

Art. 90. A prestação de que trata o artigo anterior é devida em caráter obrigatório aos segurados, inclusive aposentados e, na medida das possibilidades do órgão da Previdência Social, aos seus dependentes.

Art. 91. Será concedido, no caso de habilitação e reabilitação profissional, auxílio para tratamento ou exame fora do domicílio do beneficiário, conforme dispuser o Regulamento.

Art. 92. Concluído o processo de habilitação ou reabilitação social e profissional, a Previdência Social emitirá certificado individual, indicando as atividades que poderão ser exercidas pelo beneficiário, nada impedindo que este exerça outra atividade para a qual se capacitar.

Art. 93. A empresa com 100 (cem) ou mais empregados está obrigada a preencher de 2% (dois por cento) a 5% (cinco por cento) dos seus cargos com beneficiários reabilitados ou pessoas portadoras de deficiência, habilitadas, na seguinte proporção:

I – até 200 empregados..................................2%;
II – de 201 a 500..3%;
III – de 501 a 1.000..4%;
IV – de 1.001 em diante.................................5%.
V – (VETADO).

§ 1º A dispensa de pessoa com deficiência ou de beneficiário reabilitado da Previdência Social ao final de contrato por prazo determinado de mais de 90 (noventa) dias e a dispensa imotivada em contrato por prazo indeterminado somente poderão ocorrer após a contratação de outro trabalhador com deficiência ou beneficiário reabilitado da Previdência Social.

§ 2º Ao Ministério do Trabalho e Emprego incumbe estabelecer a sistemática de fiscalização, bem como gerar dados e estatísticas sobre o total de empregados e as vagas preenchidas por pessoas com deficiência e por beneficiários reabilitados da Previdência Social, fornecendo-os, quando solicitados, aos sindicatos, às entidades representativas dos empregados ou aos cidadãos interessados.

§ 3º Para a reserva de cargos será considerada somente a contratação direta de pessoa com deficiência, excluído o aprendiz com deficiência de que trata a Consolidação das Leis do Trabalho (CLT), aprovada pelo Decreto-Lei nº 5.452, de 1º de maio de 1943.

§ 4º (VETADO).

Seção VII
Da Contagem Recíproca de Tempo de Serviço

Art. 94. Para efeito dos benefícios previstos no Regime Geral de Previdência Social ou no serviço público é assegurada a contagem recíproca do tempo de contribuição na atividade privada, rural e urbana, e do tempo de contribuição ou de serviço na administração pública, hipótese em que os diferentes sistemas de previdência social se compensarão financeiramente.

§ 1º A compensação financeira será feita ao sistema a que o interessado estiver vinculado ao requerer o benefício pelos demais sistemas, em relação aos respectivos tempos de contribuição ou de serviço, conforme dispuser o Regulamento.

§ 2º Não será computado como tempo de contribuição, para efeito dos benefícios previstos em regimes próprios de previdência social, o período em que o segurado contribuinte individual ou facultativo tiver contribuído na forma do § 2º do art. 21 da Lei nº 8.212, de 24 de julho de 1991, salvo se complementadas as contribuições na forma do § 3º do mesmo artigo.

Art. 95. (Revogado pela Medida Provisória nº 2.187-13, de 2001)

Art. 96. O tempo de contribuição ou de serviço de que trata esta Seção será contado de acordo com a legislação pertinente, observadas as normas seguintes:

I – não será admitida a contagem em dobro ou em outras condições especiais;

II – é vedada a contagem de tempo de serviço público com o de atividade privada, quando concomitantes;

III – não será contado por um sistema o tempo de serviço utilizado para concessão de aposentadoria pelo outro;

IV – o tempo de serviço anterior ou posterior à obrigatoriedade de filiação à Previdência Social só será contado mediante indenização da contribuição correspondente ao período respectivo, com acréscimo de juros moratórios de zero vírgula cinco por cento ao mês, capitalizados anualmente, e multa de dez por cento.

V – é vedada a emissão de Certidão de Tempo de Contribuição (CTC) com o registro exclusivo de tempo de serviço, sem a comprovação de contribuição efetiva, exceto para o segurado empregado, empregado doméstico, trabalhador avulso e, a partir de 1º de abril de 2003, para o contribuinte individual que presta serviço a empresa obrigada a arrecadar a contribuição a seu cargo, observado o disposto no § 5º do art. 4º da Lei nº 10.666, de 8 de maio de 2003;

VI – a CTC somente poderá ser emitida por regime próprio de previdência social para ex-servidor;

VII – é vedada a contagem recíproca de tempo de contribuição do RGPS por regime próprio de previdência social sem a emissão da CTC correspondente, ainda que o tempo de contribuição referente ao RGPS tenha sido prestado pelo servidor público ao próprio ente instituidor;

VIII – é vedada a desaverbação de tempo em regime próprio de previdência social quando o tempo averbado tiver gerado a concessão de vantagens remuneratórias ao servidor público em atividade; e

IX – para fins de elegibilidade às aposentadorias especiais referidas no § 4º do art. 40 e no § 1º do art. 201 da Constituição Federal, os períodos reconhecidos pelo regime previdenciário de origem como de tempo especial, sem conversão em tempo comum, deverão estar incluídos nos períodos de contribuição compreendidos na CTC e discriminados de data a data.

Parágrafo único. O disposto no inciso V do **caput** deste artigo não se aplica ao tempo de serviço anterior à edição da Emenda Constitucional nº 20, de 15 de dezembro de 1998, que tenha sido equiparado por lei a tempo de contribuição.

Art. 97. A aposentadoria por tempo de serviço, com contagem de tempo na forma desta Seção, será concedida ao segurado do sexo feminino a partir de 25 (vinte e cinco) anos completos de serviço, e, ao segurado do sexo masculino, a partir de 30 (trinta) anos completos de serviço, ressalvadas as hipóteses de redução previstas em lei.

Art. 98. Quando a soma dos tempos de serviço ultrapassar 30 (trinta) anos, se do sexo feminino, e 35 (trinta e cinco) anos, se do sexo masculino, o excesso não será considerado para qualquer efeito.

Art. 99. O benefício resultante de contagem de tempo de serviço na forma desta Seção será concedido e pago pelo sistema a que o interessado estiver vinculado ao requerê-lo, e calculado na forma da respectiva legislação.

Seção VIII
Das Disposições Diversas Relativas às Prestações

Art. 100. (VETADO)

Art. 101. O segurado em gozo de auxílio por incapacidade temporária, auxílio-acidente ou aposentadoria por incapacidade permanente e o pensionista inválido, cujos benefícios tenham sido concedidos judicial ou administrativamente, estão obrigados, sob pena de suspensão do benefício, a submeter-se a:

I – exame médico a cargo da Previdência Social para avaliação das condições que ensejaram sua concessão ou manutenção;

II – processo de reabilitação profissional por ela prescrito e custeado; e

III – tratamento dispensado gratuitamente, exceto o cirúrgico e a transfusão de sangue, que são facultativos.

§ 1º O aposentado por invalidez e o pensionista inválido que não tenham retornado à atividade estarão isentos do exame de que trata o caput deste artigo:

I – após completarem cinquenta e cinco anos ou mais de idade e quando decorridos quinze anos da data da concessão da aposentadoria por invalidez ou do auxílio-doença que a precedeu; ou

II – após completarem sessenta anos de idade.

§ 2º A isenção de que trata o § 1º não se aplica quando o exame tem as seguintes finalidades:

I – verificar a necessidade de assistência permanente de outra pessoa para a concessão do acréscimo de 25% (vinte e cinco por cento) sobre o valor do benefício, conforme dispõe o art. 45;

II – verificar a recuperação da capacidade de trabalho, mediante solicitação do aposentado ou pensionista que se julgar apto;

III – subsidiar autoridade judiciária na concessão de curatela, conforme dispõe o art. 110.

§ 3º (VETADO).

§ 4º A perícia de que trata este artigo terá acesso aos prontuários médicos do periciado no Sistema Único de Saúde (SUS), desde que haja a prévia anuência do periciado e seja garantido o sigilo sobre os dados dele.

§ 5º É assegurado o atendimento domiciliar e hospitalar pela perícia médica e social do INSS ao segurado com dificuldades de locomoção, quando seu deslocamento, em razão de sua limitação funcional e de condições de acessibilidade, imponha-lhe ônus desproporcional e indevido, nos termos do regulamento.

§ 6º O segurado poderá recorrer do resultado da avaliação decorrente do exame médico de que trata o **caput**, no prazo de trinta dias, nos termos do disposto no art. 126-A.

Art. 102. A perda da qualidade de segurado importa em caducidade dos direitos inerentes a essa qualidade.

§ 1º A perda da qualidade de segurado não prejudica o direito à aposentadoria para cuja concessão tenham sido preenchidos todos os requisitos, segundo a legislação em vigor à época em que estes requisitos foram atendidos.

§ 2º Não será concedida pensão por morte aos dependentes do segurado que falecer após a perda desta qualidade, nos termos do art. 15 desta Lei, salvo se preenchidos os requisitos para obtenção da aposentadoria na forma do parágrafo anterior.

Art. 103. O prazo de decadência do direito ou da ação do segurado ou beneficiário para a revisão do ato de concessão, indeferimento, cancelamento ou cessação de benefício e do ato de deferimento, indeferimento ou não concessão de revisão de benefício é de 10 (dez) anos, contado:

I – do dia primeiro do mês subsequente ao do recebimento da primeira prestação ou da data em que a prestação deveria ter sido paga com o valor revisto; ou

II – do dia em que o segurado tomar conhecimento da decisão de indeferimento, cancelamento ou cessação do seu pedido de benefício ou da decisão de deferimento ou indeferimento de revisão de benefício, no âmbito administrativo.

Parágrafo único. Prescreve em cinco anos, a contar da data em que deveriam ter sido pagas, toda e qualquer ação para haver prestações vencidas ou quaisquer restituições ou diferenças devidas pela Previdência Social, salvo o direito dos menores, incapazes e ausentes, na forma do Código Civil.

Art. 103-A. O direito da Previdência Social de anular os atos administrativos de que decorram efeitos favoráveis para os seus beneficiários decai em dez anos, contados da data em que foram praticados, salvo comprovada má-fé.

§ 1º No caso de efeitos patrimoniais contínuos, o prazo decadencial contar-se-á da percepção do primeiro pagamento.

§ 2º Considera-se exercício do direito de anular qualquer medida de autoridade administrativa que importe impugnação à validade do ato.

Art. 104. As ações referentes à prestação por acidente do trabalho prescrevem em 5 (cinco) anos, observado o disposto no art. 103 desta Lei, contados da data:

I – do acidente, quando dele resultar a morte ou a incapacidade temporária, verificada esta em perícia médica a cargo da Previdência Social; ou

II – em que for reconhecida pela Previdência Social, a incapacidade permanente ou o agravamento das seqüelas do acidente.

Art. 105. A apresentação de documentação incompleta não constitui motivo para recusa do requerimento de benefício.

Art. 106. A comprovação do exercício de atividade rural será feita, complementarmente à autodeclaração de que trata o § 2º e ao cadastro de que trata o § 1º, ambos do art. 38-B desta Lei, por meio de, entre outros:

I – contrato individual de trabalho ou Carteira de Trabalho e Previdência Social;

II – contrato de arrendamento, parceria ou comodato rural;

III – (revogado);

IV – Declaração de Aptidão ao Programa Nacional de Fortalecimento da Agricultura Familiar, de que trata o inciso II do caput do art. 2º da Lei nº 12.188, de 11 de janeiro de 2010, ou por documento que a substitua;

V – bloco de notas do produtor rural;

VI – notas fiscais de entrada de mercadorias, de que trata o § 7º do art. 30 da Lei nº 8.212, de 24 de julho de 1991, emitidas pela empresa adquirente da produção, com indicação do nome do segurado como vendedor;

VII – documentos fiscais relativos à entrega de produção rural à cooperativa agrícola, entreposto de pescado ou outros, com indicação do segurado como vendedor ou consignante;

VIII – comprovantes de recolhimento de contribuição à Previdência Social decorrentes da comercialização da produção;

IX – cópia da declaração de imposto de renda, com indicação de renda proveniente da comercialização de produção rural; ou

X – licença de ocupação ou permissão outorgada pelo Incra.

Art. 107. O tempo de serviço de que trata o art. 55 desta Lei será considerado para cálculo do valor da renda mensal de qualquer benefício.

Art. 108. Mediante justificação processada perante a Previdência Social, observado o disposto no § 3º do art. 55 e na forma estabelecida no Regulamento, poderá ser suprida a falta de documento ou provado ato do interesse de beneficiário ou empresa, salvo no que se refere a registro público.

Art. 109. O benefício será pago diretamente ao beneficiário, salvo em caso de ausência, moléstia contagiosa ou impossibilidade de locomoção, quando será pago a procurador, cujo mandato não terá prazo superior a doze meses, podendo ser renovado.

Parágrafo único. A impressão digital do beneficiário incapaz de assinar, aposta na presença de servidor da Previdência Social, vale como assinatura para quitação de pagamento de benefício.

Art. 110. O benefício devido ao segurado ou dependente civilmente incapaz será feito ao cônjuge, pai, mãe, tutor ou curador, admitindo-se, na sua falta e por período não superior a 6 (seis) meses, o pagamento a herdeiro necessário, mediante termo de compromisso firmado no ato do recebimento.

§ 1º. Para efeito de curatela, no caso de interdição do beneficiário, a autoridade judiciária pode louvar-se no laudo médico-pericial da Previdência Social.

§ 2º O dependente excluído, na forma do § 7º do art. 16 desta Lei, ou que tenha a parte provisoriamente suspensa, na forma do § 7º do art. 77 desta Lei, não poderá representar outro dependente para fins de recebimento e percepção do benefício.

§ 3º O dependente que perde o direito à pensão por morte, na forma do § 1º do art. 74 desta Lei, não poderá representar outro dependente para fins de recebimento e percepção do benefício.

Art. 110-A. No ato de requerimento de benefícios operacionalizados pelo INSS, não será exigida apresentação de termo de curatela de titular ou de beneficiário com deficiência, observados os procedimentos a serem estabelecidos em regulamento.

Art. 111. O segurado menor poderá, conforme dispuser o Regulamento, firmar recibo de benefício, independentemente da presença dos pais ou do tutor.

Art. 112. O valor não recebido em vida pelo segurado só será pago aos seus dependentes habilitados à pensão por morte ou, na falta deles, aos seus sucessores na forma da lei civil, independentemente de inventário ou arrolamento.

Art. 113. O benefício poderá ser pago mediante depósito em conta corrente ou por autorização de pagamento, conforme se dispuser em regulamento.

Parágrafo único. (Revogado pela Lei nº 9.876, de 26.11.1999)

Art. 114. Salvo quanto a valor devido à Previdência Social e a desconto autorizado por esta Lei, ou derivado da obrigação de prestar alimentos reconhecida em sentença judicial, o benefício não pode ser objeto de penhora, arresto ou seqüestro, sendo nula de pleno direito a sua venda ou cessão, ou a constituição de qualquer ônus sobre ele, bem como a outorga de poderes irrevogáveis ou em causa própria para o seu recebimento.

Art. 115. Podem ser descontados dos benefícios:

I – contribuições devidas pelo segurado à Previdência Social;

II – pagamento administrativo ou judicial de benefício previdenciário ou assistencial indevido, ou além do devido, inclusive na hipótese de cessação do benefício pela revogação de decisão judicial, em valor que não exceda 30% (trinta por cento) da sua importância, nos termos do regulamento;

III – Imposto de Renda retido na fonte;

IV – pensão de alimentos decretada em sentença judicial;

V – mensalidades de associações e demais entidades de aposentados legalmente reconhecidas, desde que autorizadas por seus filiados.

VI – pagamento de empréstimos, financiamentos, cartões de crédito e operações de arrendamento mercantil concedidos por instituições financeiras e sociedades de arrendamento mercantil, ou por entidades fechadas ou abertas de previdência complementar, públicas e privadas, quando expressamente autorizado pelo beneficiário, até o limite de 35% (trinta e cinco por cento) do valor do benefício, sendo 5% (cinco por cento) destinados exclusivamente para:

a) amortização de despesas contraídas por meio de cartão de crédito; ou

b) utilização com a finalidade de saque por meio do cartão de crédito.

§ 1º Na hipótese do inciso II, o desconto será feito em parcelas, conforme dispuser o regulamento, salvo má-fé.

§ 2º Na hipótese dos incisos II e VI, haverá prevalência do desconto do inciso II.

§ 3º Serão inscritos em dívida ativa pela Procuradoria-Geral Federal os créditos constituídos pelo INSS em decorrência de benefício previdenciário ou assistencial pago indevidamente ou além do devido, inclusive na hipótese de cessação do benefício pela revogação de decisão judicial, nos termos da Lei nº 6.830, de 22 de setembro de 1980, para a execução judicial.

§ 4º Será objeto de inscrição em dívida ativa, para os fins do disposto no § 3º deste artigo, em conjunto ou separadamente, o terceiro beneficiado que sabia ou deveria saber da origem do benefício pago indevidamente em razão de fraude, de dolo ou de coação, desde que devidamente identificado em procedimento administrativo de responsabilização.

§ 5º O procedimento de que trata o § 4º deste artigo será disciplinado em regulamento, nos termos da Lei nº 9.784, de 29 de janeiro de 1999, e no art. 27 do Decreto-Lei nº 4.657, de 4 de setembro de 1942.

§ 6º Na hipótese prevista no inciso V do caput deste artigo, a autorização do desconto deverá ser revalidada a cada 3 (três) anos, a partir de 31 de dezembro de 2022, podendo esse prazo ser prorrogado por mais 1 (um) ano, por meio de ato do Presidente do INSS.

Art. 116. Será fornecido ao beneficiário demonstrativo minucioso das importâncias pagas, discriminando-se o valor da mensalidade, as diferenças eventualmente pagas com o período a que se referem e os descontos efetuados.

Art. 117. Empresas, sindicatos e entidades fechadas de previdência complementar poderão, mediante celebração de acordo de cooperação técnica com o INSS, encarregar-se, relativamente a seus empregados, associados ou beneficiários, de requerer benefícios previdenciários por meio eletrônico, preparando-os e instruindo-os nos termos do acordo.

I – (revogado); (Redação dada pela Lei nº 14.020, de 2020)

II – (revogado); (Redação dada pela Lei nº 14.020, de 2020)

III – (revogado). (Redação dada pela Lei nº 14.020, de 2020)

Parágrafo único. (Revogado). (Redação dada pela Lei nº 14.020, de 2020)

Art. 117-A. Empresas, sindicatos e entidades fechadas de previdência complementar poderão realizar o pagamento integral dos benefícios previdenciários devidos a seus beneficiários, mediante celebração de contrato com o INSS, dispensada a licitação.

§ 1º Os contratos referidos no **caput** deste artigo deverão prever as mesmas obrigações, condições e valores devidos pelas instituições financeiras responsáveis pelo pagamento dos benefícios pelo INSS.

§ 2º As obrigações, condições e valores referidos no § 1º deste artigo serão definidos em ato próprio do INSS.

Art. 118. O segurado que sofreu acidente do trabalho tem garantida, pelo prazo mínimo de doze meses, a manutenção do seu contrato de trabalho na empresa, após a cessação do auxílio-doença acidentário, independentemente de percepção de auxílio-acidente.

Parágrafo único. (Revogado pela Lei nº 9.032, de 1995)

Art. 119. Por intermédio dos estabelecimentos de ensino, sindicatos, associações de classe, Fundação Jorge Duprat Figueiredo de Segurança e Medicina do Trabalho-FUNDACENTRO, órgãos públicos e outros meios, serão promovidas regularmente instrução e formação com vistas a incrementar costumes e atitudes prevencionistas em matéria de acidente, especialmente do trabalho.

Art. 120. A Previdência Social ajuizará ação regressiva contra os responsáveis nos casos de:

I – negligência quanto às normas padrão de segurança e higiene do trabalho indicadas para a proteção individual e coletiva;

II – violência doméstica e familiar contra a mulher, nos termos da Lei nº 11.340, de 7 de agosto de 2006.

Art. 121. O pagamento de prestações pela Previdência Social em decorrência dos casos previstos nos incisos I e II do **caput** do art. 120 desta Lei não exclui a responsabilidade civil da empresa, no caso do inciso I, ou do responsável pela violência doméstica e familiar, no caso do inciso II.

Art. 122. Se mais vantajoso, fica assegurado o direito à aposentadoria, nas condições legalmente previstas na data do cumprimento de todos os requisitos necessários à obtenção do benefício, ao segurado que, tendo completado 35 anos de serviço, se homem, ou trinta anos, se mulher, optou por permanecer em atividade.

Art. 123. (Revogado pela Lei n° 9.032, de 1995)

Art. 124. Salvo no caso de direito adquirido, não é permitido o recebimento conjunto dos seguintes benefícios da Previdência Social:

I – aposentadoria e auxílio-doença;

II – mais de uma aposentadoria;

III – aposentadoria e abono de permanência em serviço;

IV – salário-maternidade e auxílio-doença;

V – mais de um auxílio-acidente;

VI – mais de uma pensão deixada por cônjuge ou companheiro, ressalvado o direito de opção pela mais vantajosa.

Parágrafo único. É vedado o recebimento conjunto do seguro-desemprego com qualquer benefício de prestação continuada da Previdência Social, exceto pensão por morte ou auxílio-acidente.

Art. 124-A. O INSS implementará e manterá processo administrativo eletrônico para requerimento de benefícios e serviços e disponibilizará canais eletrônicos de atendimento.

§ 1° O INSS facilitará o atendimento, o requerimento, a concessão, a manutenção e a revisão de benefícios por meio eletrônico e implementará procedimentos automatizados, de atendimento e prestação de serviços por meio de atendimento telefônico ou de canais remotos.

§ 2° Poderão ser celebrados acordos de cooperação, na modalidade de adesão, com órgãos e entidades da União, dos Estados, do Distrito Federal e dos Municípios, para a recepção de documentos e o apoio administrativo às atividades do INSS que demandem serviços presenciais.

§ 3° A implementação de serviços eletrônicos preverá mecanismos de controle preventivos de fraude e de identificação segura do cidadão.

§ 4° As ligações telefônicas realizadas de telefone fixo ou móvel que visem à solicitação dos serviços referidos no § 1° deste artigo deverão ser gratuitas e serão consideradas de utilidade pública.

Art. 124-B. O INSS, para o exercício de suas competências, observado o disposto nos incisos XI e XII do art. 5° da Constituição Federal e na Lei n° 13.709, de 14 de agosto de 2018, terá acesso aos dados necessários para a análise, a concessão, a revisão e a manutenção de benefícios por ele administrados, em especial aos dados:

I – (VETADO);

II – dos registros e dos prontuários eletrônicos do Sistema Único de Saúde (SUS), administrados pelo Ministério da Saúde;

III – dos documentos médicos mantidos por entidades públicas e privadas, sendo necessária, no caso destas últimas, a celebração de convênio para garantir o acesso; e

IV – de movimentação das contas do Fundo de Garantia por Tempo de Serviço (FGTS), instituído pela Lei n° 5.107, de 13 de setembro de 1966, mantidas pela Caixa Econômica Federal.

§ 1° Para fins do cumprimento do disposto no **caput** deste artigo, serão preservados a integridade e o sigilo dos dados acessados pelo INSS, eventualmente existentes, e o acesso aos dados dos prontuários eletrônicos do Sistema Único de Saúde (SUS) e dos documentos médicos mantidos por entidades públicas e privadas será exclusivamente franqueado aos peritos médicos federais designados pelo INSS.

§ 2° O Ministério da Economia terá acesso às bases de dados geridas ou administradas pelo INSS, incluída a folha de pagamento de benefícios com o detalhamento dos pagamentos.

§ 3° As bases de dados e as informações de que tratam o **caput** e o § 1° deste artigo poderão ser compartilhadas com os regimes próprios de previdência social, para estrita utilização em suas atribuições relacionadas à recepção, à análise, à concessão, à revisão e à manutenção de benefícios por eles administrados, preservados a integridade dos dados e o sigilo eventualmente existente, na forma disciplinada conjuntamente pela Secretaria Especial de Previdência e Trabalho do Ministério da Economia e pelo gestor dos dados.

§ 4° Fica dispensada a celebração de convênio, de acordo de cooperação técnica ou de instrumentos congêneres para a efetivação do acesso aos dados de que trata o **caput** deste artigo, quando se tratar de dados hospedados por órgãos da administração pública federal, e caberá ao INSS a responsabilidade de arcar com os custos envolvidos, quando houver, no acesso ou na extração dos dados, exceto quando estabelecido de forma diversa entre os órgãos envolvidos.

§ 5° As solicitações de acesso a dados hospedados por entidades privadas possuem característica de requisição, dispensados a celebração de convênio, acordo de cooperação técnica ou instrumentos congêneres para a efetivação do acesso aos dados de que trata o **caput** deste artigo e o ressarcimento de eventuais custos, vedado o compartilhamento dos dados com demais entidades de direito privado.

§ 6º Excetua-se da vedação de que trata o § 5º deste artigo a autorização para compartilhamento com as entidades de previdência complementar das informações sobre o óbito de beneficiários dos planos de previdência por elas administrados.

Art. 124-C. O servidor responsável pela análise dos pedidos dos benefícios previstos nesta Lei motivará suas decisões ou opiniões técnicas e responderá pessoalmente apenas na hipótese de dolo ou erro grosseiro.

Art. 124-D. A administração pública federal desenvolverá ações de segurança da informação e comunicações, incluídas as de segurança cibernética, de segurança das infraestruturas, de qualidade dos dados e de segurança de interoperabilidade de bases governamentais, e efetuará a sua integração, inclusive com as bases de dados e informações dos Estados, dos Municípios e do Distrito Federal, com o objetivo de atenuar riscos e inconformidades em pagamentos de benefícios sociais.

Art. 124-E. (VETADO).

Art. 124-F. (VETADO).

TÍTULO IV
DAS DISPOSIÇÕES FINAIS E TRANSITÓRIAS

Art. 125. Nenhum benefício ou serviço da Previdência Social poderá ser criado, majorado ou estendido, sem a correspondente fonte de custeio total.

Art. 125-A. Compete ao Instituto Nacional do Seguro Social – INSS realizar, por meio dos seus próprios agentes, quando designados, todos os atos e procedimentos necessários à verificação do atendimento das obrigações não tributárias impostas pela legislação previdenciária e à imposição da multa por seu eventual descumprimento.

§ 1º A empresa disponibilizará a servidor designado por dirigente do INSS os documentos necessários à comprovação de vínculo empregatício, de prestação de serviços e de remuneração relativos a trabalhador previamente identificado.

§ 2º Aplica-se ao disposto neste artigo, no que couber, o art. 126 desta Lei.

§ 3º O disposto neste artigo não abrange as competências atribuídas em caráter privativo aos ocupantes do cargo de Auditor-Fiscal da Receita Federal do Brasil previstas no inciso I do caput do art. 6º da Lei nº 10.593, de 6 de dezembro de 2002

Art. 126. Compete ao Conselho de Recursos da Previdência Social julgar, entre outras demandas, na forma do regulamento:

I – recursos das decisões do INSS nos processos de interesse dos beneficiários, exceto os recursos a que se refere o art. 126-A;

II – contestações e recursos relativos à atribuição, pelo Ministério da Economia, do Fator Acidentário de Prevenção aos estabelecimentos das empresas;

III – recursos das decisões do INSS relacionados à comprovação de atividade rural de segurado especial de que tratam os arts. 38-A e 38-B, ou demais informações relacionadas ao CNIS de que trata o art. 29-A desta Lei.

IV – recursos de processos relacionados à compensação financeira de que trata a Lei nº 9.796, de 5 de maio de 1999, e à supervisão e à fiscalização dos regimes próprios de previdência social de que trata a Lei nº 9.717, de 27 de novembro de 1998.

§ 1º (Revogado pela Lei nº 11.727, de 2008)

§ 2º (Revogado pela Lei nº 11.727, de 2008)

§ 3º A propositura de ação que tenha por objeto idêntico pedido sobre o qual versa o processo administrativo importa renúncia ao direito de recorrer na esfera administrativa e desistência do recurso interposto.

Art. 126-A. Compete à Secretaria de Previdência do Ministério do Trabalho e Previdência, por meio da Subsecretaria de Perícia Médica Federal, o julgamento dos recursos das decisões constantes de parecer conclusivo quanto à incapacidade laboral e à caracterização da invalidez do dependente, na forma do regulamento.

Parágrafo único. A atribuição para o julgamento dos recursos a que se refere o **caput** será dos integrantes da carreira de Perito Médico Federal e o julgador será autoridade superior, de acordo com a hierarquia administrativa do órgão, àquela que tenha realizado o exame médico pericial.

Art. 127. (Revogado pela Lei nº 9.711, de 20.11.98)

Art. 128. As demandas judiciais que tiverem por objeto o reajuste ou a concessão de benefícios regulados nesta Lei cujos valores de execução não forem superiores a R$ 5.180,25 (cinco mil, cento e oitenta reais e vinte e cinco centavos) por autor poderão, por opção de cada um dos exeqüentes, ser quitadas no prazo de até sessenta dias após a intimação do trânsito em julgado da decisão, sem necessidade da expedição de precatório.

§ 1º É vedado o fracionamento, repartição ou quebra do valor da execução, de modo que o pagamento se faça, em parte, na forma estabelecida no caput e, em parte, mediante expedição de precatório.

§ 2º É vedada a expedição de precatório complementar ou suplementar do valor pago na forma do caput.

§ 3º Se o valor da execução ultrapassar o estabelecido no caput, o pagamento far-se-á sempre por meio de precatório.

§ 4º É facultada à parte exeqüente a renúncia ao crédito, no que exceder ao valor estabelecido no caput, para que possa optar pelo pagamento do saldo sem o precatório, na forma ali prevista.

§ 5º A opção exercida pela parte para receber os seus créditos na forma prevista no caput implica a renúncia do restante dos créditos porventura existentes e que sejam oriundos do mesmo processo.

§ 6º O pagamento sem precatório, na forma prevista neste artigo, implica quitação total do pedido constante da petição inicial e determina a extinção do processo.

§ 7º O disposto neste artigo não obsta a interposição de embargos à execução por parte do INSS.

Art. 129. Os litígios e medidas cautelares relativos a acidentes do trabalho serão apreciados:

I – na esfera administrativa, pelos órgãos da Previdência Social, segundo as regras e prazos aplicáveis às demais prestações, com prioridade para conclusão; e

II – na via judicial, pela Justiça dos Estados e do Distrito Federal, segundo o rito sumaríssimo, inclusive durante as férias forenses, mediante petição instruída pela prova de efetiva notificação do evento à Previdência Social, através de Comunicação de Acidente do Trabalho–CAT.

Parágrafo único. O procedimento judicial de que trata o inciso II deste artigo é isento do pagamento de quaisquer custas e de verbas relativas à sucumbência.

Art. 129-A. Os litígios e as medidas cautelares relativos aos benefícios por incapacidade de que trata esta Lei, inclusive os relativos a acidentes do trabalho, observarão o seguinte:

I – quando o fundamento da ação for a discussão de ato praticado pela perícia médica federal, a petição inicial deverá conter, em complemento aos requisitos previstos no art. 319 da Lei nº 13.105, de 16 de março de 2015 (Código de Processo Civil):

a) descrição clara da doença e das limitações que ela impõe;

b) indicação da atividade para a qual o autor alega estar incapacitado;

c) possíveis inconsistências da avaliação médico-pericial discutida; e

d) declaração quanto à existência de ação judicial anterior com o objeto de que trata este artigo, esclarecendo os motivos pelos quais se entende não haver litispendência ou coisa julgada, quando for o caso;

II – para atendimento do disposto no art. 320 da Lei nº 13.105, de 16 de março de 2015 (Código de Processo Civil), a petição inicial, qualquer que seja o rito ou procedimento adotado, deverá ser instruída pelo autor com os seguintes documentos:

a) comprovante de indeferimento do benefício ou de sua não prorrogação, quando for o caso, pela administração pública;

b) comprovante da ocorrência do acidente de qualquer natureza ou do acidente do trabalho, sempre que houver um acidente apontado como causa da incapacidade;

c) documentação médica de que dispuser relativa à doença alegada como a causa da incapacidade discutida na via administrativa.

§ 1º Determinada pelo juízo a realização de exame médico-pericial por perito do juízo, este deverá, no caso de divergência com as conclusões do laudo administrativo, indicar em seu laudo de forma fundamentada as razões técnicas e científicas que amparam o dissenso, especialmente no que se refere à comprovação da incapacidade, sua data de início e a sua correlação com a atividade laboral do periciando.

§ 2º Quando a conclusão do exame médico pericial realizado por perito designado pelo juízo mantiver o resultado da decisão proferida pela perícia realizada na via administrativa, poderá o juízo, após a oitiva da parte autora, julgar improcedente o pedido.

§ 3º Se a controvérsia versar sobre outros pontos além do que exige exame médico-pericial, observado o disposto no § 1º deste artigo, o juízo dará seguimento ao processo, com a citação do réu.

Art. 130. Na execução contra o Instituto Nacional do Seguro Social-INSS, o prazo a que se refere o art. 730 do Código de Processo Civil é de trinta dias.

Art. 131. O Ministro da Previdência e Assistência Social poderá autorizar o INSS a formalizar a desistência ou abster-se de propor ações e recursos em processos judiciais sempre que a ação versar matéria sobre a qual haja declaração de inconstitucionalidade proferida pelo Supremo Tribunal Federal – STF, súmula ou jurisprudência consolidada do STF ou dos tribunais superiores.

Parágrafo único. O Ministro da Previdência e Assistência Social disciplinará as hipóteses em que a administração previdenciária federal, relativamente aos créditos previdenciários baseados em dispositivo declarado inconstitucional por decisão definitiva do Supremo Tribunal Federal, possa:

a) abster-se de constituí-los;

b) retificar o seu valor ou declará-los extintos, de ofício, quando houverem sido constituídos anteriormente, ainda que inscritos em dívida ativa;

c) formular desistência de ações de execução fiscal já ajuizadas, bem como deixar de interpor recursos de decisões judicia's.

Art. 132. A formalização de desistência ou transigência judiciais, por parte de procurador da Previdência Social, será sempre precedida da anuência, por escrito, do Procurador-Geral do Instituto Nacional do Seguro Social INSS, ou do presidente desse órgão, quando os valores em litígio ultrapassarem os limites definidos pelo Conselho Nacional de Previdência Social – CNPS.

§ 1º Os valores, a partir dos quais se exigirá a anuência do Procurador-Geral ou do presidente do INSS, serão definidos periodicamente pelo CNPS, através de resolução própria.

§ 2º Até que o CNPS defina os valores mencionados neste artigo, deverão ser submetidos à anuência prévia do Procurador-Geral ou do presidente do INSS a formalização de desistência ou transigência judiciais, quando os valores, referentes a cada segurado considerado separadamente, superarem, respectivamente, 10 (dez) ou 30 (trinta) vezes o teto do salário-de-benefício.

Art. 133. A infração a qualquer dispositivo desta Lei, para a qual não haja penalidade expressamente cominada, sujeita o responsável, conforme a gravidade da infração, à multa variável de Cr$ 100.000,00 (cem mil cruzeiros) a Cr$ 10.000.000,00 (dez milhões de cruzeiros).

Parágrafo único. (Revogado pela Lei nº 11.941, de 2009)

Art. 134. Os valores expressos em moeda corrente nesta Lei serão reajustados nas mesmas épocas e com os mesmos índices utilizados para o reajustamento dos valores dos benefícios.

Art. 135. Os salários-de-contribuição utilizados no cálculo do valor de benefício serão considerados respeitando-se os limites mínimo e máximo vigentes nos meses a que se referirem.

Art. 135-A. Para o segurado filiado à Previdência Social até julho de 1994, no cálculo do salário de benefício das aposentadorias, exceto a aposentadoria por incapacidade permanente, o divisor considerado no cálculo da média dos salários de contribuição não poderá ser inferior a 108 (cento e oito) meses.

Art. 136. Ficam eliminados o menor e o maior valor-teto para cálculo do salário-de-benefício.

Art. 137. Fica extinto o Programa de Previdência Social aos Estudantes, instituído pela Lei nº 7.004, de 24 de junho de 1982, mantendo-se o pagamento dos benefícios de prestação continuada com data de início até a entrada em vigor desta Lei.

Art. 138. Ficam extintos os regimes de Previdência Social instituídos pela Lei Complementar nº 11, de 25 de maio de 1971, e pela Lei nº 6.260, de 6 de novembro de 1975, sendo mantidos, com valor não inferior ao do salário mínimo, os benefícios concedidos até a vigência desta Lei.

Parágrafo único. Para os que vinham contribuindo regularmente para os regimes a que se refere este artigo, será contado o tempo de contribuição para fins do Regime Geral de Previdência Social, conforme disposto no Regulamento.

Art. 139. (Revogado pela Lei nº 9.528, de 1997)

Art. 140. (Revogado pela Lei nº 9.528, de 1997)

Art. 141. (Revogado pela Lei nº 9.528, de 1997)

Art. 142. Para o segurado inscrito na Previdência Social Urbana até 24 de julho de 1991, bem como para o trabalhador e o empregador rural cobertos pela Previdência Social Rural, a carência das aposentadorias por idade, por tempo de serviço e especial obedecerá à seguinte tabela, levando-se em conta o ano em que o segurado implementou todas as condições necessárias à obtenção do benefício:

Ano de implementação das condições	Meses de contribuição exigidos
1991	60 meses
1992	60 meses
1993	66 meses
1994	72 meses
1995	78 meses
1996	90 meses
1997	96 meses
1998	102 meses
1999	108 meses
2000	114 meses
2001	120 meses
2002	126 meses
2003	132 meses
2004	138 meses
2005	144 meses
2006	150 meses
2007	156 meses
2008	162 meses
2009	168 meses
2010	174 meses
2011	180 meses

Art. 143. O trabalhador rural ora enquadrado como segurado obrigatório no Regime Geral de Previdência Social, na forma da alínea "a" do inciso I, ou do inciso IV ou VII do art. 11 desta Lei, pode requerer

aposentadoria por idade, no valor de um salário mínimo, durante quinze anos, contados a partir da data de vigência desta Lei, desde que comprove o exercício de atividade rural, ainda que descontínua, no período imediatamente anterior ao requerimento do benefício, em número de meses idêntico à carência do referido benefício.

Art. 144. a **Art. 147.** (Revogado pela Medida Provisória nº 2.187-13, de 2001)

Art. 148. (Revogado pela Lei nº 9.528, de 1997)

Art. 149. As prestações, e o seu financiamento, referentes aos benefícios de ex-combatente e de ferroviário servidor público ou autárquico federal ou em regime especial que não optou pelo regime da Consolidação das Leis do Trabalho, na forma da Lei nº 6.184, de 11 de dezembro de 1974, bem como seus dependentes, serão objeto de legislação específica.

Art. 150. (Revogado pela Lei nº 10.559, de 13.11.2002)

Art. 151. Até que seja elaborada a lista de doenças mencionada no inciso II do art. 26, independe de carência a concessão de auxílio-doença e de aposentadoria por invalidez ao segurado que, após filiar-se ao RGPS, for acometido das seguintes doenças: tuberculose ativa, hanseníase, alienação mental, esclerose múltipla, hepatopatia grave, neoplasia maligna, cegueira, paralisia irreversível e incapacitante, cardiopatia grave, doença de Parkinson, espondiloartrose anquilosante, nefropatia grave, estado avançado da doença de Paget (osteíte deformante), síndrome da deficiência imunológica adquirida (aids) ou contaminação por radiação, com base em conclusão da medicina especializada.

Art. 152. (Revogado pela Lei nº 9.528, de 1997)

Art. 153. O Regime Facultativo Complementar de Previdência Social será objeto de lei especial, a ser submetida à apreciação do Congresso Nacional dentro do prazo de 180 (cento e oitenta) dias.

Art. 154. O Poder Executivo regulamentará esta Lei no prazo de 60 (sessenta) dias a partir da data da sua publicação.

Art. 155. Esta Lei entra em vigor na data de sua publicação.

Art. 156. Revogam-se as disposições em contrário.

Brasília, em 24 de julho de 1991; 170º da Independência e 103º da República.

FERNANDO COLLOR
Antonio Magri

MEUS RESULTADOS

Simulado 1: _____

Data: _____ / _____ / _____

Tempo de Prova: _____

Acertos Totais: _____

Onde posso melhorar:

_____
_____
_____
_____
_____
_____
_____
_____
_____
_____
_____
_____
_____
_____
_____
_____
_____
_____
_____
_____
_____
_____
_____
_____
_____
_____
_____
_____
_____
_____
_____

Simulado 2: _____

Data: ____ / ____ / _____

Tempo de Prova: _____

Acertos Totais: _____

Onde posso melhorar:

_____
_____
_____
_____
_____
_____
_____
_____
_____
_____
_____
_____
_____
_____
_____
_____
_____
_____
_____
_____
_____
_____
_____
_____
_____
_____
_____
_____

Simulado 3: _____

Data: ____ / ____ / _____

Tempo de Prova: _____

Acertos Totais: _____

Onde posso melhorar:

_____
_____
_____
_____
_____
_____
_____
_____
_____
_____
_____
_____
_____
_____
_____
_____
_____
_____
_____
_____
_____
_____
_____
_____
_____
_____
_____